U0131682

土生说字

修身之道

李土生 著

中央文献出版社

目 录

是非

是非窝里，人用口，我用耳；热闹场中，人向前，我落后。

是 shì

是 金文　　是 小篆

"是"，会意字，从日，从正。

"是"的本义为正，不偏斜。《说文·是部》："是，小篆直也。""日"为太阳、光明、明白；"正"为箭靶中心、目标，表示不偏斜、平正、正中。在太阳下才能辨别箭靶的中心和人间的真伪，才能射中箭靶、判断是非。日在正午，阳光直射而下，正对万事万物，所以"是"表示肯定，正确。

"是"上为"日"，下为"走"省："日"为时日、时间；"走"为运行，为移动。太阳是运行的，永远不会停止，时间是流逝的，永远不会等待，这是不变的自然法则和永恒的自然规律。依据这个法则和规律，人们可以通过日影的走动测算出正确的时间。"是"是存在，是合理，与"非"相对。"日"为光明正大，"走"是人的行为：人的行为要光明正大，能够见得人，不做偷偷摸摸的事，这样才是正确的。所以"是"也表示判断，判断是非曲直。

"是"表示肯定，常用来表示正确的、合理的；与表示否定的、错误的、不合理的"非"相对。《孟子·公孙丑上》说："是非之心，智之端也。"是非问题始终是哲学家们不倦追索和关注的问题。在中国，春秋以前，有是非问题，但是没有关于是非的理论。从历史文献的记载来看，人们将是否违背天命作为是非标准。遵循天命为是，抗逆天命为非。到了战国时代，才有了关于是非问题的理论论述。墨子、庄子、孟子、荀子等都参与了是非问题的讨论。

墨子最早提出了衡量言论是非的"三表",认为"中者是也,不中者非也"。他在《非命上》中写有"上本之于古者圣王之事"、"下原察百姓耳目之实"、"废以为刑政,观其中国家百姓人民之利"等观点。意思是说,古代圣贤的言行举动都是人们效法的榜样,符合榜样便为是,反之,则为非。对无榜样可效仿之事情的是非评判,就要根据百姓目见耳听身历的实际经验来断定。对于国家管理来说,对百姓有利的为是,不利的为非。

庄子的是非观比墨子的更辩证。他的观点是:"彼亦一是非,此亦一是非。"为了说明自己的观点,庄子举了两个很生动的例子作为论据。其中一例说:丽姬是戎国的美丽姑娘,她被晋国俘虏时,痛哭流涕。后来,丽姬被晋国选为妃子,跟晋王一起享受,吃山珍美味,睡丝绸被褥,过着荣华富贵、锦衣玉食的生活。这时,丽姬后悔当初自己的悲伤。此例说明丽姬的是非观念随着时间、地位、情况的变化而发生了变化。庄子又说:人类认为毛嫱、丽姬是美女,但是动物却会不以为然。人觉得自己睡在床上舒服,而猴子却觉得在树杈上更舒服些。在庄子看来,是非标准不是绝对的,而是因人、因时、因事而异的。只有站在道的高度上,才能摆脱人间的各种局限,真正认识是非。

韩非子看到了是非标准的主观色彩。他说:"凡人之大体,取舍同者则相是也,取舍异者则相非也。"人总是把与自己意见相同的说法看作"是",而把与自己意见不同的说法视为"非"。这种是非,只是个人主观上的是非,不是真正的是非。那么是非标准如何确定呢?那就是"循名实而定是非"。将"名"与"实"进行对照,看是否名实相符。

《淮南子》中对是非问题的观点也精辟独到。《齐俗训》认为,首先,"是非之所在,不可以贵贱尊卑论也。"也就说,是非标准不是由说话者的地位决定的;其次,不能将自己的一管之见作为衡量是非的标准。"忤于我,未必不合于人也;合于我,未必不非于俗也。"我认为不对的,别人未必也这么看;我认为对的,世俗未必不反对。再次,人们往往"东面而望,不见西墙,南面而视,不睹北方"。立场、志趣、职业不同,是非观会大异其趣。为文者非武,为武者非文。墨子所论,杨朱非之;杨朱所言,孟子非之。在刘安等人看来,没有普遍的是非观,只有具体的、相对的是非观。

古人对"是"与"非"认识的深刻和精辟，让现代人都很敬佩。《荀子·修身》："是是非非谓之知，非是是非谓之愚。"认为能够分辨是非的就是智者，不能分辨是非的就是蠢人。《汉书》中说："圣贤之君，博观终始，穷极事情，而是非分明。"看来，要做一个智者，明辨是非是基本条件，而要做到明辨是非，则要博览群书，认真观察。

非 fēi

非 甲骨文　非 金文　非 小篆

"非"，指事字。

"非"的甲骨文、金文像"北"字两边各加一个指事符，"北"是两个人背向而坐之形，已具有相背、违背之意。《说文·非部》："非，违也。"本义为违背、不合。一说"非"字像鸟的翅膀展开相背的样子，以翅膀朝相反方向伸张喻事物相违背之意。

"非"字由横、竖两种笔画组合而成，横与竖朝向相反、横短竖长，充分体现了"非"所具有的违背之意。"非"字两竖三横，多少不等，象征阴阳失衡。万物以阴阳为本，阴阳失衡则会生变，变则不同，故曰"非"。

"非"为违背。《论语·颜渊》："非礼勿视，非礼勿听，非礼勿言，非礼勿动。"是说违背礼法的东西不要看，不要听，不要说，不要做。又《韩非子·功名》："非天时，虽十尧不能冬生一粟。"意思是如果违背了自然规律，即使有十个像尧一样贤明的人，也不能让禾苗在冬天生长出谷穗。

违背具有否定意义，故"非"又表示"不"、"不是"等意。《孟子·公孙丑下》有曰："城非不高也，池非不深也，兵革非不坚利也。"城墙不是不高，护城河不是不深，甲胄兵器不是不坚固锋利。

特别不寻常的、特殊的称为"非常";超过一般的称为"非凡";冒犯亵渎别人、违背道德伦理的叫作"非礼";不合法律法规的叫作"非法";不守本分的则叫"非分"。成语"非同小可"指不寻常的事情,形容事情重大,情况严重,也形容人的学问、本领不同于一般。

人们在生活中应该遵循自然规律和伦理道德,如果违背就会受到相应的惩罚,故"非"引申为错误、邪恶。《淮南子·修务》:"立是废非。"制定正确的法规,废除错误的规矩。错误、邪恶的行为会遭到人们的谴责和反对,"非"由此引申为责备、责怪、反对。《史记·秦始皇本纪》:"今诸生不师今而学古,以非当世。"现在的儒生不师法当今而去效法古人,以此来责难当代。"无可厚非"表示虽有缺点,但可原谅,不可过分指责。"是"与"非"相对。"是"为肯定的、正确的、合理的;"非"为否定的、错误的、不合理的。将"是"说成"非"即为"颠倒是非"。秦末宦官赵高一手导演的"指鹿为马"的公案可谓妇孺皆知。是鹿?是马?这本是个非常简单的问题,但因为在真相的背后隐藏着无比残酷的政治阴谋,朝臣们只能硬着头皮将鹿说成是马,在奸佞面前折辱自己的脊梁。

"是"与"非"合起来构成一个词"是非",表示事理的正确与错误。如明辨是非、是非曲直等;又如搬弄是非、惹是生非等。常言道:"来说是非者,便是是非人。"然而"清者自清,浊者自浊",时间长了,孰是孰非,自有公论。

"是"与"非"好懂,但是非难辨。亲朋好友是非不分,会伤害感情;司法断案是非不分,会制造冤假错案;道德伦理是非不分,灵魂会堕入罪恶的深渊;路线政策是非不分,会给国家民族带来灾难。

是与非又是发展变化的,没有绝对的"是",也没有永远的"非"。是非之争如岁时然,昼夜更迭,不相一也。陶渊明《归去来兮辞》:"觉今是而昨非。"人随着年龄的增长,知识的增添,阅历的增加,对事物的了解也越发透彻。回首从前,会感到自己当时天真幼稚,于是产生"今是昨非"的感慨。世间百态,变化万千,社会在不断地进步与发展,人们的认识也在逐渐转变,昨日是而今日非,今日非而明日又是。许多事物的发展都是从疏漏、浅薄、稚嫩,逐步走向完善和成熟,从"非"走向"是"。所以,要用发展的眼光待人处事,待人不必苛求,做事假以时日。

　　虽然是、非不是绝对的，但大是大非的标准却是不容置疑的。正确的人生观和道德标准为"是"，而背其道而行则为"非"；积德行善为"是"，杀人放火是"非"；慈孝仁善为"是"，暴戾险恶是"非"；爱国爱民为"是"，叛国投敌是"非"。在大是大非面前，我们应当坚定地站在"是"的立场上，永远与"非"对立。

得失

只要你心胸豁达了，得失看轻了，功利看淡了，目标降低了，自然神安心清，万事顺畅。

得　dé děi de

微 甲骨文　得 金文　得 小篆

　　"得"，会意字，甲骨文从彳，从贝，从又。"彳"为二人并列慢行；"贝"为贝壳，是古时流通的货币，是钱财；"又"的甲骨文是手的象形。

　　"得"从彳，从又，表示与人的行为动作有关。"彳"、"贝"、"又"相合为"得"，表示人有行动会有所收获，人参加劳动会获得财富。"彳"在前，手上持贝，寓意只要付出劳动和心血，手中必然有所得。《说文·彳部》："得，行有所得也。"本义为获取，接受，音读"dé"，如得利、得失、得益、获得、取得等。有所得，心中自是欢喜，故"得"又表示满意之意，如得意忘形、扬扬自得等。"得"还有适合之意，如得当、得法、得体。进而引申指完成、实现，如得逞、得志等。"得"之诸义，皆为有所收获。"得"是个多音字。读"děi"时，表示必须、需要的意思，如"你得好好干"。读"de"时，是个助词。

　　楷书"得"由"彳"、"旦"、"寸"组成。"彳"为行为、行动、行走；"旦"为初升的太阳，可引申为一日之晨，一年之春和人生之青春年华；"寸"为手，为分寸，为寸心。"彳"、"旦"、"寸"组成"得"，意为用自己勤劳的双手把握住青春年华的有利时机，及时付诸行动，一定会有所得；自己真心付出，必定有所得；只要目标明确，一步一个脚印，把握分寸，肯定有所得。"得"又可视为从彳，从日，从一，从寸。"彳"俗称"双立人"、"双人旁"，表示很多人、众人；"日"为明明白白、光明磊落；"一"为一心一意，为整体、全局；"寸"为尺度、法度。"得"又可理解为做人堂堂正正、光明磊落，做事明明白白，顾全大局，专心致志，持之以恒，一定会有所得。

"得"引申为好处和成功。"得算"指计谋成功；"得策"指谋略得当。得到珍贵的东西以后，人心中不免沾沾自喜，脸上也露出得意之色，"得"引申为得意。古人认为人生最得意的事情有四宗："久旱逢甘霖，他乡遇故知，洞房花烛夜，金榜题名时。"有人把这首诗改成："久旱逢甘霖——一滴；他乡遇故知——债主；洞房花烛夜——隔壁；金榜题名时——做梦。"四大得意变成了四大失意。可见，得失仅一步之遥。

得意的时候人们或是乘兴游览："春风得意马蹄疾，一日看尽长安花"，或是会聚欢饮："人生得意须尽欢，莫使金樽空对月"。失意的时候，人们则会借酒浇愁："何以解忧，惟有杜康"，或者避世退隐："人生在世不称意，明朝散发弄扁舟"。得意和失意、得到和失去、成功和失败、愉悦和痛苦……命运的不同造成了人间一幕幕的悲喜剧。但无论是得意时的欣然接受，还是失意时的努力排解，只要不患得患失，都不失为一种健康的心态。

得到有形的物质可叫作"得"，无形的精神收获也可以叫作"得"，此谓"心得"。王安石《游褒禅山记》："古人之观于天地、山川、草木、虫鱼、鸟兽，往往有得。"古时候的人观察天地万物，探索其中的规律，往往会有收获。《晋史·陶潜传》："开卷有得，便欣然忘食。"读书有心得，就会高兴得忘记吃饭。这样的"得"是一种体验与领悟。

有所得则必有所失，有所失则必有所得。"得"与"失"既对立又统一。"得"与"失"共同构成了有缺憾但又丰富多彩的人生。有时候，得到了，内心并不轻松；有时候，失去恰恰是一种解脱。人们常说的"舍得"二字就蕴涵此意。一个懂得舍弃的人也是一个容易得到的人。舍得，舍得，有舍才有得，舍中就蕴含着得，没有舍，哪有得？

"得"是"双人""得"。所以得不仅仅是一个人的得，而是双方甚至是大家的共得，是互利双赢。人际关系是相互的，帮助别人，就是帮助自己，损害他人，最终也将伤害自己。"欲立而立人，欲达而达人"（《论语·雍也》），说的就是这个道理。"得"中有"旦"，旦为朝日。人生苦短，宝贵的青春时光更是转瞬即逝。因此，一个人若想有所得，就要趁着年轻，珍惜时光，勤学多思。同时还要抓住有利时机，把握每一个关键的机遇，就像农民播种收割要掌握时机、商人买卖投资要掌握时机一样。对时机与关键的把握不同，得失也会不同。

失 shī

小篆

"失"，形声字，《说文》认为从手，乙声。

"失"为"矢"出头。"矢"为箭。箭射出去之后会掉落在其他地方而不在自己手中，因此"失"为遗失、失落。《说文·手部》："失，纵也。""纵"为松缓，"失"的本义是失掉、丢失。古人以"矢"作为度量长短的尺度，"矢"出头为"失"，可理解为是突破了尺度，因此"失"可引申指说话做事没有把握好尺度，太过冒失，从而导致失言、失职，意为错过、遗漏或错误、过失等。

"失"又从丿，从夫："丿"是撇出去，有偏差；"夫"字是"天"字出头，意为大丈夫是顶天立地之人，是参破天机之人。"夫"加一"丿"为"失"，意为大丈夫也有失手的时候，也会有失误。真正的大丈夫是不怕失败的，怕失败就不是大丈夫。

《警世通言》中说："吾辈切记，不可轻易说人笑人，正所谓经一失，长一智耳。"后演化为俗语"吃一堑，长一智"。人生就是由无数次失败和无数次改正、无数次跌倒和无数次爬起所组成的。所谓"人非圣贤，孰能无过"，一时的失败并不可怕，可怕的是"一朝被蛇咬，十年怕井绳"，从此再也不敢尝试，做事畏首畏尾，害怕再次失败；或者是明明犯了过失，却认识不到，不听他人劝告，一条路走到黑；又或者是对自己的失误毫不在意，不思考，不总结，下次仍然在同一个问题上犯错。失败并不可怕，因为它能使人警醒，终止错误的行为，并于失败中总结出深刻的道理。当然，失败所预示的深刻内涵，唯有那些具备大丈夫智慧的人才能悟到，才能在那一"丿"中看到前进的方向。

"失"做动词，也可引申为错过、错失。"失之交臂"语出《庄子·田子方》："吾终身与汝交一臂而失之。"表示当面错过机会。"机不可失，时不再来"谓良好的时机难得，一旦失去就再也找不回来了。命运无常，很多人总是错过自己追求的事物，有人错失一份好的工作，有人错失一段美好的恋情，有人错失一次发财的机会，有人错失一生的梦想。虽然这些错失让人生充满了缺憾，但是有智慧的人不会因此唉声叹气，裹足不前，而是把这些错失转变成有益的经验，由此成就自己的未来。

"失"字可以和人体的很多部位搭配成词。东西从手中失落为"失手"；说话不谨慎为"失口"；眼睛看不见为"失明"；耳朵听不见为"失聪"；嗓子发不出声为"失声"；大小便失去控制叫"失禁"；不慎跌倒叫"失足"。"失"还常与人的精神状态有关：睡不着觉为"失眠"；失去理智叫"失心"；希望未果会"失望"；壮志难酬会"失意"；心神不定就像"失魂落魄"，还有诸如"智者千虑，必有一失"、"得道多助，失道寡助"、"失之毫厘，差之千里"、"言多必失"等充满哲理的词语。可见，世间无人不失。关键是我们对待"失"的态度，要通过"失"找到"得"，而不能一失再失。

人生中，得与失是对立统一的，它们相伴相生，有得必有失。得在失中得，失在得中失，此得彼失，没有绝对的得，也没有绝对的失。有时得而复失，有时失而复得。失失得得，喜喜悲悲。聪明的人从不担心失去什么，而会思考应该得到什么；愚笨的人只惶惶于失去一丁点儿东西，却从不思考为什么会失去，以及真正要得的是什么。虽然失落了身外之物，但不曾失去自我的人，肯定会获得更多的机会；有些不曾失落任何东西的人，却会因为找不到自我而终至失去一切。一时失败并不可怕，失去自我才令人担忧。懂得人生有得有失，因得而失，由失而得，得不足喜，失不足忧，才是真正的成熟。

善恶

行善积德子孙昌，福禄享尽嗣遭殃。

善

shàn

金文　 小篆

"善"，会意字。从誩，从羊。

金文"善"用"羊"表示，意为美味。后在"羊"下加"誩"，意为用语言连连称美。《说文·誩部》："善，吉也。"本义为吉祥、美好。今"羊""言"为"善"，意为羊的温顺叫声与"善"的内在含义相通。"善"可视为由羊、艹、口组成。羊有几个明显的特性：其一，羊性温顺，食叶草，不吃荤，不杀戮，宽容忍让，众生平等；其二，羊羔跪乳，咩咩轻语，声声唤母，谦卑恭顺，知孝达仁；其三，羊食草而产乳，肉、毛、皮、骨、角皆有所用，宽广博爱，全身奉献。"艹"为小草，柔顺而充满活力；"口"用于进食，是人或动物存活所不可或缺的器官。"羊""艹""口"为"善"，意为："善"者，当存平等，知孝仁，求奉献，至善至美，至真至纯。"口"居"善"下，喻指"善"之谦恭、忍让。与人为善，乐善好施，弃恶扬善，从一己之善推至人人为善，此为大善。

"善"为美好。《论语·述而》："三人行，必有我师焉。择其善者而从之，其不善者而改之。"几个人一同行走，其中一定会有可以让我学习的人。我选取他的优点来学习，对他的缺点，我要注意改正。"善"由良好之意引申为使其良好。《论语·卫灵公》："工欲善其事，必先利其器。"工匠想要做好他的工作，就必须先磨砺好他的工具。

"善"由本义引申为亲善、友好。三国时，孙刘两家彼此亲善，互为唇齿，赤壁一战，火烧曹军80万众。后吴蜀交恶，互相攻伐，夷陵一战，国力各有耗损。亲善友好是相互尊重、相互包容、相互鼓励。亲善则两益，交恶则两害。国与国如此，人与人亦然。平时与人为善，才能得益于善。

吉祥、美好的东西人人喜爱，"善"引申为喜爱。《左传》："其所善者，吾则行之；其所恶者，吾则改之。"做别人喜爱的事，改正别人厌恶的缺点。"善"还有赞许的意思。王充《论衡》："使孔子欲表善颜渊。""表善颜渊"即表扬、赞许颜渊。"善善"即赞扬人家的优点、美德。

一个人心地仁爱，品质淳厚，即善良。善良的品性是一个人立身处世的根本。《荀子·性恶》："凡古今天下之所谓善者，正理平治也；所谓恶者，偏险悖乱也。是善恶之分也矣。"荀子认为，凡是能促成社会组织、维持社会秩序者为善，破坏社会组织与秩序者为恶。"人之初，性本善。性相近，习相远。"人的本性是善良的。先天的本性虽然相近，后天的修养却相差甚远：有人习而向善，有人习而向恶。杨万里《庸言》："人之为善，百善而不足；人之为不善，一不善而足。"人做善事，再多也不嫌多；人要做坏事，一件就够多的了。为人处世要以善为本，以恶为戒，乐善好施，弃恶扬善，多向善、多行善、多积善、多施善，与善人交友，以善事为乐。要时时谨记：积善之家，必有余庆；积恶之家，必有余殃。

要善于识恶中之善，善于褒善。善于辨善中之恶，善于惩恶。马中锡《中山狼传》载：善良的东郭先生救狼于饥寒之中，却险被狼所杀。西方有《农夫与蛇》的寓言：善良的农夫将受冻垂死之蛇置于胸中，为其取暖，反为其所害。此二人可谓施善于恶的典型。

"羊有跪乳之恩，鸦有反哺之意。"羊是至孝至顺之生灵。"百善孝为先，原心不原迹，原迹贫家无孝子。万恶淫为首，论迹不论心，论心世上少完人。"善要凭心而论，不能用金钱来衡量；恶却不可以论心，否则天下就没有正人君子。一个人孝不孝，要看其有没有孝心，如果以金钱论孝行，贫寒之家就没有孝子。孝则善，不孝即恶。不孝之恶，天人共弃。父母劬劳一生，对子女从不索取，为人子女要铭记回报父母，不要以己之私而忘己之本。

奉献是一种善行，是人世间最质朴高尚、最值得敬重的品德。三国时刘备临终前勉励其子刘禅："勿以恶小而为之，勿以善小而不为。"我们平时为人处世也应该这样，时时行善，处处施善，善于积善，与人为善。大善要去做，小善亦要为。上善若水，厚德载物。施人以蝇头小利，无须聊以自慰；惠人以再造之恩，不求功载千秋。举凡真正善者，都有"羊"的优良品质：存平等、知孝行、求奉献。

恶

【惡噁】
è ě wū wù

小篆

"恶"，繁体为"惡"、"噁"。会意字，从亚，从心。

"亚"为次，是次等的；又《说文》："亚，丑也"，"亚"又与美相对，指丑陋的。"心"为思想、心灵。"亚""心"就是次等的心，丑陋的心，是恶毒的思想，凶狠的心肠。将不好的、丑恶的、不健康的放在心上，奉为做人的准则即为"恶"。《广韵·铎韵》："恶，不善也。""恶"指极坏的，与"善"相对。

由本义出发，"恶"字可引申出十分丰富的意义。"恶"音"è"，做形容词，表示恶劣的、凶狠的，如恶霸、恶棍等。用作名词，意思是犯罪的事情和极坏的行为。"恶贯满盈"形容罪大恶极，罪恶之多像穿钱已穿满一根绳子，早该受到惩罚了。无论凶恶的人还是丑恶的事，都是惹人讨厌的。由此"恶"有讨厌、憎恶的意思，音读"wù"，如厌恶、可恶等。恶人所说的话、所做的事大多让人觉得恶心、难受，由此"恶"又有恶心之意，音读"ě"。繁体"噁"，从口，表示恶心得令人想要呕吐。恶人的滔天罪恶，必然震惊善良的人们，使人们惊讶于哪里会有如此恶毒之人，所以"恶"在古代还可同"乌"，音为"wū"，用作疑问词，意思是哪、何；还可用作文言叹词，表示惊讶之意。

荣辱   害羞者自重，厚颜者无耻。

荣 【榮】
róng

金文   小篆

"荣"，繁体为"榮"。金文为象形字。

"荣"的金文字形有如两枝交叉的枝杈上开满了花朵，本义当为花朵。今"荣"从木，从荧省。"木"为草木，具有顽强的生命力；"荧"字意指明亮、艳丽。"荣"表示草木之花盛开如火，有繁荣、昌盛之意，如欣欣向荣、繁荣。并由此引申表示显贵之意，如一荣俱荣。又用以表示光荣、荣誉、荣耀。《说文·木部》："榮，桐木也。"认为其本义为"梧桐树"。

"荣"又从艸，从冖，从木。"艸"为草本植物，郁郁葱葱的长于地面；"冖"为覆盖；"木"于下，表示植物的根基：草下根基稳固，自然郁郁葱葱地覆盖着地面，繁荣似锦。"冖"为"冥"字头，指冥冥之中，不可预知：人生的盛衰就像草木的荣枯一样，难以逆料，无法掌控。

《尔雅·释草》："木谓之华，草谓之荣，不荣而实者谓之秀，荣而不实者谓之英。""荣"由草本植物的花引申为花的通称。此句解释了"华"、"荣"、"秀"、"英"的区别。《楚辞·橘颂》："绿叶素荣，纷其可喜兮。"橘子的叶子青青的，开着白花，纷然茂盛，确实可喜啊。草木长得繁茂才能开出娇艳的花朵，故"荣"有繁荣、盛多的意思。陶渊明《归去来辞》："木欣欣以向荣，泉涓涓而始流。"草木繁茂的花就多，结的果实就很多，果实又长小苗，又开花，越来越繁盛。而一个家族在财势上的繁盛就会使其荣显、富贵。故"荣"引申为荣显、富贵。《红楼梦》第四回："四家皆联络有亲，一损俱损，一荣俱荣。""荣华富贵"指人兴盛显达，财多位尊。草木之花开得再灿烂，也有凋落的时候。一个人再荣华富贵，声名赫赫，死后也无法带走。所以对地位、金钱、虚名这些身外物毋须太在意，也不必过于计较得失。

"榮"字上面的两个"火"，不仅指草木花开得繁荣，亦比喻人的生活过得红红火火。故"荣"有光荣、美誉、荣耀之意，与"辱"相对。《吕氏春秋》："人之情……欲荣而恶辱。"追求荣耀、讲究荣誉、不愿受辱是人们普遍的心态。光荣地获得为"荣获"；光荣地接受或承当为"荣任"、"荣膺"；光荣地归来为"荣归"。《淮南子·修务》："死有遗业，生有荣名。""了却君王天下事，赢得身前身后名"留下的是美名、芳名；"人自宋后羞名桧，我到墓前愧姓秦"留下的是恶名、骂名。死后能否留下荣名，全看你在活着的时候都做过了什么。当然，绝大多数人都是在默默无闻中终其一生，死后也寂寂无名。但他们在平凡的岗位奉献一生，虽做不成轰轰烈烈的大事，但只要无愧于自己、无愧于他人、无愧于国家，也就应该感到欣慰，感到光荣。

荣誉感指个人或团体的自尊心、名誉感、光荣感、好胜心、自我优越感等，是使人积极向上、取得成功的强大动力，表现为每个人都希望自己或所属的团体比其他人或其他团体更先进、更优秀，更能受到认同、称赞、奖赏、仰慕等。荣誉感是人类向往真善美的普遍社会心理，有了荣誉感就能自觉遵守社会道德秩序和法律，更加奋发有为。但是，荣誉常与财富、名声、地位、鲜花和掌声等光环效应联系在一起，从而引得很多人为了表面风光而不顾一切，不择手段，结果不但得不到荣誉，反而身败名裂，甚至锒铛入狱。这样的荣其实是虚荣，即使得到也一文不值。

辱

 小篆

"辱"，会意字。从辰，从寸。

"辰"本为贝壳类生物，先民以之制为农具，有耕耨之意。"辰"还指辰时，即早上七点到九点之间。"寸"为手。"辱"字为手持农具，辰时到田间劳作。由于农具比较粗糙，长时间握着它会在手上留下痕迹，这是"手"长期受到农具"侵犯"而留下的后果，被称作"辱"。后来引申为对人身和人格的侵犯，有侮辱之意。"辰"又可视为是"唇"的省字，为嘴唇。"辱"是用手扇人的嘴唇，即为打耳光、掌嘴。又，"辰"为"口"，"寸"为"手"。若口手并用地对他人不敬，便并令人感到耻辱。《说文》："辱，耻也。"

"辱"为侮辱。此时，"寸"是分寸和尺度，与人交往、说话、办事要把握尺度，过了头就会对他人造成伤害。"辱"还可以做使动词，意为使……受辱、侮辱。《史记·廉颇蔺相如列传》："我见相如，必辱之。"《孟子·梁惠王上》："及寡人之身，东败于齐，长子死焉；西丧地于秦七百里；南辱于楚。寡人耻之。"

英雄最怕无用武之地，若被置于与他自身的能力极不相称的位置上，他就会觉得十分委屈，认为所处的环境埋没了自己。故"辱"有埋没，委屈之意。韩愈《杂说》："千里马常有，而伯乐不常有。故虽有名马，只辱于奴隶人之手，骈死于槽枥之间，不以千里称也。"千里马倒是经常出现，但善于相马的伯乐却不常出现。所以虽然有千里马，却被埋没于平常的马官手中，与其他平庸之马一样死在饲养它们的马厩中，没有人知道它是千里马。对于人才来说，还有什么比才华的埋没更令人感到悲哀呢？

攻击或揭露他人的短处、弱点，都会使人感到沮丧、恼怒和被侮辱。故"辱"还有压下去、挫败之意。《银雀山汉墓竹简·孙膑兵法》："往者弗送，来者弗止，或击其迂，或辱其锐。""辱"还是一个谦辞，承蒙之意。"辱游"是对朋友的自称谦辞；"辱子"是在外人面前谦称自己的儿子，和"犬子"相近；"辱临"是对他人来临的敬辞，有屈尊枉驾之意。

"辱"为耻辱。《论语·学而》："恭近于礼，远耻辱也。"恭敬和礼貌很相近，并不是耻辱。西汉名将韩信出身贫贱。一次，一个无赖在闹市里拦住韩信，说："你要是有胆量，就拔剑刺我；如果是懦夫，就从我的裤裆下钻过去。"韩信想了好一会儿，一言不发，就从那人的裤裆下钻过去了。当时在场的人都哄然大笑，认为韩信是胆小怕死、没有勇气的人。这就是后来流传下来的"胯下之辱"的故事。但韩信后来却帮助刘邦攻取天下，立下了赫赫战功。可见韩信并不是胆小，而是不逞匹夫之勇。当年若不是忍受了奇耻大辱，又怎么能成就后来的功业？要成大事，就需要有忍辱负重的精神。

《管子》说："仓廪实而知礼节，衣食足而知荣辱。"人们生活水平提高了，才会有精力注重礼节、荣辱和廉耻。但是，物质的丰富并不是道德水准提高的充分条件。现实中为富不仁的事也有很多。有的人钱多了，素质和境界却没有提升，不讲礼节，不知荣辱，不顾廉耻。在物质生活水平达到一定的标准之后，如何培养正确的荣辱观，这是一个需要深入思考的问题。

顺逆

顺境时要谨慎，逆境时要忍耐。

顺 【順】
shùn

金文　　　小篆

"顺"，繁体为"順"。会意字，从川，从頁。

"川"的甲骨文字形左右是岸，中间是流水，小篆像河流形，本义为河流，又有通畅之意；"頁"的小篆字形突出了头上的眼睛，可引申为思想、思维、思路。"顺"是一个人睁着眼睛，注视着水流，准备顺着、沿着水流而行。《释名》："顺，循也。"本义为沿着同一方向。

"顺"有顺流的意思，指水顺着水势而流泻，或顺着水流的方向。"顺"也意指面对千头万绪的事情，先要理顺思路，理清头绪。"川""頁"为"顺"，会意思维顺畅无障碍，有利于事态的顺利发展。推而广之：社会安定与否，在于政策是否顺应民意；家庭和睦与否，在于关系是否融洽和顺；身体健康与否，在于气血是否充盈顺畅。苏轼《赤壁赋》："（曹操）方其破荆州，下江陵，顺流而东也。""顺流而东"就是船顺着河水向东而去。《释名》："顺，循也。"沿着一个常规的方向运动为"顺"，与"逆"相反，如顺风、顺路。《诗·鲁颂·泮水》："顺彼长道，屈此群丑。"沿着漫漫长路，去征服淮夷。其中的"顺"就是沿着的意思。

"顺"的意思由空间方向引申到心理方向，于是又有依顺、顺从、顺遂等意思，如顺心、顺意。《庄子·天运》："文王顺纣王而不敢逆。"周文王姬昌当时还只是殷商的一个小诸侯，实力远不如商纣王，故只好顺从纣王，以待时机起事。《庄子·盗跖》："顺吾意则生，逆吾心则亡。"春秋时期，孔子和柳下惠是好友。柳下惠的弟弟盗跖组织九千多人横行天下，侵扰各个诸侯，抢夺百姓的牛马等牲畜，劫掠妇女，百姓深受其害。孔子为了天下苍生，不顾柳下惠的劝阻，带着弟子颜回、子贡前去说服。盗跖得到通报之后勃然大怒，拔出利剑怒斥道："孔丘你过来，你所说的如果顺从我的心意，就让你生；如果背逆我的心意，就要你死。""顺我者昌，逆我者亡"即由此而来。

由顺从、顺应的意思，"顺"又可引申为循理、顺序。《论语·子路》："名不正，则言不顺。言不顺，则事不成。"名分不正，所说的话就很难合道理，这样的语言没有号召力，别人不会听从，那么事情也就办不成。成语"名正言顺"典出于此。中国自古以来就重视礼制，凡事都讲究一个名分。如今，名分是一个人身份、地位的象征，在很多正式场合中，有名分才有发言、做主的权利。

"顺"的本义为沿着、循着同一个方向前进，这样就不会与别人引发冲突，相互之间处于一种和谐的关系。由此，"顺"字又可表示调和、和谐等意。风调雨顺是一种天人和谐的状态：风雨刚好适合农作物的生长，年底定有一个好收成。

"顺"由本义引申，又有顺便、趁便之意，即"捎带手地去做某事"，如顺手牵羊、顺手拈来。"顺"的这种用法常见于口语中，如"顺便把报纸拿过来"、"顺便叫小张过来"等。"顺"为顺利。顺应事物的发展，过程必顺，结果必利。

事物刚露苗头，邪正难分，是非难辨，形势和走向无法正确判断把握，不知该顺该逆时，就要冷眼观察，理智判断，既不可盲目地趋之若鹜，又不能粗暴地拒之千里。塞翁失马，焉知非福。顺逆往往是同一块镜子的两面，眼光和视角不同，结果也不相同。智者的超人之处，就是善于发现顺中之逆和逆中之顺，并能提前行动，占尽先机。而平庸之人却总要到真相大白、水落石出时，才能看出一点端倪，所以不可能防患于未然，也不可能把握利用好顺境，因而总是与机会和成功失之交臂。

逆 nì

甲骨文　　金文　　小篆

"逆"，形声字，从辵，屰声。

　　"逆"的甲骨文是上下结构，上面是一个倒立的人形；下面是"辵"，指慢慢地行走。"逆"的字形并非表示人倒立着行走，而是通过倒立的形象来比喻、突显与日常行走的方式相反，即逆行——面朝前边，脚向后行走。我国自古为礼仪之邦，迎接宾客有特定的礼节：出门迎接，面向客人，退着把他们迎进门来。《说文·辵部》："逆，迎也。关东曰逆，关西曰迎。"（"关"为山海关）。"逆"的本义是迎、迎接、迎着。

　　"逆"从辵，从屰。"辵"指忽走忽停，步履踌躇；"屰"的本义为不顺，为"逆"的本字。"逆"意为向相反的方向行动，如逆行、逆光。"逆"由不顺之意进而引申指违背、抵触，如忤逆、大逆不道。"逆"又引申为反叛，如逆子、逆贼。"屰"字古亦同"戟"，指古代的一种兵器。拿着兵器本该大步向前，但却步履踌躇，与本应实施的行为相违背。

　　《春秋·庄公二十四年》："公如齐逆女。""如"在此处表示到某处去。这句话是说庄公到齐国去迎接女儿。因为内心有所认同，才能高高兴兴地遵循礼节，去迎接某人，所以"逆"又表示接受。《周礼·天官·司书》："以逆群吏之征令。"意思是说以此来接受众官吏的征召令。

　　"逆"为反向、倒向，此是"逆"在现代汉语中最常用的意思，与"顺"相对。"逆流"指跟主流方向相反的水流，多用来比喻反动的、与事物发展的总趋势背道而驰的潮流；"逆水行舟"指顶着水流行船，比喻不努力向前进就要往后退。所谓"逆水行舟，不进则退"。当表示与"顺"的情形相反时，都可以加前缀"逆"来表示，如逆风、逆光、逆耳、逆境、逆转、逆反等。

　　"逆"是一种违背常规的走路方法，所以又含有不遵守、违背、违反的意思。古乐府《孔雀东南飞》："恐不任我意，逆以煎我怀。"兰芝与仲卿两情相悦、情深意重，却被婆婆赶回娘家；她与仲卿约定誓不再嫁，却担心母亲和哥哥会逼她就范，恐不能如意。句中的"逆"字即指违背心意。

　　普通人的意愿很少被当回事，有人因此而抵死反抗。但皇帝或高官的意愿就是圣旨，违逆了就难逃罪责。《周礼·天官·宰夫》："宰夫之职……叙群吏之治，以待宾客之令，诸臣之复，万民之逆。"此处的"逆"指民间上书。"顺者昌，逆者亡"是古代统治者对敢于反抗和违逆其意志者的逻辑。历史已经翻过了黑暗专制的一页。那些英勇反抗腐朽、专制、黑暗的叛逆者，已经被历史正名为英雄；那些依仗权势逆天而行、伤天害理的罪恶行径，已经被永远钉在了历史的耻辱柱上。

雅俗

智者调心不调身，愚者调身不调心。

雅　yǎ

雅　小篆

"雅"，形声字，从隹，牙声。

"牙"为牙齿；"隹"为雀鸟。"雅"为优雅。鸟类通常没有牙齿，且鸣叫时上下喙只是微微开启，样子很是优雅，人们也将"笑不露齿"作为优雅的标准，故"雅"以雀鸟之牙明其意。《说文·隹部》曰："雅，楚乌也……秦谓之雅。""雅"的本义为乌鸦。后世多用其引申义：或指先秦古乐，如《诗经》中的《大雅》、《小雅》；或指合乎规范的为人之道，如能够体现礼教精神的"雅正"，《玉篇·隹部》："雅，正也。"或指与粗俗相对的高雅品位等。"雅"是中国古代审美体系中与"俗"相对的一个审美范畴。

"雅"为《诗经》六义之一。"六义"是汉人研究《诗经》时提出的一种说法。《周礼·春官·大师》："教六诗：曰风，曰赋，曰比，曰兴，曰雅，曰颂。"其中"风"、"雅"、"颂"是《诗经》内容的三种分类，朱熹称之为"三经"。"雅"、"颂"是由公卿士大夫所做，"风"的内容大多来自民间；"雅"、"颂"与道德、政治、教化紧密相关，"风"则与民间诗歌、音乐、舞蹈等息息相关。郑樵《通志》总序："风土之音曰风，朝廷之音曰雅，宗庙之音曰颂。"古代奉王畿之声为正统，《诗经》中一部分诗歌即来自于此，也就是朝廷所在地，因此就把这部分诗歌称为"雅"。

在中国古代审美思想中，"雅"与"俗"是一对相对的美学概念。"雅"又是古人评价人物品质的一条重要标准。《荀子》有"雅儒"与"俗儒"之别；王充的《论衡》有"雅子"与"俗父"、"雅徒"与"俗材"的并举；任昉《为萧扬州作荐士表》又有"人物雅俗"之说；苏轼也说："人瘦尚可肥，士俗不可医。"人格之"雅"几乎就是道德高尚的代名词。

在文人雅士的心中，"雅"是艺术精神的生命之本，具有独特的价值意义。就中国传统艺术思想而言，"雅"主要表现在两个方面：一是艺术风格之"雅"。如司空图的《二十四诗品·典雅》："玉壶买春，赏雨茅屋。坐中佳士，左右修竹。白云初晴，幽鸟相逐。眠琴绿荫，上有飞瀑。落花无言，人淡如菊。书之岁华，其曰可读。"你看，那玉壶、茅屋、修竹、幽鸟、眠琴、淡菊等意象无一不彰显着一种超凡脱俗的"雅"的境界。二是以儒家思想为核心的"雅正"。刘熙载《艺概·词概》中说："中正为雅，多哇为郑"。从这个意义而言，"雅"是美学范畴，而又超越美学范畴以"善"为旨归。诸如"发乎情，止乎礼仪"、"思无邪"、"温柔敦厚"、"怨而不怒"等。这些规则都不仅是艺术准则，同时也是伦理准则。

俗 ^{sú}

金文　小篆

"俗"，形声字，从人，谷声。

"谷"的本义为泉水由山间流出。"人""谷"为"俗"，指人像泉水流出一样自然而然形成的行为习惯。《说文·人部》："俗，习也。""俗"的本义为风俗、习惯。"谷"又为五谷，泛指粮食，"人"食五谷杂粮，有七情六欲，故而是尘世之人，是俗人，所以"俗"还有俗气、平凡、平庸之意。

《周礼·大司徒》："六曰以俗教安，则民不偷。"其中"俗"即指习俗。《礼记·曲礼》："入境而问禁，入国而问俗，入门而问讳。"进入别的国家要先打听当地的风俗，进入别人的家门要先问明这家的避讳。《荀子·乐论》："故乐行而志清，礼修而行成，耳目聪明，血气和平，移风易俗，天下皆宁。""移风易俗"指改变风俗习惯。"风俗"一词中，"风"指一时普遍流行的风气；"俗"指长期形成的礼节、习惯；"风俗"是指特定区域、特定人群沿袭下来的风气、礼节、习惯等的总和。"习俗"指习惯和风俗；"俗语"指民间流传的通俗语句，包括俚语、谚语及口头常用的成语。"约定俗成"指某种事物由群众通过长期实践而认定。有五千多年辉煌历史的中华民族，所形成的习俗不胜枚举。习俗随着人类的发展而发展，包含着深刻的人文内涵。对于民族习俗、地域风俗的研究，是了解一个民族、一个地区的一把钥匙。"风移俗易"指转移风气，改变习俗。汉代班固《答宾戏》："因势合变，遇时之容，风移俗易，乖迕而不可通者，非君子之法也。"

　　"俗"有"大众化的"、"通行的"之意。如俗字、俗名、俗文字。《颜氏家训·教子》："俗谚曰：'教妇初来，教儿婴孩'，诚哉斯语。""俗谚"指通俗的谚语。《孟子·梁惠王下》："寡人非能好先王之乐也，直好世俗之乐耳。""世俗之乐"指流行的大众化的靡靡之音。东汉班固《汉书·刑法志》："孙卿之言既，又因俗说而论之。""俗"在这里指大众化的语言。"通俗"指浅显易懂，适合或体现大多数人的水平。"俗称"，即通俗的称呼，非正式的名称。

　　"俗"有庸俗、不雅、缺乏修养之意。清代曹雪芹《红楼梦》第三回："众人见黛玉年貌虽小，其举止言谈不俗。"黛玉从小就言谈高雅。北宋苏轼《于潜僧绿筠轩》："人瘦尚可肥，士俗不可医。"唐代李白《登广武古战场怀古诗》："拨乱属膏圣，俗儒安可通。"以上三处的"俗"都是庸俗、不雅之意。

　　另外"俗"还可引申指世俗。《楚辞·屈原·涉江》："吾不能变心以从俗兮，固将愁苦而终穷。"其中"俗"即指世俗。晋代陶渊明《归园田居》："少无适俗韵，性本爱丘山。"我从来就不能适应世俗的韵味，天性就喜好自然山水。"负俗之累"指受到世俗讥讽等事情的累及。"负俗"指受到世俗的讥讽和批评。《汉书·武帝纪》："马或奔踶而致千里，士或有负俗之累而立功名。""达士拔俗"意思是通达事理的人总是不同凡俗，超人一等。"拔俗"指超脱凡俗，不庸俗。《吕氏春秋·知分》："达士者，达乎死生之分。"词语"俗鄙"指庸俗低下、缺乏教养；"俗不可耐"指庸俗得使人难以忍受。生活中常用"俗气"一词来表示对对方的厌恶、蔑视，

"俗气"是指世俗间的恶浊气息、庸俗、粗气。"俗文学"指我国古代的通俗文学，如歌谣、曲子、话本、变文、弹词、宝卷等。

佛教称世间或在家为俗，与出家为"僧"相对。《宋书·徐堪之传》："时有沙门释惠林……世祖命使还俗。""还俗"就是不做出家人了。元代关汉卿《裴度还带》第二折："自幼舍俗出家，在白马寺中修行。"从小就舍弃俗世出了家，在白马寺中修行。"俗缘"即尘缘，是指佛门信徒与世俗的人际关系；"俗骨"指尘世间人的资质或禀赋；"俗界"即凡界、尘界；"俗姓"即僧侣未出家前的姓氏。唐代段成式《酉阳杂俎·支诺皋》："上都青龙寺僧契宗，俗家在樊川。"没有出家以前的家在樊川。

即使拥有凌云志，亦要日日五谷食。人人均以五谷为食，均为凡夫俗子，均要为柴米油盐而忙碌，所以人人均俗，"俗"也就不该是诋毁他人之语。但是人生一世，并非只为吃穿二事，而应该有更高的追求，莫让自己深陷世俗而无法自拔。

"俗讲"是唐代流行的一种寺院讲经形式。僧侣将佛经译成文雅的经文，为向人们进行宣讲，又把经文和其中的动人故事编成通俗文字加以演唱，先用说白散文叙述事实，然后用韵文加以铺陈渲染。这种演唱佛经的形式，称"俗讲"，其文字脚本称"变文"。

刚柔

过刚而失败，过柔而难成。

刚

【剛】
gāng

甲骨文　 金文　 小篆

"刚"，繁体为"剛"。甲骨文的"刚"为会意字，从刀，从网，网亦声。

"网"多以绳线织成，用于渔猎；"刀"为利器，是用来切、割、斩、削、刻的工具。"网""刀"为"刚"，可理解为以刀割网，以此强调刀的锋利、坚硬，体现了一种强硬坚韧、当仁不让的德行。《说文·刀部》："剛，强断也。""刚"指强力折断，本义为坚硬，与"柔"相对。

今"刚"为形声字，从刀，冈声。"冈"为山脊，山梁，沉稳而庄重，以示端直不屈、秉性沉稳的品格。"刚"中"冈"、"刀"并列，即指如山般坚实、稳健，似刀样坚硬、锐利。"冈"对"刀"，寓意互不服输、力量相当。取其相当、恰当之意，"刚"有刚好、刚巧的意思。同时"冈""刀"为"刚"，好似强强联手，所以"刚"有刚强、刚硬的意思。

"刚"形容性格坚强，意志坚定，作风过硬，临难不惧，宁折不屈。孟郊《游侠行》："壮士性刚决，火中见石裂"。词语"刚烈"指人刚强有气节，如秉性刚烈；"刚正"指刚强正直，如刚正不阿；"刚健"指性格、风格、作风坚强有力。"刚"是以"刀"会"冈"，刀虽坚硬，如果砍得不明智，也无异于以卵击石。"刚"又指固执倔强，如"刚愎自用"。

古人推崇具有"刚"之品行者，如孔子就曾表扬他的学生子路："刚毅木讷，近于仁。"刚毅就不屈服于物欲，木讷就是朴直、厚道，所以接近仁。儒家传统更注重培养男子的"阳刚之气"，这种阳刚之气，就是孟子所说的"浩然之气"。在孟子看来，浩然之气是极为伟大、极富刚强的，用正确的方法去培养它，必将充塞于天地之间。同时，它又是与正义与大道相配合的；它们相互助益。孟子还认为，浩然之气的培养，应持之以恒，循序渐进，通过长期的道德修养和实践，培养至刚至强的性格。达到这种境界的人就会拥有"仰不愧于天，俯不怍于人"的正直坦荡；拥有"志士不忘在沟壑"、"马革裹尸"的刚烈勇敢；拥有"贫贱不能移，威武不能屈"的自信刚正；拥有"为万世开太平"的豪情壮志。也正是在这种阳刚精神的浸染下，中华民族才出现了无数仁人志士、英雄豪杰：发奋著书的司马迁、异国十年不改其志的苏武、"精忠报国"的名将岳飞、敢于开罪权臣和逆触龙鳞的包拯、海瑞等。

为人既要有像刀一样锋利、坚硬的刚毅性格，也要有冈之沉稳庄重，做到含而不露，温和隐忍。当刚则刚，当柔则柔，刚柔相济，才能游刃有余。

柔 róu

小篆

"柔"，形声字，从木，矛声。

"矛"为古代的一种直刺兵器，其柄需以柔韧之木制成；"矛"者，刚猛、尖锐、进取，为阳刚之意。"木"指树木、木材；"木"者，阴柔，柔弱也。"矛"在上，"木"在下，会意阳上阴下，阴阳相济，刚柔并用，曲直相宜，是为"柔"也。另有一种解释，"矛"同"茅"，木的材质如同茅草一样柔韧，可以弯曲而不折断。直的木材可以弯曲、弯曲的木材可以揉直而不断，这是柔的本义。《说文·木部》："柔，木曲直也。"本义为树木可曲可直。"柔"做动词，意为使柔和、使软弱。唐代孟郊《古离别》："春芳役双眼，春色柔四支。"春光明媚，繁花似锦，让人目不暇接，而春色迷人，让人觉得四肢都酥软，不愿再走动了。"柔"做形容词时，意

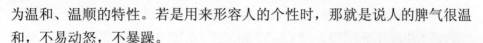

为温和、温顺的特性。若是用来形容人的个性时，那就是说人的脾气很温和，不易动怒，不暴躁。

《尔雅·释诂》："柔，安也。""柔"又可以解释为抚安、怀柔政策，即国家为了安民或为了与邻国保持和平共处的关系时所采取的安抚亲善的政策或外交手段。古代民族关系复杂，怀柔成为缓和矛盾、避免战争的常用策略。如安抚远人或远方邦国为"柔远"，远不可及而以德感化之为"德柔"，远近安抚手段相结合为"柔远能迩"，若有外邦归顺，就采取"柔软绥怀"的政策。《金史·李石传》："北俗无定居，出没不常，惟当以德柔之。"北边游牧民族过着四处游猎的生活，出没不定，所以朝廷就以仁德来感化他们，使其归顺，如此可避免双方冲突。

柔乃是无为之道的表现，是人生的至高境界之一。道家"贵柔"，强调柔可胜刚，"守柔曰强"。在道家看来，水，顺势而下，随物赋形，曲直自如，而不改其质，天下之至柔者，莫过于水。

《老子》云："天下莫柔弱于水，而攻坚强者莫之能胜，以其无以易之。弱之胜强，柔之胜刚，天下莫不知，莫能行。"（天下没有比水更柔弱的了，但是用来战胜强硬没有比它更好的，因为强硬无法使它改变。弱胜强，柔胜刚，天下都知道，却没有人能实行。）柔弱能胜刚强。因为，"天下之至柔，驰骋天下之至坚。无有入无间……"世界上最柔弱的可以出入于世界上最刚强的事物之中。虚空无有能够像水一样无所不在，可以浸入致密没有间隙的事物。

"柔"为阴柔之象，与女子特征相符，故常以之形容女子特质，如柔弱、柔肠。《诗·卫风·硕人》："手如柔荑，肤如凝脂。""荑"是茅草嫩芽，初生时特别柔软，所以说庄姜的手柔滑如荑。

"柔"总是与爱情相随相伴。南宋李清照《点绛唇》："寂寞深闺，柔肠一寸愁千缕。"丈夫长期在外地任职，小两口不能长相厮守，独守空房的女词人当然相思难耐，词也写得寂寞幽怨、愁肠百结、缠绵悱恻。

"柔"的特征是软，是弱，与"刚"相对。然而，柔非一味地柔弱，而是柔中有刚——"柔"中有"矛"，正体现了这一特性。"柔"因软弱而获得韧性，从而为自己赢得生存的时间和空间。所谓"柔能克刚"，柔的是外表，而其内在却总是坚定无比。《慎子·外篇》曾记载有老子与其老师商容的一段对话：（商）容张口曰："吾舌存乎？"（老子）曰："存。""吾齿存乎？"曰："亡。""知之乎？"老子曰："非谓其刚亡而弱存乎？"容曰："嘻！天下事尽矣。"这个对话以"人到老年齿掉光了而舌尚在"的事实揭示了一个深刻的哲理：齿以刚折，舌以柔存。柔能克刚，刚不可久，久则必折；柔不可守，守则必亏；故刚柔相济方为长久之计。

家国

家庭不和睦一生不幸福，社会不和谐众生不快乐。

家 jiā

甲骨文　　　金文　　　小篆

"家"，会意字，从宀，从豕。

"家"从"宀"表示与房子、屋宇有关；"豕"的甲骨文是猪的象形。原始社会进入农耕时代的表现之一就是家畜饲养业的形成，而猪是我国先民最早驯养的家畜之一。房中有猪，标志着人类开始过上了定居的生活，有了固定的居所。西安半坡新石器时代遗址中发现，半坡人居住的圆形屋中，有一部分空间为猪舍。也就是说，人与猪同居于一个空间里，故有"无豕（猪）不成家"之说。所以"宀""豕"组合的"家"，表示居住之所。

《说文·宀部》："家，居也。从宀，豭省声。"对于猪与家的关系，说法很多。一曰：早在新石器时代，人们就开始饲养和食用猪，并在墓葬中随葬猪头，拥有猪头越多，说明越富有。二曰："家"本意是以牛作牺牲、祭祀祖先之场所，引申义为"拘罪之陛牢"。后来又觉得猪比牛的繁殖力强，先人们出于生殖崇拜，舍牛而取猪，"牢"变为"家"。而"豕"也就成为对家庭人丁兴旺的一种寄意。《说文》认为"家"的发音与"豭"字有关。"豭"为公猪，故又有解释说，在父系氏族公社中，成员们是"共居共财"，体格健壮的公猪用作种猪，其本身是一种财富的象征，因此要单独喂养于家中。

一个家中存在许多成员，古人常在尊长的称呼前面加上"家"字表示尊敬，如称父亲为"家父"、"家严"，称母亲为"家母"、"家慈"等。亲人间的书信往来叫作"家书"。杜甫《春望》中有"烽火连三月，家书抵万金"的诗句，反映了战争给百姓生活带来的动荡不安。家中事物也常常被冠以"家"字。如家事、家具、家禽、家畜等。

家是有一定范围、一定领域的，因此又引申指学派。先秦时代，有道家、儒家、墨家、法家、纵横家等学派，曾一度出现了百家争鸣的盛大局面。贾谊《过秦论》："焚百家之言，以愚黔首。"意思是秦始皇统一天下后，焚书坑儒，以此来禁锢人的思想。在某种学术、领域有卓越建树的人也可以称为"家"，如文学家、政治家、历史学家、科学家等等。"家"还引申为经营某种行业的人或具有某种身份的人。如农家、厂家、渔家、行家、东家等。

家是以血缘婚姻关系联系着的基本单位，是社会、生活的细胞。中国是一个家国同构的传统社会，家在人们的生活中有极为重要的意义。中国人重视家，重视治家，每一个家长都把繁荣本家作为第一要务，稍大的家族均有"家训"。家也承载着浓厚的文化。如古人崇尚"诗书传家"、"诗礼传家"，并围绕家提出了孝、悌等道德观念。

婚姻为人之终身大事，儿婚女配自然也是一个家庭的头等大事。男婚女嫁叫作"成家"。人人都希望能安居乐业。"安"从宀，从女，男子家中有了女人就有了牵挂，便安下心来力田。女人嫁了人家也安下了心，所以把嫁称为"家"，男人则把娶称为"室"，合起来就是"家室"。

家是人们挡风遮雨的地方，是温暖、有依靠的象征。家是每个人心中最后的城堡，是疗伤化解忧愁的地方。男人眼中的家和女人眼中的家是不一样的。在男人眼中，世界很大，家只是他的一个小窝，他们努力在外面打拼，追逐各种他们想要的，累了、倦了才回家歇息一下。而女人则把家看成世界，尤其在古代，家更是一个女人生命的全部；今天那些看似和男人一样为生计、为理想而在外拼搏的白领丽人们，家仍是她们生命中最重要的部分，她们的所有努力都是为了这个家。

"家"是有范围的，有小家，有大家。个体的家就是"小家"，集体的家为大家，而最大的家就是国家。一个人要热爱自己的小家，因为小家是他温暖的屏障，更应该热爱他的国家，因为国家这个大家养育了他的小家，供给了他生存最基本的需求和生活的各种保障。"大河有水小河满，大河无水小河干"，大家不安定，小家也不会安稳，大家的命运与小家息息相关。因此，要爱小家，更要爱大家。当国家的利益与个人的利益发生冲突时，我们应该义无反顾地维护大家，牺牲小家。

国 【國国】

guó

甲骨文　　金文　　小篆

"国"，繁体为"國"，会意字，从口，从或。异体为"囯"，从囗，从王。

"國"字初文为"或"，从口，从戈。甲骨文的"或"字没有下边的一横。从"口"象征古代"國"之外垣，从"戈"意为用武器保卫、以城垣护卫城邦。在古时，诸侯国战事频繁，互相兼并，大国的疆界"日伸月长"，小国的领土"日蹙月削"，国没有固定的边界。因此，"邦"、"國"、"或"、"域"本为一义，常混用，且多以"或"字代之。《说文》："國，邦也。"《周礼》："国谓王之国；邦国，谓诸侯国也。"商周之时，天子分封各路诸侯，每个诸侯都有各自的领土，称为邦国。《荀子·富国》："古有万国。"春秋战国时，周天子名存实亡，诸侯各据一方称王，他们统治的领土也叫作"國"，如燕国、宋国、鲁国等。《广雅·释诂》："都，国也。"可见，都城就是国，国即军事和政治的中心。《释名·释州国》："国城曰都。都者，国君所居，人所都会也。"从西周末年开始，"國"、"域"、"邦"等字的含义有了明显的区别，"國"字用以表示领土、疆域的意思，"边界"、"国境"、"关塞"等词也应运而生。

"國"由"囗""或"组成："囗"为范围。《玉篇·囗部》："囗，古围字"；"或"为"域"的本字，为一定疆界内的地方。"囗""域"为"國"，强调"國"有一定的疆域。

"國"又可视作由"囗"、"戈"、"口"、"一"四部分组成："囗"表示四界疆域，意为领土完整；"戈"为保卫国土与主权的武器；"口"为人口；"一"为统一，为整体。"囗"内"一""口""戈"意为，当国家的主权和领土受到侵犯时，国内百姓都有持戈捍卫的权力和义务；"囗"内"一""口""戈"为"國"，充分体现了国家的三个要素：领土、主权、人口。

"國"字"囗"内有"戈"，"戈"下有"一""口"，表明国家依靠武力而存在，武装力量是国家领土完整、百姓安居乐业的保证。因此，巩固国防，抵抗侵略，制止武装颠覆，捍卫国家的主权、统一、领土完整和安全，从而为国家的生存和发展提供一个和平稳定的内外环境，就成为武装力量的主要职责。"戈"在"囗"内，表明中国的武装力量是对外防止入侵，抵御外侮，对内防止颠覆，保证国家安定，做到"人不犯我，我不犯人；人若犯我，我必犯人"。"囗"内有"口"，意为大范围中的小范围；"一"为每个个体；"戈"指国防力量。"囗"内"戈"下有"一""口"，寓意在强大的国防力量保卫下，人人安居乐业，在遵纪守法的同时，同心协力地建设美好的家园。

"國"为"囗"内"一""口""戈"寓意：国内每个公民都要用自己勤劳的双手充分体现自身的社会价值，为建设美好的家园添砖加瓦。"戈"又可视为思想武器。"國"字要求每个公民都具有正确的人生观、道德观和价值观，人人都具有辨别是非、好坏、真假、对错的能力，做一个遵纪守法知荣辱的合格公民。

简化字"国"从囗，从玉。"玉"为美石，古人将五德比拟为玉，是美好和财富的象征。"囗""玉"为"国"，寓意：国家应该是国人心目中最美好、最美丽的家园。第一，"囗"内之"玉"是完整无缺的。作为一个美好的国家，领土完整、国家统一、主权独立是最基本的前提。第二，"玉"为玉玺，象征国家的主权。只有主权独立，不受侵犯，才算得上真正的国家。第三，"玉"为宝藏。国家应该资源丰富，地大物博。第四，"玉"象征财富。"囗"内为"玉"，寓意民富而国强。国强是民富的保证，民富是国强的基础。国家富裕了，百姓的生活才能得到改善；百姓富裕了，国家才会强大兴旺。第五，"玉"为世上珍宝。对于民族而言，优秀的民族文化是一个国家的灵魂。"囗"内为"玉"，寓意国家要保护传统文化、传承民族精神。虽然中华民族在历史上多次遭到外来侵略，但其优秀的传统文化一直表现出极大的融合力与生命力，其精华代代相传。第六，

"玉"晶莹剔透、纯洁美丽。寓意国家要想树立良好的国际形象，首先必须做到行为光明磊落，对外政策高度透明，不觊觎他国的利益；其次要有主权，有主见，不被别国操纵，不被利益控制。

异体字"囯"从王。"王"是帝王、首领。古代的国家之王为天子、皇帝，如今的国家之王为主席、总统。"囯"从王，强调了国家领导层的重要性。领导层的素质、经验、智慧、人格，领导层驾驭全局的能力、科学决策的能力、综合协调的能力、信息处理的能力、应对复杂局面的能力、抵御风险的能力，往往决定着一个国家的兴衰存亡。这就要求国家之"王"要高瞻远瞩，总揽全局，正确对待和行使手中的权力，树立执政为民的思想。

圣贤　没有什么比一颗纯洁的心和一双干净的手更宝贵更美好！

圣　【聖】

shèng　kū

𠙽 甲骨文　　𦔻 金文　　聖 (聖)小篆　　壬 (圣)小篆

　　"圣"，繁体为"聖"。汉字简化前，"圣"与"聖"的意义并不相同。"圣"为会意字，从又，从土。

　　"圣"从"又"表示与手的行为有关；"土"为土地、土壤。"又""土"为"圣"，意为用手挖掘土的行为。《说文·土部》："圣，汝颍之间谓致力于地曰圣。"在汝河、颍水一带，将用手在土地上尽力的行为叫"圣"。"圣"的本义为挖掘，读音为"kū"。如今鲁西、鲁南等地仍称用力刮硬物为"圣吃圣吃"。

　　"聖"读作"shèng"，其甲骨文字形像一个人竖起大耳朵倾听的样子，旁边有口，表示说话，寓意听觉灵敏、口才伶俐。《说文·耳部》："聖，通也。"本义为双耳通顺，以表示通达事理。

　　"聖"从耳，从口，从壬。"耳"是听觉器官；"口"是说话的器官；"壬"的小篆像一个低头弯腰的恭谨之人。"耳"、"口"、"壬"为"聖"，既可理解为耳聪善辩，通达事理，如圣明、圣意；又指能够恭谨、谦虚地聆听其他人的意见，再清楚地表达出来以教化别人，并以此为己任。这样的人为圣人、圣贤、圣德。"聖"中之"壬"又可视为"任"省，指责任、重担、负荷。"耳"、"口"既指圣人要多听贤人语，多说有用话，也意为先通过听，分析判断真伪，然后得出正确的结论。"聖"是"壬"上有"耳"、"口"，意为以学习、说教为己任，心怀天下，这是圣人应该具备的条件。"聖"是先"耳"后"口"，是"口"躲"耳"后，说明圣人总是先听后说，多听少说，甚至听了不说。

　　将"聖"视作从耳，从呈。"呈"为呈上、呈献。"耳""呈"为"聖"，可意为将自己的智慧全部奉献出来，这是圣人所为。将"壬"视作"王"，"王"为帝王、王者。"聖"从耳，从口，从王，则表示凡与帝王有关的，包括耳的听闻与口的称颂等事物，皆以"聖"命名。如圣旨、圣驾、圣朝。"聖"代表了一种至高无上的境界。因此，表示最崇高的，如圣地、圣洁、神圣。

　　今"圣"为"聖"的简化字，从又，从土。"又"为手，表示勤劳、劳作。"土"为土地、大地，可视为象征着淳厚、智慧。圣人都是勤勉不息、孜孜不倦、不畏劳苦的人，拥有淳厚的人品，过人的智慧，自强不息，厚德载物。

　　《诗·邶风·凯风》："母氏圣善，我无令人。"意思是母亲通达事理，疼爱儿子，而我们个个却都不成材。这里的"圣"就是通达事理的意思。通达事理的人是聪明人，"圣"就引申为聪明、才智过人。韩愈《师说》："是故圣愈圣，愚益愚。"因为这个原因，聪明的人更加聪明，愚蠢的人更加愚蠢。成语"超凡入圣"指的是登峰造极、超越凡庸的境界。

　　"圣"由通达事理引申为人格与智慧都登峰造极的人。如儒家创始人孔子被称为"大成至圣之人"，孟子被尊为亚圣，儒家的经典被尊称为"圣贤经传"。"圣"后来也引申指对某门学问或技艺有很高成就的人。如"诗圣"杜甫、"书圣"王羲之、"武圣"关羽、"茶圣"陆羽等。芸芸众生中，圣贤之人所占的比重是小之又小。因此，人们常常把圣人神化了。比如"武圣"关羽就被神话为"关圣帝君"，还兴建了关帝庙，塑造神像，供人们参拜。"圣"又被引申为神仙的意思。《西游记》中的孙悟空就叫作"齐天大圣"。

　　"圣"是受人尊敬、崇拜的，"圣"是对所崇拜事物的尊称。"圣迹"指圣人的遗迹；"圣地"原指宗教徒称与教主生平事迹有重大关系的地方，后也指在某方面有特殊意义和作用的地方。古代的帝王有着至高无上的权力，他们自然会宣称自己是圣明的。"圣"也就成为美化帝王的说法。百姓大臣都称皇上为"圣上"，本朝为"圣朝"，皇帝的身体为"圣体"，皇帝的诏令为"圣训"。

　　不是每个人都可以成为圣人的，但是我们应该努力向圣人学习，努力追求"内圣"的人格境界。"圣"的字形已经告诉我们该如何去做了。第一,"耳"要聪,要善于听取别人的意见。孔子说过:"三人行,必有我师焉。"一个圣贤的人时时刻刻都不会忘记向别人学习,听取别人的教诲。第二,"口"要勤,既要不耻下问,也要诲人不倦。第三,要以圣贤为榜样,为楷模,修心修身修行,戒除私虑,舍己利人,至诚博爱。

贤 【賢】
xián

金文　小篆

"贤",繁体为"賢"。形声字,从贝,臤声。

"臤"的金文像是用手弄眼睛的样子。古代抓获俘虏多盲其一目以为奴隶,故"賢"从"臤"表示与奴隶有关。"貝"为古代的一种货币,"賢"从"貝"表示与财物有关。"臤""貝"为"賢",表示既拥有众多的奴隶,又拥有大量的财物。"賢"的本义为多财。"臤"为能干,又为坚固、牢固,故"賢"又表示财富的拥有是因为拥有过人的才能,并且拥有坚毅的决心。因此,"賢"是内外兼备、能力超群、坚强不屈的人。《说文·贝部》:"賢,多才也。"本义为有才能。

"臤"从臣,从又。"臣"的甲骨文为竖着的眼睛形,此处意指善于观察,明是非,辨忠奸,不为表象所迷惑;"又"的甲骨文为手形,可理解为付诸行动。"臤"字强调了做人要有"品",做事必有"行"。所以"臤""貝"为"賢",既可理解为品行兼备是一种财富,又可理解为德才兼备者可以创造财富。故"賢"为富有,即多的意思。

"臣"字后引申指朝臣,是帮助朝廷管理朝政、为官一方或知晓伦理的达人;"貝"为财富,包括物质财富和精神财富。"賢"是为官之人通过自己的双手勤奋劳动,创造出物质财富和精神财富。"贤"为贤能、贤惠、贤德。

简体的"贤"字从坚省,从贝。"坚"为坚持、劳苦,又为坚定、坚强；贝为财富。"贤"指任劳任怨，坚持创造财富的信念坚定不动摇。

"贤"为崇尚。《论语·学而》："子夏曰：'贤贤易色。'"一个人要用尊敬贤能的品德来改变好色之心。尊敬贤能就是"贤贤"，前者意为崇尚，后者意为贤达之人。"贤"也有辛劳之意。如《诗·小雅·北山》："大夫不均，我从事独贤。"就是说大夫的不公正，独独使我劳事繁多。在此，"贤"字即为辛劳之意。

"贤"也是一种对人的敬称。《颜氏家训·风操》："凡与人言，称彼祖父母、世父母、父母及长姑，皆加尊字；自叔父母以下，则加贤字。"如贤弟、贤侄等等。"贤"是好的、胜于常人之处，所以引申为胜过、超过之意。《战国策·赵策四》："老臣窃以为媪之爱燕后，贤于长安君。"此是老臣触詟之言，他认为赵太后疼爱燕后的程度超过了长安君。

"贤"的本义为多财。《庄子·徐无鬼》说："以德分人谓之圣，以财分人谓之贤。"《玉篇》："贤，多也。""贤"又表示才能、德行均好的人。"贤"为才能和德行之意始自春秋战国时期。

《公羊传》桓公二年："何贤乎孔父？孔父可谓义形于色矣。"这里的"贤"是指德行而言。《公羊传》桓公十一年："何贤乎蔡仲？以为知权也。"这里的"贤"是就才能而言。有才无才、有德无德是区分贤与非贤的标准。学而不厌、诲人不倦者为贤人；见贤思齐，安贫乐道者是贤人；举贤授能，内不避亲，外不避仇者是贤人。贤人必有让贤之德，春秋时晋国大夫祁黄羊就是一个例子。他向晋平公举荐其子祁午为国尉，举荐其仇解狐为县令，体现了祁黄羊的贤者风范。

贤者德才兼备，能否尊贤、重贤、选贤、任贤是一个国家兴衰成败之关键。这一点古人有着清醒而深刻的认识。如《韩非子·人主》认为："明主者推功而爵禄，称能而官事，所举者必有贤，所用者必有能。"如果用人不分贤与不肖，不能奖功罚过，便会"贤者懈怠而不劝，有功者隳而简其业"，这便是亡国的征兆。董仲舒也认为，任贤则国安、国兴、君尊，反之则国危、国亡、君卑。唐代魏徵也指出了任用贤臣、施以善政的重要性。《隋书·樊子盖传》："设官之道，必在用贤；安人之术，莫如善政。"总之，一个国家只有知人善任，"尊贤育才，以彰有德"，才能做到政治清明，国泰民安。

君臣

英雄只需一时，君子务必一世。

君 jūn

甲骨文　　金文　　小篆

"君"，会意字，从尹，从口。

"尹"的甲骨文字形像手执权杖，或手执笔、针等器具，意为治事、治理；"口"为发布命令。"尹""口"为"君"，可理解为负责治理、发号施令的人。《说文·口部》："君，尊也。"本义为君主，是国家最高统治者，后用作封号，示地位尊贵，如孟尝君。

"君"又可视为从手，从丿，从口。"手"表示行为动作；"丿"可视作"刀"；"口"为发声器官，代指语言。手在口上，意为行在先言在后，边实践边总结；并体现出言必信、行必果，言行一致的含义。手中一把刀意指办事有分寸，不拖泥带水，不丢三落四；刀在口上，意为说话有约束。"手"、"丿"、"口"为"君"，强调了办事有分寸、说话有余地。同时，"君"又引申为"君子"，古时指有地位的人，后泛称有品行的人。"君"也用作敬称以表尊重。

先秦以前，君是一种封号，是大夫以上拥有土地的各级统治者的通称。那时周主称天子，各诸侯国称公或称王，如齐桓公、楚庄王等。而"君"是诸侯对臣下再次的分封领地，使其在其领地内享有治理权的封号。如著名的战国四公子：齐国孟尝君，楚国春申君，赵国平原君，魏国信陵君，都是受的这类封号。到了汉代，"君"也用于给妇女封号，地位相当于大公主。蔡邕《独断下》："异姓妇人以恩泽封者曰君，仪比长公主。"后"君"用于天子的专称，意为一个国家的最高统治者。如"贤君"、"明君"、"暴君"、"昏君"等都是针对皇帝、天子而言。在古代，欺君罔上，欺骗天子，属大逆不道。严复《辟韩》："秦以来之为君，正所谓大盗窃国者耳。"严复这句话源自于亚圣孟子说的"窃钩者诛，窃国者诸侯"。偷盗一件兵器就会被诛杀，而篡位窃国的却被尊奉为诸侯。诸侯，指割据领地的王，是一片区域的最高统治者。严复说的是自秦之后，所说的君都是指皇帝，不包括诸侯。

"君"也是对人的尊称。杜甫《江南逢李龟年》："正是江南好风景，落花时节又逢君。""君"也是对人的敬称，一般接在姓氏后面，如李君、诸君等。"君"也是一种泛称，指年长有德或是地位尊贵的人。《战国策·齐策四》："狡兔有三窟，仅得免其死耳。今君有一窟，未得高枕而卧也。"其中"君"的用法相当于现在对人的敬称——"您"，子孙可称父祖辈为家君，父母已经去世就称为先君。古时妻子对丈夫尊称为夫君。夫妻之间相敬如宾，丈夫亦称妻为君。如李商隐《夜雨寄北》："君问归期未有期，巴山夜雨涨秋池。"

"君"作动词，意思是统治。"君临天下"即统治天下。《管子·权修》："君国不能壹民，而求宗庙社稷之无危，不可得也。"统治国家要使民众团结，君民一心，否则休想天下太平安定。君王享有最高主宰权，故"君"可引申为主宰。《荀子·解蔽》："心者，形之君也，而神明之主也。"心是形体的主宰，主神思智虑等心智活动。

为君者，就要做圣贤明君流芳百世，不要做暴虐昏君骂名千载。圣贤明君要有崇高的品质、卓越的能力、超常的情商、高深的智慧。要明察秋毫，知人善任，善待贤者，提拔重用，裁汰乱臣，绝不姑息；要善于用权，掌控局势，励精图治，造福民众。

臣　chén

甲骨文　金文　小篆

"臣"，象形字。

　　"臣"的甲骨文、金文字形是眼睛的象形，本义为战俘。古时战俘多被刺瞎一只眼睛作为标记，故"臣"以眼睛之形表示战俘，引申为奴仆，亦表示为国君服务的官吏。

　　古时战俘多用于做苦力，并刺瞎一只眼睛便于辨别，而保留另一只眼睛是为了能使其继续工作，故"臣"由战俘引申为奴仆之意，即《广韵·真韵》云："臣，男子贱称。"古称男仆为臣，女仆为妾。

　　"臣"是古人自称的用语。官吏对于君主来说，君为主，官为仆，故官吏对君主以臣自称，如《元史》记载董文炳对忽必烈说："今南方已平，臣无所效力，请事北边。"古人在交谈时常用卑微之词称呼自己，如鄙人、在下、仆等等，以此体现对对方的尊敬，"臣"亦为其中之一，如《史记·高祖本纪》记有："吕公曰：'臣好相人，相人多矣，无如季相。'"其中的"臣"即是吕公的自称。

　　"臣"亦指庶民百姓，《孟子·万章下》云："在国曰市井之臣，在野曰草莽之臣，皆谓庶人。"

　　无论奴仆、官吏还是百姓，对于主人和君主都是接受其役使统治的，故"臣"引申有屈服之意，如词语臣服、不臣等等；亦引申为役使，如《左传·昭公七年》云："故王臣公，公臣大夫，大夫臣士，士臣皂。"

　　"臣"引申指官员，如岳飞《满江红》有句云："靖康耻，犹未血；臣子恨，何时灭。""臣"是一只眼睛，若这只眼睛始终望着上面，只是为了君主服务，则是强者的奴仆；若是向下看，关心下面的疾苦，则是百姓的公仆。人臣，一人之臣为奴仆，众人之臣为公仆。奴仆与公仆之间的差别，竟然只在目光的一上一下之中便体现出来。

你我 两人一起做事，不能让对方吃亏。

你 ^{nǐ}

"你"，会意字，从人，从尔。

"人"为有思想、有感情的高等动物；"尔"为第二人称代词。"你"从"人"，从"尔"，首先表示第二人称代词，用以指称对方；其次表明"你"也是"人"，具有平等性。《集韵·止部》："你，汝也。""你"作为第二人称代词，出现于南北朝后期，后又用作不明确所指的集团中的某一个体、任何一个、一般的一个，如："三个人你看看，我看看你，谁也没说话。""你"是第二人称，是相对于主角"我"而言的第二者。

"你"字用作第二人称代词，使用频率非常高。《周书·异域传下·突厥》："你能作几年可汗？"清代曹雪芹《红楼梦》第三十回："你死了，我做和尚去。"又如词语"你咱"是指你；"你懑"即你们；"你老"是指对尊长的敬称；"你那"是你老人家；"你等"则是指你们。"你们"是包含"你"的一个群体，可以在思想和事业上与"你"相同，亦可以在辈分上与"你"相同，甚至还可以志同道合。"你"是"你们"的一个代言人，"你"代表着"你们"的共同利益，"你"还代表着"你们"所共同维护的事业。因此，"你"在特定的情况下与"我"和"我们"是相对立的，如意见不合，思想相矛盾，志趣不相投等等。反过来说，"你"、"你们"和"我"、"我们"又可以是紧密相关联的，当志向相同，兴趣相同，思想一致时，"我"也成了"你"，"我们"也成了"你们"的一部分。

"你"字可与"您"通用。"你好"一词用于有礼貌的打招呼或表示与人见面时的问候。"你追我赶"是一种向上的精神的体现。有了"你"和"我"的追赶，才有进步的希望和前进的动力。因此，把握好"你"和"我"之间追赶的分寸，处理好"你"和"我"之间的关系，是有利于整个社会发展的。

人在寂寞或无聊时，可能会与一朵花说话，亦可能会与一条小溪说话，此时的"你"便化身为不同的事物，成为人心中想象的一种形象，是被理想化了的"你"。

在现实中，"你"和"我"有时候是对立的，有时候是相辅相成的。"你恩我爱"指夫妻或情侣间相亲相爱。"你敬我爱"指人们之间相互尊敬怜爱。"你来我去"、"你来我往"指亲朋好友之间交往频繁。"你兄我弟"指双方以兄弟相称，形容关系密切。"你推我让"、"你谦我让"指双方互相谦让。这些都是我们应该提倡的。"你不仁，我不义"表示你不够意思，我也就不客气了。"你死我活"的意思是双方斗争非常激烈，不共戴天。"你争我夺"指相互争夺。这些都是我们不愿意见到的。

我 _{wǒ}

𢦏 甲骨文　𢦋 金文　𢦏 小篆

"我"的甲骨文字形像兵器之形，为象形字；后演化为从手，从戈，成为会意字。

《说文·我部》："我，施身自谓也。""我"是人的自称，即通常所谓第一人称。"我"从手，从戈。"戈"既指武器，又指工具。"我"以"手"持"戈"，充分表达了"我"字深刻而丰富的内涵：一是自卫，手持武器，学会防身，保护自身安全不受侵犯；二是自立，工具在手，掌握技术，勤奋劳作，创造价值，造福于社会；三是自主，见解独到，思维独特，人格独立，不为人左右；四是自我批评，自我解剖，严于律己，修养自身；五是明辨是非真假，识别对错好坏，惩恶扬善，激浊扬清，以"戈"之锐利，勘察人间世事，参破天地玄机，了悟生命本质。

"我"字"找"上有"丿"。"丿"古同"撇"，意为撇开或抛弃，是弃置不顾；"找"为觅取、寻求、寻找。"丿"为细小之物，细微之处，最易被人忽视，一撇了之。人生无小事，生活无琐事。自我之本质、一己之性情，表现在大事之上，更体现在琐事之中。因此，找到这细微的一"丿"，方能找到一个真正的"我"。细看"丿"，右高左低。从右看，"丿"是堂堂正正昂头做人；从左看，"丿"是踏踏实实埋头做事。

"我"，首先是独立的。我有我的思想，我的境界，我的人格，我的利益，我的权利；我有我的世界观、人生观、价值观；我有我的国家，我的民族，我的家庭，我的亲人，我的朋友。我是这世间独一无二的，是任何人、任何事物都不能取代的。我要有正确的自我意识，要知道"我是谁"，"我是怎样的一个人"，"我要确立什么样的志向"，"我要修成什么样的品德"，"我要做出什么样的贡献"。

作为一个完整的个体，我是自主的我，是自立的我，是有价值的我。但当面对自我时，不能忘记周围还有无数个"我"的存在，不能忘了"你"和"他"的存在，乃至千百万个"你"和"他"组成的你们、他们的存在。"我"是独立的自我，又是千万个他人的自我，是属于整体的"我"，是大众的"我"，而不是自私自利的"我"、固执己见的"我"。孔子云："毋意，毋必，毋固，毋我。"（《论语·子罕》）不凭空猜测，不绝对肯定，不拘泥固执，不自以为是，才是一个真正的"我"。

"我"手中持"戈"，意味着人要善于自我反省、自我解剖、自我批评。自我解剖和自我批评需要非凡的勇气，宽阔的胸襟。自我解剖和自我批评不但是对自我负责，对错误担责，同时也是对"我"所在的群体利益负责。因此自我解剖和自我批评非但不会贬低自我的价值，反而会增强自我的人格魅力。

"我"手中持"戈"，表明"我"是一个独立的个体，有人生的价值，有人格的尊严，有自卫的权利。当"我"的尊严与权益受到侵害时，有权挺身自卫。"我"是社会中的独立个体，"我们"是这些独立个体所组成的群体。

每一个"我"都是独立的生命个体，有血有肉，有爱有恨，有权受到我们的尊重和关怀。我和我们应当相容相惬、和谐共生。"我"是单数，也是复数。"你"、"我"、"他"、"侬"、"吾"、"伊"无不是"我"。集"我"为众，众中皆"我"。

他人

改善人际关系的关键，就是能够真正理解对方。

他 ^{tā}

"他"，会意字，从人，从也。

"他"从"人"，表示与人相关；"也"为语气词，用在句末表示判断或肯定。他者，人也，他是人也，他也是人，故彼此应当平等。"他"为代词，是指称你、我之外的第三人。古时泛指，不分性别，今一般指男性。

《仪礼·士昏礼》："某以非他故。""他"也是"佗"的异体字，为负担之意。"他"的本字为"它"。《诗·小雅·鹤鸣》："它山之石，可以为错。"意思是，别的山上有砺石，用做磨石可琢玉。郑玄笺："它山喻异国。"本谓别国的贤才可以为我所用，辅佐本国君主治理国家，好像别的山上的石头可用来做琢磨玉器的砺石一样，后用以比喻能帮助自己改正缺点的外力，一般多指朋友。明代徐日久《与本学王广文书》："则虽以鄙人之偏见，于以为他山之石，则有余矣。"

五四运动以前，性别不明或不必区别时也用"他"。《正字通·人部》："他，彼之称也。"东晋干宝《搜神记》卷三："坐者语曰：'适来饮他酒脯，宁无情乎？'"唐代杜审言《戏赠赵使君美人》："罗敷独向东方去，谩学他家作使君。"元代马致远《汉宫秋》第一折："你看是那一宫的宫女弹琵琶传旨去教他来接驾。""他杀"一词，是"自杀"的对称，是指被他人剥夺生命，如被他人枪击、伤害、投毒等致死。对于此词来讲，"他"字便有其不确定性，"他"可以是你，可以是我，可以是一个群体。

"他"用作代词，表示指称，相当于"别的"、"另外的"、"其他的"，与"此"相对，如"他人"、"他处"。"卧榻之旁，岂容他人鼾睡"的意思是自己的床铺边，不容别人睡大觉，比喻自己的势力范围或利益不容许别人侵占。清代夏敬渠《野叟曝言》第一百四十五回："昔人云：'卧榻之旁，岂容他人鼾睡'，'养痈致患'，猝然一发，势若燎原矣。""他乡遇故知"指在远离家乡的地方碰到了老朋友。"借他人酒杯，浇自己块垒"意思是借助酒来排遣心中的积郁。南朝宋刘义庆《世说新语·任诞》："阮籍，胸中垒块，故须酒浇之。""歧路他乡"指远离家乡的外地，多指关系亲密的两人分别流落在异地。南朝梁萧统《锦带书》："某穷途异县，歧路他乡，非无阮籍之悲，诚有杨朱之泣。"《尚书·秦誓》："如有一介臣，断断猗，无他伎。"此处的"无他伎"是指没有另外的技能。西汉司马迁《史记·高祖本纪》："于是沛公乃夜引兵从他道还。"于是沛公于夜间率领兵士从另外的路返回。《诗·郑风·褰裳》："子不我思，岂无他人。"你若不把我来想，岂无他人把我爱？《孟子·梁惠王下》："王顾左右而言他。"又如词语"他日"是指以后、过几天、将来。《左传·襄公二十三年》："他日双访焉。"唐代柳宗元《送韩丰群公诗后序》："他日当为达者称焉。"将来定能被显达之人所称道。《左传·昭公十三年》："刍尧者，异于他。"这里的"异于他"是指有别于往日的。《孟子·滕文公上》："吾他日未尝学问，好驰马试剑。今也父兄百官不我足也。"这是滕文公做太子时为他的父亲滕定公办丧事期间曾经说过的话。意思是我以前不曾讲求学问，喜好骑马驰骋比试剑法。现在宗室百官都不满意我。"他"在这里则是指以往、平时、前些日子。

"他"又为虚指。如"吃他一顿"、"打他个措手不及"。唐代白居易《重戏赠》："集贤池馆从他盛，履道杯亭无自轻。"宋代辛弃疾《祝英台近》："是他春带愁来，春归何处，却不解，带将愁去。""他"又表示谁。《玉篇·人部》："他，谁也。"

法律中有所谓"他物权"，指在他人所有的物上设定或享有的权利。按罗马法理论，自物权即所有权以外的一切物权均可纳入他物权范畴，此类权利以他人的所有权为前提而存在，通常仅体现为物权某项权能或一部分，实质上是对所有权的限制。近代民法承袭了罗马法的他物权概念及理论，但在其具体表现形式上则有越来越丰富的发展。生物学中有"他感作用"。植物的他感作用就是一种植物通过向体外分泌代谢过程中的化学物质，对其他植物产生直接或间接的影响。这种作用是生存竞争的一种特殊形式。

人 _{rén}

甲骨文　　金文　　小篆

"人"，象形字。

"人"的甲骨文、金文和小篆皆像侧面站立的人形，后演化为一撇一捺。"人"是汉字部首之一，本义为能制造和使用工具进行劳动，并在劳动实践中不断认识自然、改造自然，能运用语言和文字进行交流、沟通的高等动物。《礼记·礼运》认为："故人者，天地之德，阴阳之交，鬼神之会，五行之秀气也。"又说人乃"天地之心也，五行之端也，食味别声被色而生者也"。人为天地之心、五行之秀，是万物之灵。《说文·人部》："人，天地之性最贵者也。"老子《道德经》曰："道大、天大、地大、人亦大。"《易·系辞》称远古先民卜筮，将天、地、人并称为"三才"，可见，人之重要地位，可与天地并列。

"人"的一撇一捺像是两条腿。人依靠双腿挺立于世间，体现了直立行走在人的进化过程中的重要地位，同时强调了人的双手从四肢中解放出来的重要性。《列子·黄帝》："有七尺之骸、手足之异，戴发含齿，倚而食者，谓之人。"其中"手足之异"明确指出了人类的外形特征。

一撇一捺为"人"字，可以认为人由两个部分组成：一是肉体，二是精神。没有肉体，精神无以附着；没有精神，人便为行尸走肉。象征着人类精神、灵魂的这一捺，始终支撑着象征着肉体的那一撇。一旦精神、灵魂不存在，肉体也就成了空皮囊。人类之所以不断地追求精神的高尚和灵魂的纯洁，就是为了让"人"能够更牢固、更稳定地站立着。

一撇一捺为"人"字，揭示出人类社会的二元性。古人把世界分成天地、阴阳两面，把人分为男人和女人。男女之间既有不同，又相互依赖，共同支撑起这个社会。一撇一捺，方向相反又走到了一起，二者既对立又统一。一撇一捺为"人"字，寓意着人有两面性：有野性、有人性；有情感、有理智；有虚伪、有真实；有放纵、有节制；有委琐、有高尚等。

一撇一捺为"人"字，明示人不能单独存在，需要相互支撑，相互依存，相互依赖；需要相互帮助，相互谅解，相互关怀；需要相互监督，相互鞭策，相互鼓励；需要怜悯心、同情心、慈悲心。"人"字少了任何一笔都不是人，只考虑自己而置他人于不顾者，亦不能称之为"人"。

一撇一捺为"人"字，规矩中正，不偏不斜，强调人要堂堂正正，挺直站立；要修身养性，不急躁，不温吞；为人处世，随和通达。"正"，不仅仅是指人的仪表要正，人品更要正。人生于世，贵乎坦荡磊落，上可以达于天，下可以立于地，顶天立地，光明磊落。中国有句古话叫作"身正不怕影子斜"，道出了中国人的"正"字哲学。自诩正者未必能谓之"正"，在"邪"者面前保持"正气"，才可谓真正的"正"。

"人"、"仁"同音，表明人要施仁达义。二"人"为"仁"，表明人以仁为核心，仁以人为主体，人与人和谐联系的纽带是仁。人要乐善求真。虽然世界千变万化，有善也有恶，但从善永远是人们追求的目标和社会发展的主流。

人是一种社会动物，不能超然物外。范蠡泛舟江海，是为免于是非；张良功成隐去，是为全身而退；陶潜采菊东篱，是为逃脱官场樊笼；李白斗酒赋诗，是落拓文人放浪形骸。人只有生活在群体中，才会有价值。只有人与人之间和睦友善，社会才会充满温情。

朋友

做人要紧握拳头为自己加油，展开手掌为朋友喝彩。

朋 péng

朋 甲骨文　朋 金文

"朋"，象形字。

"朋"的甲骨文、金文皆像两串细贝（或玉）相连之形，本义为古代货币单位。通常认为五贝为一朋，或说五贝为一系，两系为一朋，也有认为两贝为一朋的。"朋"的常用义为彼此友好的人，即朋友。古人称同门曰"朋"，同志曰"友"。

今"朋"为会意字，从二"月"。左边的"月"是"肉"作偏旁时的写法，从月，表示与肉或人体有关。两"月"并列，以示两人思想、志趣、习惯相同；两"月"齐肩，以示朋友之间没有高低、贵贱之分，完全平等；两"月"紧靠，意味朋友之间心心相印，亲密无间，祸福与共，患难相依。

"月"也指年月，表示时间；还指月亮，代表明亮、皎洁。两"月"并列，以示朋友应经常相聚，时常交流，促进感情，增强默契；两"月"互照，交相辉映，以示朋友之间应纯洁明净，毫无杂念，光明磊落，肝胆相照。

"朋"由两个"月"组成，"月"为月亮，为阴，为晚上，晚上天黑，视线较差，意为择友需谨慎，需擦亮眼睛，不可滥交；又表示身为朋友，要互相借鉴，互相勉励，相互照顾，相互帮助。这体现出朋友的三个条件：一是有难同当，二是有福同享，三是互相信任。

"朋"字两"月"相并，相互依靠，关系密切，是朋友、亲朋之意。人本来就是社会中人，自然离不开与他人交往、相处。"同门曰朋，同志为友。"古人将同窗称为朋，但友的要求就高得多，必得志同道合、志趣相投者才行。今人将二者合并，但内涵则偏向于古代之"友"——志同道合、默契相知。朋友是每个人生活中不可或缺的伙伴。朋友之间经常交心，交流经验和看法，既是需要，也是乐趣。孔子说过："有朋自远方来，不亦乐乎？"能够与志同道合的朋友在一起畅谈、交流，不是一件很高兴的事吗？

朋友之间相互欣赏才能保持长久的友谊。古人用"管鲍之交"来形容朋友之间友谊的深厚。管仲、鲍叔牙是春秋时齐国人，管仲博古通今，有经邦济世之才；鲍叔牙胸襟宽广，有海纳百川之德。俩人自幼相交甚好，长大后一起经商，分账时管仲总是多拿一些。旁人看不过去，但鲍叔牙说："管仲不是贪小便宜的人，他多拿是因为家里境况不好，我愿意让他多拿。"打仗时管仲总是缩在最后，撤退时又总是跑在最前，大家又对他非议。鲍叔牙又说：他家有老母需要赡养，我相信，若有机会他一定会有所作为的。后来，管仲劝说鲍叔牙和他分别做了齐国两公子的老师。鲍叔牙的学生当了国君后，鲍叔牙力举管仲，甘愿自己处于低位。管仲十分感动地说："生我的是我的父母，而真正了解我的是鲍叔牙！"

《说文》小篆借"凤"的古文来表示"朋"字："古文凤。象形。凤飞，群鸟从以万数，故以为朋党字。"意思是说，凤鸟飞翔，其他鸟成群地跟着飞，数以万计，所以把它假借为朋党的"朋"字。

"朋"也表示同类结伴而行，故"朋"有聚群、群居之意。"朋宴"指聚朋宴饮；"朋戏"指群聚嬉戏。《隋书·柳彧传》："每以正月望夜，充街塞陌，聚戏朋游。"每当正月十五的元宵节晚上，朋友们便相聚宴游，这里一群，那里一伙，充塞道路。

朋友间因相互了解，做事容易配合。故"朋"由朋友引申为匹配、配合。曹植《豫章行》："鸳鸯自朋亲，不若比翼连。"这里的"朋"就是匹配。

古代形容朋友是"君子之交淡如水"。水象征纯洁、平淡、公平、无私、不可缺少，如水般的友情才是人世间最可贵的。有人说，女儿就像父亲的盐，虽看似不值钱，但却是日常之必需。而朋友亦如此，平淡之中见真情。很多时候，朋友的影响远远超过父母。结交上进的朋友，会使自己变得乐观积极；结交性格开朗的朋友，会使自己的内心也充满阳光。

然而，朋友有真朋，有伪朋。欧阳修写过一篇著名的《朋党论》，提倡君子之朋，鄙薄小人之朋。在他看来，君子以"同道"为交友的原则，君子之朋"所守者道义，所行者忠信，所惜者名节"，朋友之间会同舟共济，相得益彰。而小人以"同利"作为交友的原则，是利禄财货将他们暂时吸引到一起。这样的朋友不可能成为良师益友，只会是狐朋狗友。他们"见利而争先，或利尽而交疏"，甚至因利益而冲突，互相戕害，反目成仇。欧阳修的观点深刻、精辟，对我们交友处世有重要的借鉴意义。

友 yǒu

羽 甲骨文　羽 金文　叒 小篆

"友"，会意字，从ナ，从又。

"友"的甲骨文和金文皆为伸向同一个方向的两只手，可表示以手相助或志趣相同。"友"的小篆字形发生变化，两只手的位置由左右变成了上下，由此形，"友"字可会意为互相扶持。

今"友"从ナ，本义为左手，也表违背；从又，本义为右手，亦有重复不断之意。"ナ""又"为"友"，意为左手与右手相交，握手言和，此为友好的体现。同一方向之手的重复，表明志同道合。此为朋友、好友。《说文·又部》："友，同志为友。"本义为朋友，即志同道合的人。"友"字要求：危难时要伸出援助之手，救朋友于水火；平日里要互相扶持，志趣相投。

古时人们用自制的石块、木棍为武器。如果两个陌生人碰到一块，彼此间没有恶意，就放下手中的武器，伸出手掌让对方检查。甲骨文、金文的"友"字表示两个人朝着相同的方向伸出了自己的手，已经产生了信任。古代人伸手以示坦诚；现代人伸手表示友好。

"朋友"原指志情相同的人，后来爱好相同、经常切磋的也称为"友"，如棋友、球友、琴友等。由此引申，同一所教会、学校、职业的成员，也称为"友"，如教友、校友、工友等。具有某些共同特征或品质的事物也可称为"友"。松、竹、梅合称"岁寒三友"之说，源于宋代文学家苏轼。北宋神宗元丰二年，苏轼遭权臣排挤被贬至湖北黄州。初到黄州，苏轼远离亲人故友，加上生活困顿，心情十分苦闷，于是就自己垦荒种地，并在院子里种上松柏、梅竹等花木，后又在屋内四壁画上雪花，起名"雪堂"。一次，知州徐君猷来访，看到他的居所冷清萧瑟，满眼是雪，就打趣问他是不是太寂寞苦闷了？苏轼随口笑曰："风泉两部乐，松竹三益友。"轻风吹拂和淙淙泉水是两种美好的音乐，常青的松柏、严冬繁茂的竹子和傲雪绽放的梅花，是我最好的朋友。知州见苏轼在逆境中还能以"松、竹、梅"自勉，对他玉洁冰清、傲雪凌霜的风骨越发敬仰。

朋友如明镜，善鉴者可改错纠偏。够朋友的人直言相劝，关键时刻扶你上岸，任何时候都不会拉你下水。金钱买不到永久的朋友，而朋友却是永久的财富。孔子在《论语·季氏》中，把友分为益者三友和损者三友。友直、友谅、友多闻为益者三友；友便辟、友善柔、友便佞为损者三友。"直"就是肯讲直话，为人正直；"谅"就是能原谅人，大度宽厚；"多闻"就是知识渊博。能交上这样的好朋友，当然是三生有幸，受益无穷。"便辟"就是脾气古怪，软硬不吃，动辄得咎的人；"善柔"是个性懦弱、没有主见的人；"便佞"是奸诈逢迎，贪婪狠毒的人。交上这种朋友，又摆脱不了，那就等着一辈子倒霉吧！如果说成功的关键在于拥有成功的朋友，那么善交益友、不交损友、乐交诤友，无疑是向成功迈进了一步。

亲戚

对陌生人可以客气一点，对身边的亲人别太苛刻。

亲 【親】

qīn qìng

親 金文　　親 小篆

　　"亲"，繁体为"親"。形声字，从見，亲声。

　　繁体"親"从立，从木，从見。"立"为站立、小篆成立、建立；"親"从木，表示与树木等有关；"見"为看到、见到。"親"为"立"、"木"、"見"，表示见到立木感到亲切。森林原是人类的家园。进入农耕时代，人类即便是在开垦荒地、刀耕火种的过程中，也仍然与树为邻，屋前屋后，都要种树。如今，亲水亲绿已成为现代都市生活的回归理念之一。因而，人见到树就产生接近、亲近之情，也就不足为怪了。《说文·見部》"親，至也。"本义为亲近、亲密，与"疏"相对。"亲"又读"qìng"，特指两家儿女相婚配的亲戚关系。

　　简化字"亲"为"立""木"，即生长的树木或用木头建造的建筑物。树木给人类的生存、生活带来无限好处：其高冠，可为人类挡风遮雨，纳凉去暑；若结果实可供人饱腹；树可给人带来新鲜空气；挡洪水、绿荒漠；根据木质的不同可铺路、修桥、做家具、造房屋；可生火取暖。树是人类赖以生存的保障，故人见立木则"亲"。"亲"字表现了人与木亲密无间的关系。"亲"是"親"去掉"見"。古代社会是见了面才会认识，而经常见面就会使人有亲近之感。在现代社会由于。望远镜、电话、电脑等高科技的使用，无需面对面，也可以相互认识，进而亲近。

　　"亲"由亲木引申，泛指一般意义的亲近。人最亲近的人，就是自己的父母，故"亲"引申指父母，如双亲。《公羊传·庄公三十二年》："君亲无将。"何休注："亲，谓父母。"若把儿女比成树木，那么父母双亲便是儿女的"根"。中国传统伦理以"孝"为本。"百善孝为先"。一个人对父母孝，才可能对自己的事业，对自己的国家和民族忠。

同根之木相依相偎，有血缘关系的人自然亲近，"亲"又引申指有血缘或婚姻关系，如"至亲好友"、"沾亲带故"。"亲"是亲本、亲缘，父母兄弟姐妹，这样的亲缘关系不可隔绝。亲朋之间，也要靠经常见面、交往来保持其亲密关系，否则亲人也会疏远。亲缘是天生的，但更多是需要后天的维护。人们交往密切，互相关爱，不是亲人，胜似亲人。

"亲"又特指婚姻关系。《史记·匈奴列传》："汉亦引兵而罢，使刘敬结和亲之约。"这里提到的"和亲"，指为政治目的而形成的婚姻关系。在古代，汉族统治者与少数民族首领之间，有时出于政治合作的需要，通过联姻缔结友好关系，被称为"和亲"。"人者仁也，亲亲为大。"（《礼记·中庸》）孝亲是古代中国最基本的道德规范，最普遍的道德原则。《孟子·尽心上》："人之所不学而能者，其良能也，所不虑而知者，其良知也。孩提之童，无不知爱其亲者，及其长也，无不知敬其兄也。亲亲，仁也，敬长，义也。无他，达之天下也。"在孟子看来，爱亲乃不随物迁、无待于教的人之常情。

孝亲便是养亲、敬亲、顺亲。《尔雅》云："善事父母曰孝"。为了报答父母的养育之恩，儿女长大后必须自觉地赡养父母。但是，赡养父母又绝不意味着仅仅使父母吃饱喝足穿暖，而是应该在赡养的过程中，贯之以"敬"的态度，即孝敬。孔子的学生子游问孔子，孝就是赡养父母么？孔子回答说："今之孝者，是谓能养。至于犬马，皆能有养，何以别乎？"（《论语·为政》）意思是人们都说养活父母就是孝，可是家里有狗马也要养活。如果孝亲就是养活双亲，那么，与养活狗马有什么区别呢？孔子进而指出要尊敬父母，使父母精神愉悦才是真正的孝亲。孝亲还要做到"不违"，即顺亲，不违背父母的意愿。若父母有了明显不对的地方，孝子要委婉地劝谏。如果父母接受了意见，改正了过失，此为孝子之功；如果父母仍固执己见，不听劝谏，心中可以有忧虑，但是绝不可以有怨恨。

戚【慼】
qī

𢧊 金文　戚 小篆

"戚"，异体为"慼"。形声字，从戉，尗声。

"戚"的金文从戈，篆文改为从戉。"戈"、"戉"均为古代斧属兵器；"尗"古文像初生豆苗之形，这里取其形，表示"戚"的形状，斧柄如豆的根茎，斧身呈半月的豆子形。"戚"的本义为斧类兵器。《说文·戉部》："戚，戉也。"兵器随身携带，用以防身，以此借指亲近。只有血缘关系亲近的人才可称为亲戚。"戚"表示人与人之间的关系密切、亲密无间，如"亲戚"、"戚属"、"戚家"。异体"慼"从心，亲戚之间应该戮力同心、心心相印，彼此之间用真心相待，互相照应、同情、理解。

《山海经·海外西经》："乃以乳为目，以脐为口，操干戚以舞。"这是关于"刑天"的神话，刑天与天帝争神位，天帝战胜了，把他的头砍下来埋葬在常羊山下，刑天不服又以乳为眼，以肚脐为嘴，仍然挥动着武器要与天帝再决雌雄。这里"干戚"就是指盾牌和斧子。晋代陶渊明《读山海经》中称赞道："刑天舞干戚，猛志固常在。""朱干玉戚"指朱红的盾牌、玉饰的斧头，原为古时礼器，后也作为仪仗之用。《礼记·明堂位》："朱干玉戚，冕而舞《大武》。"

"戚"有愤怒的意思。古语"戚醮"就是愤怒烦恼的意思。"戚"还表示忧愁、忧伤。"哀戚之情"指丧亲后的悲痛心情。《孝经·丧亲章》："孝子之丧亲也，哭不偯，礼无容，言不文，服美不安，闻乐不乐，食旨不甘，此哀戚之情也。""炊臼之戚"比喻丧妻。唐代段成式《酉阳杂俎·梦》："贾客张瞻将归，梦炊于臼，问王生。生言：'君归，不见妻矣。臼中炊，固无釜也。'贾客至家，妻果卒已数月。""无釜"谐音"无妇"。"鼓盆之戚"旧指死了妻子。《庄子·至乐》："庄子妻死，惠子吊之，庄子则方箕踞鼓盆而歌。""令原之戚"指兄、弟去世。《诗·小雅·常棣》："脊令在原，兄弟急难，每有良朋，况也永叹。""终天之戚"旧指因父母去世而一辈子感到悲痛，现指因做错某事而后悔一辈子。

有所惧，所以才有所忧，"戚"因此还指忧惧的样子。《论语》："君子坦荡荡，小人长戚戚。"就是说君子正派，不做亏心事，所以胸怀坦荡，而小人所为不仁，就总是戚戚然的样子。"同休共戚"指同欢乐共忧患，形容关系密切，利害一致。《三国志·蜀志·费祎传》："且王与君侯，譬犹一体，同休等戚，祸福共之，愚为君侯，不宜计官号之高下，爵禄之多少为意也。""自诒伊戚"意思是自寻烦恼、自招灾殃。《诗·小雅·小明》："心之忧矣，自诒伊戚。"《左传·宣公二年》："乌呼，我之怀矣，自诒伊戚，其我之谓矣。"

"戚"还有亲近、亲密的意思。《列子·力命》："管夷吾、鲍叔牙二人相友甚戚。"就是说春秋的管仲和鲍叔牙是一对交情深厚的朋友。"戚"就是指二人关系的亲密。由此引申，"戚"也指亲属，如"亲戚"指彼此有血缘关系，比一般关系亲近的人。"戚戚具尔"指兄弟友爱。"戚戚"是互相亲爱的样子。《诗·大雅·行苇》："戚戚兄弟，莫远具尔。"

感恩

不管路途平坦还是坎坷，都应该感谢铺路的人。

感 gǎn

感 小篆

"感"，形声字，从心，咸声。

"咸"有皆、都之意，表示全部、全都，意寓充满；"感"从"心"表明与人的内心情感有关。"咸""心"为"感"，可理解为一种占据了整个心灵的感受，是一种震撼的力量。《说文·心部》："感，动人心也。""感"的本义为感动，后来泛指思想感情因受到外界事物的影响而激动，如感情、感想、反感、好感、感人肺腑、感天动地。"感"由此也引申指觉出，如感触、感觉、感性、感知等。又指对人家的帮助表示谢意，如感谢、感恩、感激等。

"感"从"咸"，从"心"，咸是盐的味道，常被比喻为对人生的一种体验，一种人生况味。所谓酸甜苦辣咸，五味人生。上年纪的人喜欢对不谙世事的年轻人说一句话"我吃的盐比你吃的饭还多"，只有积累深厚的生活阅历，才能入木三分地体验生活。人生的味道需要用心来体会，所以"感"字从"心"。每个人的生存境遇、生活经历各不相同，对生活的感悟也因人而异。

感的本义是感动，指思想感情受外界事物的影响而激动。《说文》："感，动人心也。"打动人心者为感。《晋书·谢玄传》："木石犹感，而况臣乎。"没有生命的木石都感动了，何况是血肉俱全的我呢！这种由对方的言语与行为而引起内心的激荡就是感。人的心灵反映是相互的，对于别人的言行，人们一般不会无动于衷，往往会做出相应的反应。人与人之间的心灵火花就是在相互影响下产生的。人际关系中经常会有以德报怨，以怨报德，以德报德，以怨报怨等事情发生，故感有感应、相互影响之义。

《易·咸》："天地感而万物生，圣人感人心而天下和平。"天气与地气相互感应而化生万物，圣人影响天下的人心而带来祥和安宁。

外界的景物或人事牵动了人的情思，就必然会引起人的情感流露。故感有感触、触动、感慨之义。如成语中的感同身受，是指对外界事物感触非常深，在内心引起了强烈的共鸣，就像是自己亲身经历一般。范仲淹《岳阳楼记》："登斯楼也，则有去国怀乡，忧谗畏讥，满目萧然，感极而悲者也。"如果在这个时候登上这座楼，就会产生远离京城、怀念家乡、担心诽谤、害怕讥笑的心情，满眼凄凉、感慨到极点，就不禁悲伤起来。唐代杜甫《春望》："感时花溅泪，恨别鸟惊心。"伤感时春花儿都流下伤心的泪水，长久分离之际，连鸟的清脆叫声都让人心慌。

"感"有感觉、情感之义。"感情"是对于外界刺激所产生的喜怒哀乐等心理反应。人都是情感动物，人们彼此之间需要情感的相互温暖、相互支持，没有了情的世界犹如无际的荒漠——绝望而孤独。情感是沙漠中的拓荒者，犹如大漠中的驼铃，给旅行疲惫的人以无限的希冀。"感"又指某种情绪体验，如在审美过程中产生的愉悦感叫美感；愉快或舒服的感觉叫快感；光荣和荣耀的感觉叫自豪感。

"感"亦有感谢、感激之义。"感恩图报"指受了别人的恩惠，一心思念回报。《玉台新咏·古诗为焦仲卿妻作》："新妇谓府吏：'感君区区怀！'"新娘子对身为府衙官吏的丈夫说："很感谢你对我的情与爱。"

"感"亦有感染之义，多用于疾病。《红楼梦》："太夫人并无别症，偶感了些风寒。"

恩 ēn

小篆

"恩"，形声字，从心，因声。

"因"为因袭、因循，表示依靠、凭借；为原因、因由，表示事物发生前已具备的条件；"心"为内心、良心。"恩"，上"因"下"心"，说明恩生有因，起于心底，若是心无所动、心无感悟、心无体验，纵有恩，也不会感恩，也不知报恩。"因"在"心"上，表示因果相承，首先要恩惠于人，才能得到有心人的感激和回报；若毫无作为，无恩于人，或仅施小恩小惠，就以之为因，要求回报，希望他人感恩戴德，则不是真正的"恩"。施恩也好，感恩也罢，皆因心生，皆由心起。《说文·心部》："恩，惠也。"本义为恩惠，如恩情、恩宠、恩人、恩师等。"因"又为原因、因由，表示事物发生前已具备的条件。

"恩"者，上"因"下"心"，寓意感恩是有原因的，是发自内心的。因此，因感恩而报恩，并不在于物质、财富的多寡，而是内心对"因"的反应。"因"上"心"下，还寓意原因在前，记恩、感恩、报恩在后。所谓千里送鹅毛，礼轻情义重。首先要有出于深情而送鹅毛的前者，其次则要有能悟到对方之深情而感激不尽的后者，如此才能使"恩"持久相传。

拥有感恩之心，他人投之以桃，必定报之以李，如此重情重义之人，必然受人尊敬。"恩"引申为恩宠、宠爱。李白《白头吟》："但愿君恩顾妾深，岂惜黄金将买赋。"此诗叙述西汉时汉武帝的妃子孝武陈皇后被打入冷宫，为了复得皇帝的恩宠，她不惜以黄金百斤为价，求得当时第一才子司马相如为她写了一篇《长门赋》，表达其哀怨之情。白居易《答贾舍人》："未酬恩宠年空去，欲立功名命不来。"意思是感叹君王对自己的恩宠还没有报答，让岁月空自流逝，想要建立功名，却好像是命里注定没有这个机会。

施恩于人却不求回报，或拥有感恩之心，即使受人小恩也铭记在心，俟机报答，人有此性，必然赢得友情。因此，"恩"又可引申为友情。元末罗贯中《三国演义》："大丈夫处世，遇知己之主，外托君臣之义，内结骨肉之恩，言必行，计必从，祸福共之。"这是群英会上周瑜对曹操的说客蒋干所说的一句话。"内结骨肉之恩"是说自己与吴国的君主孙权之间，表面上是君臣关系，实际上却是如同骨肉之亲一般的兄弟关系。

我国古代有"普天之下，莫非王土，率土之滨，莫非王臣"（《诗·小雅·北山》）的观念，君主对臣子的任何待遇都是恩惠，臣子动辄要感谢"皇恩浩荡"，而感恩的表现就是忠诚。《孟子》载，孟子对齐宣王讲述王者为政之道，提倡"推恩"观念，认为："推恩足以保四海，不推恩无以保妻子。"所谓"推恩"，就是为政者由上对下施予恩惠。"恩遇"即指君王对臣子施以优厚的特殊待遇。在古人的伦理观念中，君王和国家是一体的，君恩即是国恩。李希仲《蓟门行》："当须徇忠义，身死报国恩。"这里所说的"忠义"、"国恩"，都是指要报答君王的恩遇。

人的一生承受数不尽的恩情，父母养育之恩、老师训导之恩、朋友知遇之恩等。"恩"中有"心"，有心之人，即使无意施恩，但因其善良，无意中也会给他人带来实惠；有心之人，即使受到的恩惠来自他人的无意，也会心存感激。施恩于人是因为有一颗善心，施恩重在心；报恩于人讲诚心，感恩不在物。施恩于人不图回报，感恩之心没齿难忘。感恩是中华民族的传统美德。施恩者不必图报，受恩者理当感怀。

《诗·小雅·蓼莪》："父兮生我，母兮鞠我。拊我畜我，长我育我。顾我复我，出入复我。欲报之德，昊天罔极！"母亲十月怀胎艰辛孕育，一个人在降生之前就开始承受了父母的恩情，出世后父母含辛茹苦的抚养，更是一种无法回报的大恩。父母之爱是天下最无私的爱，他们不图回报，只希望自己的子女能活得开心、成长顺利。中国自古以来就讲究"百善孝为先"，子女要报答父母的养育之恩。

佛教认为世间的一切事物皆依因缘才能相互生存，万物相互依存、互为因果，此即恩之所在。佛教中的"恩度"指出家得度。"恩"由"因"与"心"组成，表示心中常常铭记形成今日之状态的一切原因。

感恩，是中华民族的传统美德。为人，应常怀感恩之心。古人说：滴水之恩，当涌泉相报。

伴侣

如你们相爱，在接受对方优点的同时，别忘了把缺点带上，因为你爱的是人而不光是优点。

伴 bàn

伴 小篆

"伴"，形声字，从人，半声。

"人"指人类；"半"为整体的二分之一。"人"、"半"为"伴"，即情投意合，彼此互助的另一半，是完整人生不可缺少的，称为"伙伴"、"同伴"、"伴侣"、"老伴"。《玉篇·人部》："伴，侣也"。无论是伴侣还是伙伴，做事之前都要考虑到另外一半，才能互诚互信，相依相伴；喜则同喜，悲则同悲；相互扶持，相互支撑。"伴"是心之所系，情之所属；无论相见还是分离，都令人牵肠挂肚。茫茫人海，何人为伴？"伴"是半个人在寻找自己的另一半。志趣相投，情意相合，才能成为自己的另一半。"伴"是二者相互配合，彼此照应，故引申有陪同之意，如陪伴、伴随、伴奏、伴读。

"伴"需要相互扶持、靠近，因此又引申为伴随、接近。杜甫听闻收复失地，欣喜若狂地吟道："白日放歌须纵酒，青春作伴好还乡。"其中的"伴"可以理解为"同伴"，"青春作伴"则是极力渲染那种意气风发的豪情。

在中国古代，权贵反复无常，朝令夕改，常会使在下者有"伴君如伴虎"之感。例如汉景帝时期的晁错，起初景帝对其欣赏有加，宠信无比。晁错一度青云直上，无人能出其右。而当七国叛乱打出"诛晁错，清君侧"的旗号时，景帝并不考虑这只是谋逆的借口，竟下令腰斩晁错。红极一时的权臣就这样了却了自己的一生。

人生于天地之间总是难逃孤独之感，因此都想追寻自己的另一半。南宋抗金名将辛弃疾，战场上金戈铁马，气吞万里，却有着细腻温和的情怀，其诗句"一松一竹真朋友，山鸟山花好弟兄"反映了诗人与植物、花鸟交朋友，平等相待的情怀，这种纯真挚爱的境界让人感动。文天祥在《〈指南录〉后序》中记叙了自己作为使节出使元廷的经历，表面上北人以礼相待，实际上是将他当作囚徒。文中云："二贵酋名曰馆伴，夜则以兵围所舍。"是说白天派两个人以招待使节的名义陪伴，实际到晚上却让兵卒围住馆舍。虎狼之师怎么能与弱国之民为"伴"？国弱民受辱，千古真理。

针对不同的需求，每个人选择的"伙伴"也有本质区别：有人以人为伴，寻求身心的归属；有人以诗书为伴，寻求精神的超脱；有人与自然为伴，寻求天人的合一；有人以酒色为伴，寻求肉体与灵魂的麻醉……孰是孰非是无数哲人穷其一生的追问所在。

"月有阴晴圆缺，人有悲欢离合。"亲人友朋长相厮守只是人们美好的愿望。父母终会因为老去而提前离开；孩子终会因为长大成人而展翅高飞；朋友也会因为忙于自己的生活而无暇顾及，所以任何"陪伴"，都比不过夫妻之间伴随终生、至深至爱、相濡以沫、相敬如宾的感情。俗话说老人要有"三宝"，就是老酒、老狗、老伴。白发翁媪，老来相伴，是爱情生活的至境。

侣

"侣"，形声字，从人，吕声。

"侣"从"人"表示与人的行为、动作有关；"吕"字两"口"相叠，意为两个人。"侣"的字形像两个人结伴而行，互相扶助，是伙伴。《说文新附·人部》："侣，徒侣也。""侣"的本义为同伴、伴侣。

"吕"本义为脊梁骨，支撑人体，互为"侣"者，应像脊梁骨彼此支撑躯体一样，互相帮助，不离不弃。"侣"中二"口"，首先，表示伴侣之间要同吃、同喝、同甘共苦；其次，表示伴侣之间的相互交流、相互勉励、相互安慰；再次，表示伴侣之间口角难免，需要相互体谅，相互理解，相互忍让；第四，表示伴侣之间要夫唱妇随，观点一致，要有共同的奋斗目标。王褒《四子讲德论》："于是相与结侣，携手俱游。"两人结伴出游必然出于共同的志趣、爱好，具有共同的理想、目标。

因为爱情走到一起的人为"情侣"。这时"吕"可形象地看作是情侣之间亲吻的亲密行为。因爱情而成为情侣，爱情的延续和升华又转化为亲情，成为终身伴侣。

人们常把夫妻俩称为"两口子"，是对"侣"非常形象的解释。伴侣是自己的另一半，两个"口"在一起，也可以看作是交流，要维系感情，两个人就必须经常交流，让彼此更加了解和熟悉，这样才能真正地做到相依相偎。"吕"之两"口"，上小下大，说明伴侣之间的位置总有主次之分。一般情况下，丈夫主外，妻子主内。那么在对待外部事务上，丈夫则为"大口"，是妻子的依靠；在对待家务问题上，妻子则为"大口"，是丈夫的依靠。为丈夫者，不能有大男子主义，认为依靠妻子有失颜面；为妻者，也不能有小女子主义，认为丈夫在任何地方都必须顶天立地。两口子在适当的时候，灵活地转换身份、地位，才能使感情更加稳固。

我们常说伴侣是自己的另一半。真正的伴侣，应该是永远互相支持，相互扶持，携手共行的另一半；真正的伴侣是能够同甘共苦、相濡以沫的另一半；真正的伴侣以和对方分享阳光共担风雨为幸福。真正的伴侣会在你孤独时给予关爱，受挫时给予安慰，失望时给予鼓励，无助时给予依靠。真正的伴侣能够包容你的偶尔迷失，但却不会纵容你的无尽索取；真正的伴侣能在适当的时候启发你的人生，在思想上引导你向上。真正的伴侣在平淡、琐碎的生活背后隐藏着浓浓的爱意。

婚嫁

婚姻不是一个名词，而是一篇文章，她需要有一个精彩的开头和圆满的结尾。

婚 hūn

金文　小篆

"婚"，形声字，从女，昏声。

"婚"从"女"表示与女人有关；"昏"有昏沉、不明了之意。"女""昏"为"婚"，可理解为女人成亲前少不更事，每天守在闺中浑然不知外界的人事变迁。《说文·女部》："婚，妇家也。"本义为妻子的家。"昏"又为黄昏、傍晚。古代结婚都是在黄昏时迎娶，故"昏"时迎"女"为"婚"。《说文》又云："礼：娶妇以昏时，妇人阴也，故曰婚。""婚"又表示结婚，是男女成亲之意。

黄昏是白天将去夜晚将来之时，有阳往阴来之变，婚姻大事顺应天时，男为阳，女为阴，男方迎娶女方是阳往，女方嫁到男方是阴来，"婚"字中暗含嫁、娶，故有结婚之意。

"女""昏"为"婚"，除含有结婚时间的意义外，另有涵义：一，男女双方一旦结成夫妇，就要学会包容，婚前睁大双眼，婚后半睁半闭，不要事事较真，"昏"一点有时反而有利于家庭和睦；二，女人结婚后常忙于生儿育女，操持家务，失去了自我的追求与理想，浑浑噩噩，聊以度日。

"昏"字上为"氏"，是姓氏；"日"为阳，代表男方。"婚"字表明女从男氏，女人结婚后从夫姓，从而改变了自己的姓氏，这也是古时女人结婚的标志。古人又以"婚"为妇家（《说文》："婚，妇家也。"），以"姻"为夫家（《说文》："姻，婿家也。"），所以"婚"、"姻"相合为"婚姻"，就是指男女双方结为亲家。

母系社会时女子地位比男人高，当时流行走婚制，男方依附于女方，子女只知其母，不知其父，以女方血统维系亲属关系，后来这种情况发生了彻底逆转。男人们开始采取抢妻的办法，来确立自己的权威。抢那些曾经说一不二的女人做老婆是有风险的，为避免遭到女子部落的反击，必须在傍晚天黑时偷偷行动，为防止夜长梦多还要马上成亲。所以女子黄昏成亲即为"婚"。这种做法后来演变成一种习俗流传下来，现在很多地方尤其是南方某些地区，结婚仪式、婚宴仍在黄昏举行。而在北方这种风俗却发生了一些变化，中午结婚意味着是头婚，晚上结婚则意味着是再婚。

人们一说到"婚"，总会联想到"姻"。婚姻一词，古时又称"昏因"或"昏姻"。现代社会学家给婚姻下的定义是：男女依照法律的规定或社会风俗，经过某种仪式而结合的关系。从中可以看出，婚姻不但包括娶嫁之礼，而且要依照国家制定的法律和社会认可的习俗。

婚姻如轻舟，夫妻是舵手，只有二人真诚配合，患难与共，才能到达幸福的彼岸。成功的婚姻使人如沐春风，失败的婚姻却会毁了毕生的幸福。婚姻把两个人拴在一起，距离越近矛盾越多。

"婚"从"昏"意味着对婚姻中的问题不能太认真，太计较，最好进行朦胧化处理，彼此留一些空间和尊严，这样的婚姻才能永恒。婚姻像是手握细沙，握得越紧越向外漏；适当放松反而能够牢牢把握。

嫁 jià

小篆

"嫁"，形声字，从女，家声。

"嫁"从"女"表明与女性有关；"家"为家庭。"女""家"紧邻为"嫁"，寓意是女子离开娘家，进入婆家。"嫁"字"女""家"不离，既指女子出嫁时留恋娘家，又指嫁后一心守好婆家。《说文·女部》认为"嫁"就是"女适人也"，故"嫁"本义指女子出嫁，与"娶"相对。"嫁"可理解为女子的家的转移，引申为把祸害、怨恨引向他人，如嫁祸于人、转嫁矛盾。

"女"的甲骨文字形像一个敛手跪着的人形，本义是女性、女人。《说文·女部》认为"女"就是"妇人"，事实上，古代把待嫁闺中的女儿称为"女"，而嫁人后则称为"妇"。所以，常听说有"家庭主妇"，而未闻有"家庭主女"。现在"妇女"一词则多指成年女性。"嫁"右边之"家"是会意字，本意指房屋、住所。古代女子从小禁锢闺房，结婚后从娘家到夫家，仍是深居简出，整天在厨房、卧室、厅堂里相夫教子，料理家务。"之子于归，宜室其家"，意思就是把姑娘领回家里，为老公操持家务。"嫁"与"适"在基本事实上并无本质区别，但在古代等级制度中，同为女子嫁人，"嫁"与"适"的用法却大不相同。与大夫以上等级的人结婚为"嫁"，与一般士族或普通百姓结婚只能称为"适"。《诗·大雅·大明》："自彼殷商，来嫁于周。"殷国（国君的女儿）来到周国，嫁给了周王。但"嫁"远比"适"用途广泛，有时候本该用"适"，却也用"嫁"。如《国语·越语上》："女子十七未嫁，其父母有罪。"女子到了十七岁还没有结婚，她的父母要被判罪。这里的"嫁"就是通称。唐代张籍《节妇吟》："还君明珠双泪垂，恨不相逢未嫁时。"把你送我的明珠还给你，两眼的泪水禁不住往下直流，恨不得与你相逢在我没有出嫁的时候。古代女子嫁给谁由不得自己，多是由父母兄长做主。男子既可以一娶再娶，妻妾成群，也可以一纸休书把老婆赶出家门；女子只能从一而终，无权提出离婚，也很少改嫁，只能是嫁鸡随鸡，嫁狗随狗，稀里糊涂度过一生。

"嫁"指女子离开娘家，来到夫家，可引申为前往，如《尔雅·释诂上》："嫁，往也。"《战国策·中山策》："赵自长平已来，君臣忧惧……四面出嫁，结亲燕魏，连好齐楚。"秦赵长平之战中赵国大败，四十万大军被秦将白起活埋，从此元气大伤。在这种基本国情下，君臣们都很担忧，于是"四面出嫁"，即派外交官前往各国出访，想方设法与燕、魏、齐、楚等国家搞好关系，以便减轻边防压力，争取各国的支持援助。又如《列子·天瑞》："列子居郑圃四十年，人无识者，将嫁于卫。"列子在郑圃住了40年，没有人认识，打算到卫国去。嫁人乃是女人的终身大事，从来马虎不得，古代民谣曰："愿得一心人，白头不相离。"即表达了女子择夫而嫁的愿望。"良禽择木而栖，贤臣择主而仕。"臣子选君王，如同女子择郎君，"嫁"因此引申为出仕。《汉书·蒯通传》："彼东郭先生、梁石君，齐之俊士也，隐居不嫁，未尝卑节下意以求仕也。""隐居不嫁"就是躲在家里不出来做官。古代很多名人贤士崇尚清高，宁可穷得三顿饭喝稀粥，也不愿卑躬屈膝混迹官场，他们的选择与官本位的传统价值观格格不入。

古代男尊女卑，女性地位不高，经常受到歧视，并被当成"祸水"，承担起莫须有的罪名。所以，"嫁"由本义又引申为转嫁祸端。如《旧唐书·哀帝纪下》："立嗣君于南面，毙母后于中闱，黄门与禁旅皆歼，宗室共衣冠并殪。复又盗铃掩耳，嫁祸于人。"这是古代典型的弑君篡位的宫廷政变。杀了老皇帝，扶立小皇帝，怕皇后不配合或日后复仇，干脆弄死，忠于老主人的太监和警卫全部消灭，皇室宗亲格杀勿论，然后玩弄阴谋诡计，嫁祸于他人，手段之残酷无以复加。

"嫁"由前往、转移引申为出卖、售出。如《战国策·西周策》："以嫁之齐也。"就是说把（它）卖到齐国去。

"嫁接"通常是把一种果树的枝条接种到另一种果树上去，使嫁接后的果树性状发生有利的交叉变化，如苹果树与梨树嫁接后，结出的果实同时具有梨和苹果的味道。"嫁杏之期"则比喻女子的婚期。

幸福

人生的真正幸福不是你的付出有何收获，而是你的付出给社会创造了价值。

幸 【倖】
xìng

甲骨文　　　小篆

"幸"，异体为"倖"。象形字。

"幸"的甲骨文是古代手梏的象形，本义应为手铐。小篆从夭，从屰："夭"为夭折，代表灾难；"屰"为相反，引申为免除。"幸"为免除灾难。《说文》："幸，吉而免凶也。"楷书"幸"从土，从辛，"辛"为辛苦、辛酸，上"土"下"辛"意为把辛苦埋在地下，意为幸福来之于辛劳，只要付出辛苦的汗水，辛勤地劳作，总会长出幸福的果实。异体字"倖"的字形为幸福的人，被宠爱的人是幸福的，"倖"为宠爱。

"幸"做形容词，表示幸运，指意外地得到成功或免去灾难，如幸存、侥幸。《小尔雅》："非分而得谓之幸。"此处的"幸"为侥幸。意外降临的幸福、侥幸获得的幸运，常会使人庆幸、快乐，故"幸"做使动词，有使……欢乐、愉快或欣喜庆幸之意。《汉书·高帝纪下》："愿大王以幸天下。"期望大王使天下苍生能过上愉快的生活。"幸"亦指古代皇帝亲临，后也泛指皇族亲临。《醒世恒言》："忽然有个诏书下来，说御驾亲幸泰山，要修汉武帝封禅的故事。"由此义引申，"幸"特指女子得到帝王的宠爱。西汉开国皇帝刘邦原本贪财好色，但他入关之后，"财物无所取，妇女无所幸"，来了个一百八十度的大逆转，可见他志在谋取天下。

"幸"做名词，表示幸福。幸福的生活，源于背后艰辛的付出；惟有以辛苦为根，幸福才能长久。幸福的人热爱生活，心情愉悦，令人羡慕。幸福是甜蜜的，其代价却是辛劳与奉献；幸福是对生活的态度，却不是生活本身；幸福是内心深处的愉悦，不是刺激产生的蠢蠢欲动的疯狂；幸福靠自己的争取，不靠别人的恩赐。性情志趣不同，对幸福的理解各异。有时幸福是自由，有时幸福是衣食无忧、生活安逸。但是，幸福从来不是天上掉下的馅饼，更不是免费的美味午餐。幸福虽有多种，但有一点是相同的，那就是获得真正的幸福，离不开对真、善、美的追求。

幸福来自自身价值的实现，幸福来自人生追求的满足。获得真正幸福的真谛不在于索取，不在于享受，而在于奉献与付出。有些人贪图个人享受，不惜破坏他人幸福。这些人终究会被内心的恐惧与愧疚折磨一生。即使腰缠万贯，位高权重，也很难算得上真正的幸福。正是：幸福来自奉献，痛苦源于罪恶。幸福是苦难与磨练的回报。"吃得苦中苦，方为人上人。"先苦后甜，才能甜得深远，甜得醇厚。"若非一番寒彻骨，哪得梅花扑鼻香。"苦尽甘来之日，方为幸福长久之时。

福 fú

福 甲骨文　福 金文　福 小篆

"福"，会意字，从示，从畐。

"福"从"示"表示"福"与祭祀、祈祷有关；"畐"为满的意思。《说文》："畐，满也。""畐"由此可引申指美满、富足。"示""畐"为"福"，意为祈祷生活富裕、美满。《说文·示部》："福，佑也。"本义为福气、福运，是一切顺利、幸运，与"祸"相对，如祈福、赐福、福气、享福、造福、祝福、福音等。

"畐"为"一""口""田"，"一"可表示每一个人或每一户人家；"口"为进食的器官，代指饱腹之食；"田"指田地、房产。有吃、有穿、有田种、有房屋住，衣食无忧，生活安乐，这就是"福"。"福"是祈祷给他人以幸运，如福荫、福佑。旧时妇女行礼表尊敬的姿势称为"万福"。

古人认为富、贵、寿、考都齐备为"福"，与"祸"相对。"富"指多财；"贵"指地位高；"寿"指长命；"考"指无痛苦的死亡。一个人寿命长久，富裕显贵；死时儿孙在旁，无疾而终，这当然是最大的福气。战国时期的韩非认为"全寿富贵谓之福"。《尚书·洪范》："五福：一曰寿，二曰富，三曰康宁，四曰修好德，五曰考终命。"可见，健康平安、免于疾病的折磨是一个人最大的福气。

古代士者还提出了这样的幸福观：有功夫读书谓之福，有力量济人谓之福，有著述行世谓之福，有聪明深厚之见谓之福，无是非到耳谓之福，有多闻直谅之友谓之福。现代人赋予了"福"更丰富的含义：国家富强，事业成功，家庭和睦，婚姻美满，子女成才，生活富足，无病无灾，颐养天年，做自己喜欢的事等。

"福"有保佑、造福的意思。《左传·曹刿论战》中鲁庄公要打仗，曹刿问他打仗有什么优势，庄公说我每次祭祀的时候都非常虔诚。曹刿说："小信未孚，神弗福也。"这点诚意难以使人信服，神是不会保佑您的。直到庄公说他司法严明、体察民情的时候，曹刿才说："可以一战。"可见神仙也只赐福给那些正直善良的人们。成语"福善祸淫"也是说神灵赐福给善良的人，而降祸给那些作恶的人。《明史·太祖记》："若官不能福民，则是弃君之命。"为官者不能造福于民，就是违背君王之命。官员清廉自律，为民造福，民众会永远感激他。腐败骄纵，祸国殃民，则会遭到后人的永世唾骂。

"福"亦指旧时妇女行礼。可做名词，指妇女的肃拜；又可做动词，指提起衣襟行礼致敬。《官场现形记》第四十回："马老爷才赶过来作了揖，瞿太太也只得福了一福。"前一"福"字是做动词用，指行万福之礼，后一"福"字是名词。

"福"为幸福、福气。"福至心灵"指福气来了，人的心窍也随之开启，心思更显得灵活、轻松。用于形容人遇到适当时机时思路灵便、举措得当。《老子》："福兮祸之所依，祸兮福之所伏。"福气中有祸患依伴，祸患中潜伏着福气，这句话道出了福与祸的辩证关系。人在春风得意、享受福气的时候千万不要忘乎所以，而要考虑到大福中隐藏的祸患，以遏制自身的骄纵。但祸患临头的时候，也不要手忙脚乱，慌不择路，要想办法避祸和去祸。能挺过祸患，本身就是福气。

"福"与付出有关。没有辛苦的付出，福不会凭空而降。"福"又与行善密不可分。刘禹锡《天论·上篇》:"福兮可以善取。"福是从善那里修来的。所谓行善积福,多行善事,多种善因,不但自己会收获善果,也会泽被子孙后代。"福"与德亦紧密相关。如果一个人无品无德,又不去培养、提高自己的修养,虽然是高官厚禄、钱财充盈,但最终也会招致祸患,而无真正的幸福可言。所以人无德,无以谈福。

名誉

道生富贵，德生名誉。

名

míng

叩 甲骨文　召 金文　召 小篆

"名"，会意字，从夕，从口。

"夕"为黄昏、傍晚；"口"为说话发声的器官。"名"为"夕""口"相合，会意夜晚路人相遇看不清对方的相貌，只能通过自报姓甚名谁予以辨认。正如《说文》："名，自名也。从口，从夕。夕者，冥也。冥不相见，故以口自名。""自名"即报出自己的姓名。

"名"指人的名字，用于对人的称呼。起名虽非人生大事，有时却也极受重视。古人云："遗子千金，不如教子一艺；教子一艺，不如赐之佳名。"古人把起名看得如此重要，所以有文化人帮着起个好名，便会欢天喜地。

"名字"实为名和字的合称。在中国古代，名、字分开使用，今合称"名字"，则指姓名或名。上古时期，婴儿在出生 3 个月的时候由父亲给命名。在我国民间部分地区至今仍保留着婴儿满月时才命名的习俗。在古代，男孩子长到 20 岁的时候要举行加冠之礼，以示成人，这时就要取字；而女孩子在 15 岁时要举行加笄之礼以示可以嫁人了，这时也要取字。古人的名和字之间有意义上的联系。一种情况是名和字意义相同或相近，另一种情况是名和字的意思正相反。例如曾点字皙。《说文》："点，小黑也。""皙，人色白也。"

人有名，物也有名，所以"名"又指事物的名称。《释名·释言语》认为，名即明，就是给实事命名，以区别、明了，如花、草、鸟、兽各有其名，说起来各有所指。据《礼记·祭法》记载，黄帝曾给"百物"正名。如此说来，黄帝之前很多事物另有称呼，黄帝觉得不够正规，所以不辞辛苦地一一为之改名。此事如果属实，黄帝对中华文化的影响之大也就可见一斑。先秦诸子百家有"名家"一派，领头的便是硬说"白马非马"的公孙龙，这位诡辩高手与人打口水仗还不过瘾，抽空儿又写成了《名实论》。

"名"亦有名分、名位之意，指应该恪守的职分。战国时的尸佼认为治理天下的根本办法，就在于"审名分"。他说："若夫名分，圣之所审也。""审名分，君臣莫敢不尽力竭智矣。天下之可治，分成也；是非之可辨，名定也。"尸佼将"名分"称为"一"，《尸子上·发蒙》："审一之经，百事乃成；审一之纪，百事乃理；名实判为两，合为一。是非随名实，赏罚随是非。是则有赏，非则有罚。人君之所独断也，明君之立也。"名分审定，则百事得理，是非能判，赏罚分明，人君便可为明君。只要人人、事事都得其"分"，那国君就能很好地治理国家，天下便会得以长治久安。儒家认为治国的根本在于人伦纲常，而人伦纲常的核心就是名分。当子路问孔子如何治国时，孔子回答："必也正名乎！""名不正则言不顺，言不顺则事不成。"

在道家的思想中，"名"则有另外的意义。《老子》第一章："道可道，非常道。名可名，非常名。"以思辨的形式，道出有限与无限的辩证关系。在第十五章中，老子又说："吾不知其名，强为之名，字之曰道。"超越千万有之上的道，乃是万物所生的本根，无法给以"名"，所以称之为"道"，是万不得已的做法。而庄子认为，修养达到一定高度的人，就不会在意"名"，所以说"圣人无名"。

"名"还有名声、声誉的意思。《礼记·中庸》："故大德必得其位，必得其禄，必得其名，必得其寿。"古人重视德行，认为德高之人必有好报，升官、发财、出名、高寿，样样都有。看来古代博得个好名声，还是很实惠的，比如"举孝廉"，如果名声好，不经考试，就能直接被推荐任职。"十年寒窗无人问，一举成名天下知。"古时候媒体不发达，又不兴炒作，出名是很难的，但一旦出了名，那真是一发而不可收，要什么有什么，难怪古人对名声如此在乎。

"名"为姓名、名字，是代表人或物的符号，其作用是方便记认。名字用来称呼、呼叫，故引申称说、说出之意。

"名"还可当量词用，如"一名"；又可表名次，如"第一名"。

誉 【譽】
yù

小篆

"誉"，繁体为"譽"。形声字，从言，與声。

"與"即"与"，为给予、赠予；"言"为语言、言辞、言行。"譽"是通过语言或某种举动、行为给予他人赞美。《说文·言部》："譽，称也"。本义为称赞、赞美。

简化字"誉"从兴，从言。"兴"为高兴、喜悦。故"誉"是使人高兴、喜悦的语言，即赞美之辞。"言"于"誉"下，寓意赞誉他人要实事求是，不可夸大其词；受到赞誉的人要保持低调，不可出言傲慢。而"兴"又可视作"举"的省字。"举"意为抬高、举高，即抬举。"誉"从举省，从言，可理解为抬举的语言，也就是用语言抬高别人，此为"誉"。故"誉"也有假者，如"沽名钓誉"。《庄子·盗跖》："好面誉人者，亦好背而毁之。"喜欢当面说人好话的人，也喜欢在背后诽谤人。赞美也是一种荣誉，所以"誉"可引申为荣誉、名声。《墨子·修身》："誉不可巧而立也。"虚浮不实和伪诈作假与真正的荣誉无缘，只有赢得大家的认可和敬重，才能得到赞美，赢得好名声。荣誉有时并不需要惊人的事迹，而是在于事情本身的意义。秦始皇统一中国，功不可没，却因残酷暴戾而骂名千古；孔融四岁让梨，事不足奇，却因年少知礼而流芳百世。

"譽"中之"與"意为参与、一起。荣誉往往不是单枪匹马的战果，而是集体智慧的结晶。一个人或一项事业取得成功，离不开众多人员的协助、铺垫、支持、栽培。《管子·禁藏》："誉不虚出，而患不独生。"荣誉美名不会凭空出现，祸患也不会偶然产生。要想获得荣誉，必须踏踏实实做人，勤勤恳恳做事。

　　不要为了获得荣誉、赞誉而做事，功利目的太强，往往得不偿失。"兴"是一种快乐的情绪，获得荣誉谁都会欢喜，但也要注意心态平和，戒骄戒躁，避免乐极生悲。"好汉不提当年勇"。过去的荣誉不应该成为吹嘘的资本，而是应该成为前进的阶梯。一个人赢得他人的信任靠的是名誉，一个企业在市场上立稳脚跟凭的是信誉。良好的信誉是企业的一面金字招牌，可以让企业在竞争中取得事半功倍的效果。违约欺诈、假冒伪劣、逃债抵赖者，终会名誉扫地，也要为自己的行为买单。相反，以义取利，诚信不欺，公平竞争，合法经营，则会降低交易成本，提高企业信度，促进企业发展。

孝悌

做人要以孝为本，否则就不配称为人。

孝 xiào

孝 金文　　　小篆

"孝"，会意字，从老省，从子。

"耂"为"老"省，指父母、老人，是长辈；小篆"子"为子女、子孙，为晚辈。"子"在"耂"下，体现了子为老人所生、老人所养、老人所教；"耂"居"子"上，体现了子孙要以老人为上、老人为先、老人为本。"孝"字的结构体现了老人在上、子孙在下的伦理关系，强调了"孝"要尊敬老人、赡养老人，要解老人之忧，要承老人之志。"孝"的本义为尽心奉养并服从父母，《说文·老部》云："孝，善事父母者。"

《诗经》中也有"哀哀父母，生我劬劳"、"哀哀父母，生我劳瘁"的咏叹。在我国传统道德典籍当中，全面阐述"孝"之根本的当属《孝经》。《孝经》认为"身体发肤，受之父母，不敢毁伤"是孝之始；"立身行道，扬名于后世，以显父母"是孝之终。以"始于事亲，中于事君，终于立身"的关系，阐明了"孝"对人生的影响和作用，并提出了"孝"的具体要求："居则致其敬，养则致其乐，病则致其忧，丧则致其哀，祭则致其严。"

孝，是中华民族的传统美德。儒家倡导的孝，由父母之孝，演绎成五伦之孝、齐家之孝、治国之孝。孝之为道，其大无外；经天纬地，范圣型贤。先王修之以成至德，如来乘之以证觉道。故《孝经》云："夫孝，天之经也，地之义也，民之行也。"百善孝为先，孝为德之本。人世间，莫不以孝为本。于是，孝与不孝便成为评价一个人品德的首要标准。早在"罢黜百家，独尊儒术"之前，汉王朝就提倡"以孝治天下"，选拔官员也把"孝"作为一个基本标准。唐朝时，参加医学、算学、律学考试的人必须读《论语》、《孝经》；清代的康熙、乾隆等帝王也极力倡导孝道，颁诏"旌表百岁"，昭示其尊老敬贤的教化。历代的法令都把"不孝"定为十大恶罪之一。我国古时有"丁忧"的说法，意思是居官时遇有父母丧亡，要马上向朝廷提出辞呈，回家守孝。居丧期间，不得行嫁娶之事，不得参与各种娱乐活动。守丧做得好，会得到百姓的赞许和推崇，回到朝廷仍然官居原职甚至升迁。若是行为悖谬，一旦被谏官得知或被举报，在罢官的同时还要受到舆论的谴责。

白居易有《燕诗示刘叟》诗云："梁上有双燕，翩翩雄与雌。衔泥两椽间，一巢生四儿。四儿日夜长，索食声孜孜。青虫不易捕，黄口无饱期。觜爪虽欲敝，心力不知疲。须臾十来往，犹恐巢中饥。辛勤三十日，母瘦雏渐肥。喃喃教言语，一一刷毛衣。一旦羽翼成，引上庭树枝。举翅不回顾，随风四散飞。雌雄空中鸣，声尽呼不归。却入空巢里，啁啾终夜悲。燕燕尔勿悲，尔当返自思。思尔为雏日，高飞背母时。当年父母念，今日尔应知。"此诗通过对燕子生下四个幼子之后四处觅食喂食，导致儿肥母瘦，最后孩儿羽翼丰满远飞而不顾念父母之恩的述说，展示了父母养育子女的含辛茹苦、无私奉献，以及儿女弃父母而去的辛酸结局。据说此诗是白居易在得知一位老叟少年时不孝父母，其子耳濡目染，他晚年也遭到儿子的抛弃之后，有感而作，并以此劝谕后人。

作为儿女来讲，孝敬老人是天经地义的事情。高明《琵琶记》："孔子听得皋鱼哭啼，问其故，皋鱼说道：'树欲静而风不止，子欲养而亲不在。'"皋鱼周游列国去寻师访友，很少在家里侍奉父母。岂料父母相继去世，皋鱼惊觉从此不能再尽孝道，深悔父母在世时未能好好侍奉，现在追悔莫及。皋鱼以"树欲静而风不止"来比喻他痛失双亲的无奈。树大不喜随风摆动太多，否则便枝歪叶落；无奈劲风始终不肯停息，而树木便不断被吹得东倒西歪。风不止，是树的无奈，而亲不在，则是孝子的无奈。因此，要趁亲在而报亲恩。《三字经》中有："父母呼，应勿缓；父母命，行勿懒；父母教，须敬听；父母责，须静承。冬则温，夏则清，晨则省，昏则定。出必告，反则面。"这是做子女的职责和义务。白居易另有《慈乌夜啼》诗云："慈乌失其母，哑哑吐哀音。昼夜不飞去，经年守故林。夜夜夜半啼，闻者为沾襟。声中如告诉，未尽反哺心。百鸟岂无母，尔独哀怨深。应是母慈重，使尔悲不任。昔有吴起者，母殁丧不临。嗟哉斯徒辈，其心不如禽。慈乌复慈乌，鸟中之曾参。"此诗是对乌鸦反哺之义的赞扬。羊有跪乳之恩，牛有舐犊之情，动物尚且如此，何况作为高级情感动物的人呢？"受人滴水，当报以涌泉。"更何况是给予自己生命的爹娘呢？回看中华古老的二十四孝之典范，令人动容：舜帝孝感天地，汉文帝亲尝汤药，宋朝黄庭坚亲涤溺器，晋代杨香扼虎救亲、王祥卧冰求鲤……还有让人悲悯的曹娥寻父，令人慨叹的仲由负米，叫人敬爱的刘兰姐孝奉老祖母……从远古至近代，从皇帝到平民，孝道不分年代，不分等级。

人者尽孝，应做到敬孝、无忧、完志，此为"全孝"。所谓敬孝，即如孟子所说"孝子之至，莫大乎尊亲"（《孟子·万章上》）。"尊亲"即尊敬老人，行孝道，既需要提供一定的物质保障以赡养父母，更需要给予倾心的精神抚慰。父母需要的不仅仅是钱财帮助，更需要儿女们贴心的关爱和敬重。所谓无忧，即使父母无忧。《论语·为政》："孟武伯问孝。子曰：'父母唯其疾之忧。'"孔子说：孝子的言行不违背礼节，可以使父母放心，父母却很担忧孩子患病。引而申之，任何使父母感到耻辱、使双亲担忧、使祖宗蒙羞的行为都有违孝道。所谓完志，意如《礼记·中庸》所解："夫孝者善继人之志，善述人之事者也。"即努力尽自己所能，力争完成父母的心愿，使父母不觉遗憾。孝道是中华民族的基本伦理道德准则，在此意义上派生出很多优秀的传统伦理思想，如"忠"的思想。《孝经》首次将孝亲与忠君联系起来，认为"忠"是"孝"的发展和扩大，没有"孝"就不可能有"忠"。"忠"和"孝"是一而二、二而一的关系。"孝"是"小忠"，"忠"则为"大孝"。所以，尽忠尽孝成为历代志士仁人追求的崇高道德境界。也正因为如此，从古到今，在"忠孝不能两全"的悲叹中，人们取"忠"而舍"孝"。因为孝是对个人、就小家而说，而忠（爱国）则是对国家、对大家的孝。

悌 tì

悌 小篆

"悌"，形声字，从心，弟声。

"心"为内心、心理，"悌"从"心"表示与人的心情、心态有关；"弟"为弟弟，又是"悌"的本字。"心""弟"为"悌"，意为弟弟的心。即心中以己为弟，故知兄弟之礼并遵从之。《说文·心部》："悌，善兄弟也。"本义为弟弟敬爱兄长。"悌"是由心而发：弟者，心中有兄；兄者，心中有弟。

贾谊《新书·道术》认为"弟敬爱兄谓之悌"。中国伦理中强调长幼有序，这在儒家思想中论述得最为详实。《孟子·滕文公上》中将"父子有亲，君臣有义，夫妇有别，长幼有序，朋友有信"归结为"五伦"，被看成是做人处事的基本准则，其中"长幼有序"就是晚辈要服从、尊重长辈的意见。《礼记·礼运》中也有"父慈子孝，兄良弟悌，夫义妇听，长惠幼顺，君仁臣忠"的"十义"。这是古代圣哲所界定的道德原则。

因为父子兄弟是最基本的家庭伦理关系，所以儒家也常常孝悌并提。孔子和孟子都曾对孝悌思想做过深刻的阐发。首先，儒家认为孝悌为仁的根本，人们要达到仁的境界，必须从孝悌开始。如果说仁是金字塔的"塔尖"，那么孝悌便是坚实的"塔基"。正如《中庸》所言："欲行仁道于天下，必先行孝悌以事父母兄长。"其次，孝悌是忠的前提。《论语·为政》中载："季康子问：'使民敬，忠以劝，如之何？'子曰：'临之以庄，则敬；孝慈，则忠。'"《论语·学而》中也说"其为人也孝悌，而好犯上者，鲜矣。"也就是说，一个人在家孝顺父母，敬爱兄弟，才有可能在外忠君，无孝悌之行者也必无忠信可言。

孝悌观念是中国传统伦理道德的重要纲目，是儒家思想的重要内容。正因为儒家将孝悌作为仁与礼的根本，孝悌观自然就成了古代学校教育的核心科目。如"教以孝，所以敬天下之为人父者也。教以悌，所以敬天下之为人兄者也。"（《孝经·广至德章》）"教民亲爱，莫善于孝。教民礼顺，莫善于悌。"(《广要道章》)"谨庠序之教，申之以孝悌之义，颁白者不负戴于道路矣。老者衣帛食肉，黎民不饥不寒；然而不王者，未之有也！"(《孟子·梁惠王上》)孟子认为：学校道德教育要向学生渗透"孝悌"之义，这样才能使人人成为君子。人的道德境界提高了，社会才会安定繁荣。

孝顺父母，尊敬兄长，是中华民族的优秀道德传统之一。对兄弟如此，对世人亦然，这便是推恩的道理和原则。"老吾老以及人之老，幼吾幼以及人之幼"(《孟子·梁惠王上》)，"亲亲而仁民，仁民而爱物"(《孟子·梁惠王上》)，"推恩足以保四海，不推恩不足以养育妻与子"(《晋书·列传第十八》)。家庭成员间的亲情在社会推而广之，就是仁民爱物的高尚情操。爱父母，爱兄弟姐妹，爱故乡梓里，才能进一步升华为爱集体、爱民族、爱祖国。孝悌之道，对于加强个人修养，对于道德教育和精神文明建设有着积极的现实意义。

尊卑

自爱者人必爱之，自重者人必敬之，自信者人必信之，自慢者人必慢之。

尊 zūn

甲骨文　　　金文　　　小篆

"尊"，会意字，从酋，从寸。

"尊"的甲骨文从酋，从廾。"酉"的本义为盛酒的器具；"廾"为双手捧举之形。"酉""廾"为"尊"，会意为双手高举酒杯敬酒以表示尊敬。《说文·酋部》："尊，酒器也。"本义为盛酒的器皿，是"樽"或"罇"的本字。今体"尊"从酋，从寸。"酋"后来引申为酋长之意，表示处于领导之位；"酋"在"寸"上，意为将别人捧到高位，以示推崇或重视。《广雅·释诂》："尊，敬也。""尊"为尊敬、尊重、尊崇等。"寸"又为寸口，表示关键之处，也为分寸，表示有尺度。"尊"是处于一定地位或辈分高的人，做人懂分寸，处事晓尺度，必然受人敬重。

"尊"字专指古代盛酒的礼器。这种礼器，历代形制不一，专用于祭祀或者宴请宾客之仪，后来则泛指盛酒的器皿。《周礼·春官·小宗伯》："辨六尊之名物，以待祭祀宾客。""六尊"分别为牺尊、象尊、著尊、壶尊、太尊和山尊，即牺牛形的酒罇、象形的酒罇、没有脚而底著地的酒罇、壶形酒罇、太古的陶制酒罇、刻画着山和云雷之形的酒罇。

"尊"从寸，表示尊敬他人要有分寸，否则可能弄巧成拙，违背初衷，导致彼此难堪。对长辈尊者要恭恭敬敬，谦逊有礼，但太过则有巴结奉承之嫌；对下属晚辈也要尊重宽让，但太过则为放纵溺爱。向人敬酒，重在敬意，把尊敬之情表达出来即可，并不一定要贪多过量，否则就失去了敬酒的意义。

把酒杯盛满，双手高高举起向人敬酒，表示把敬酒的对象放在了比自己高的位置，毕恭毕敬地请人喝这杯酒。所以"尊"由本义引申，又可以表示尊敬、尊重、敬重、推崇的意思。人与人之间交往要相互尊重。只有尊重他人，同时又自尊自重的人，才能得到他人的尊重。尊重他人是心胸宽广、富有涵养的体现。能够真正尊重他人的人，也会尊重历史、现实、生命和自然。《论语》："子张问于孔子曰：'何如斯可以从政矣？'子曰：'尊五美，屏六恶，斯可以从政矣。'"这里的"尊"就是推崇的意思。古代皇亲贵族、王公大臣地位尊贵，按礼制平民百姓须向他们行礼以示尊敬，所以"尊"又表高贵、尊贵。如《战国策·赵策》："位尊而无功"；"媪尊长安君之位。"

"尊"由尊敬、尊重可引申作敬辞，如用"令尊"称人之父；用"尊姓大名"询问姓名；用"尊长"指代地位或辈分高较高的人。冯梦龙《醒世恒言·李道人独步云门》："一族之中，唯李清年齿最尊，推为族长。""年齿"就是年龄，此处的"尊"是年纪大的意思。

卑 bēi

畁 金文　畁 小篆

"卑"，会意字，从白，从丿，从十。

"卑"的金文像手持酒器形，本义为酒器，引申指执事供役使。被役使者为奴役、下人，故"卑"表示地位低微，身份低下。《说文·十部》："卑，贱也。执事也。""卑"指卑贱，是供人奴役之人的身份、地位，如卑微、自卑。

今体"卑"可视为从白，从丿，从十。"白"为白色、白昼，表示光明正大、胸怀磊落；"丿"为否定，斜插过"白"字，似一把暗刀毁掉白昼的光明，此为不光明，不正当；"十"为十全十美。"卑"表示不正大光明。"十"在"卑"下，意指卑鄙无耻的行径遮盖了美好。"卑"又可视为从屮，从甲。"屮"的古文像左手形，与右手相背，借指违背；"甲"为天干的第一位，用作顺序的第一，即居首位，也就是优等的、上好的。"卑"则与优等的、上好的相反，即坏的、差的、劣等的。

《出师表》："先帝不以臣卑鄙。"这是诸葛亮自谦的话。这里的"卑鄙"是地位低下、见识短浅的意思。陆游有一句著名的诗句："位卑未敢忘忧国。"无论是居庙堂之高，还是处江湖之远，每一个有抱负的人都应该以这句话自勉。

地位低下并不意味着品行恶劣或没有才学。但是在隋唐以前，社会等级的划分很严格，特别是魏晋南北朝时期，门阀士族高高在上，享有特权，正所谓"刑不上大夫"，"礼不下庶人"。但久而久之，贵族中尽是一些纨绔子弟。而真正有才华、有抱负的人才却因为出身卑微而不得不屈沉下僚，郁郁终身。左思《咏史》："世胄蹑高位，英俊沉下僚。"说的就是这种社会地位尊卑分明的不公正状况。隋唐时期实行了科举制后，一些出身低微但却德才兼备的人通过科举考试被选拔出来。因此科举制度虽然有诸多弊端，但在当时不失为一种比较公平的人才选拔机制，它让许多出身卑微的人才得以施展才华，为国效力。古人认为，天高高在上，而地被踩在了脚下，所以天尊地卑，由此又演化出"君尊臣卑"、"官尊民卑"、"父尊子卑"、"夫尊妇卑"等思想。古代的君主对臣属、父亲对孩子都享有绝对的权力，所以有"君叫臣死臣不得不死"、"父叫子亡子不得不亡"的信条。

"卑"字可以进一步引申为人品的低劣，如卑鄙龌龊、卑鄙小人。《史记·五宗世家》："彭祖（赵王名）为人巧佞，卑谄足恭，而心刻深。"这里是说彭祖为人巧于言辞，阿谀逢迎，心怀叵测。此处的"卑"即为低声下气，阿谀逢迎。又如"卑躬屈节"，亦作"卑躬屈膝"，形容谄媚奉承，没有骨气。《史记·日者列传》："矫言鬼神，以尽人财，厚求拜谢，以私于己，此吾之所耻，故谓之卑污也。"行事光明磊落，坦荡无私，这样的人为堂堂正正的人；权势面前"卑躬屈膝"，弱者面前"恃强凌弱"，这样的人是卑鄙无耻的小人。所以为人处世应当不卑不亢，既不低声下气，也不傲慢自大。做到从容有度，把握分寸，如此才能维护尊严。

志向

身逸者志堕，心逸者志精。

志 【誌】
zhì

志 小篆

　　"志"，异体为"誌"。汉字整理前，"志"与"誌"的意义并不完全相同。"志"为形声字，小篆从心，之声。

　　"之"为去往，泛指一切正在进行或拟将完成的动作；"志"从"心"表示与心理活动有关。"志"为正在进行或准备有所动作的心意、念头。《说文·心部》："志，意也。"本义为志气、意愿，是心之所向，未曾表露出来的长远打算。

　　今体"志"从心，士声。"士"是品德好、有学识、有技艺的人的美称。"志"为以士的准则为目标的前进之心即志向。身为士的人所具有的心气即志气。有心之士必有志，故"志"从士，从心。

　　异体字"誌"从"言"，从"志"。"言"指语言文字。"誌"从"言"表示志向通常需要通过语言或文字表达、记录。

　　"志"为志向、志愿。"志当存高远"，为人当有高远的志向。西汉司马迁《史记·陈涉世家》中记载陈涉年轻的时候替别人种地，他对自己同伴说："苟富贵，毋相忘！"同伴们听后嘲笑他说："若为佣耕，何富贵也？"陈涉回答说："燕雀安知鸿鹄之志哉！""燕雀之志"代表着苟安且过的庸碌追求，"鸿鹄之志"代表着高超远大的人生理想。日后的陈涉领导了中国历史上的第一次农民起义，自称为王，实现了他的鸿鹄之志。

　　《鬼谷子·阴府》："志者，欲之使也。"志向、志愿是由人内心的欲望所催生的。欲望本身没有善恶之分，关键是所取的途径。有志固然比行尸走肉要好，但壮志难酬的痛苦也常使人备受煎熬。正如唐人储光羲《采菱词》中所言："义不游浊水，志气多苦言。"历史上许多人都抱着高洁的志向为人处事，但现实往往与他们的理想相去甚远。家国之事往往为小人弄臣所左右，志士良臣受污被陷。即便是生于盛世、豪情万丈的李白也有志不得抒的苦闷，其《行路难》云："欲渡黄河冰塞川，将登太行雪满山。"志向因缺乏时机而不得展当然是一种悲剧，但志向的实现也需要实力的配合，否则志大才疏就更是悲剧中的悲剧了。

"志"也为神志。《神女赋》："罔兮不乐，怅然失志。"所描述的正是一种郁郁寡欢、内心惆怅的感情。另外，"志"还指记在心里。《新唐书·褚亮传》中有"一经目辄志于心"的句子，意思就是说用眼睛看过一次，便记在心中。成语"博闻强志"，指的是知识广博，记诵的事情很多。"志"由此引申为记号、标记。《南齐书·韩孙伯传》中有一处提到"襄阳土俗，邻居种桑树于界上为志"，指的是襄阳这个地方的风俗是邻居彼此将树木种植在边界上作为记号。以树为记，倒也体现出风俗的淳朴和人情的浓厚。以物及人，在人的身体上往往有胎痕等特别之处，是为标记。《梁书》："约左目重瞳子，腰有紫志。""志"是皮肤上生的斑痕，后来这种用法为"痣"字所代替。又，"志"为记载、文字记录。比如古代的许多小说笔记都以"志"为名目，如"志怪"，就是记载怪异的事情；"志记"则是史书中的志和记。现在的"杂志"也是由此而来，指记事的文章或书籍。

在儒家经典中，"志"指独立的人格，《论语·子罕》："三军可夺帅也，匹夫不可夺志也。"把"志"置于三军统帅之上，强调了人无论贫贱，都应有一个独立意志的人格。"士志于道"，"得志"则兼善天下，倘若不得志，则保持独立人格，《孟子》云："富贵不能淫，贫贱不能移，威武不能屈。此之谓大丈夫。"在漫长的历史进程中，中国有许多为理想奋斗，坚持自己独立人格的仁人志士。如"先天下之忧而忧，后天下之乐而乐"的范仲淹，买棺谏君、为民请命的海瑞等。再如"不降其志，不辱其身"的伯夷、叔齐，牧羊北海的苏武，高唱"人生自古谁无死，留取丹心照汗青"的文天祥等。

"志"也被视为文学作品的内核。《毛诗序》："在心为志，发言为诗。情动于中而形于言。""志"是感情向思想的升华，包括诗人的理想、抱负和情操等。"诗言志"是中国诗歌的开山纲领，也是中国诗歌的优良传统，历代的诗人都把它视为指导诗歌创作的基本原则。"志"在文学中有各种各样的表现。比如屈原作《离骚》："路漫漫其修远兮，吾将上下而求索"，就是诗人对真、善、美的追求。

向 【嚮曏】
xiàng

（向）甲骨文　　（向）金文　　（向）小篆

（曏）小篆

"向"，繁体为"嚮"，异体为"曏"。汉字整理前，三字的意义并不完全相同。

"向"为会意字，从宀，从口。"宀"像房屋；"口"像窗牖。房屋的门户、窗牖决定着室内的采光及温度，决定着房屋的舒适度。"向"的字形即以非常讲究朝向的"宀"、"口"相合表示方向、朝向之意。《说文·宀部》云："向，北出牖也。"认为"向"的本义是朝北开的窗户。

"曏"为形声字，从日，鄉声。"日"为时日、时间；"鄉"为"饗"的本字，意为宴饮、吃饭。一顿饭的工夫即为"曏"，意为不久以前、往日。《说文·日部》："曏，不久也。"

"嚮"为形声字，从向，鄉声。"鄉"的甲骨文是二人相对之形；"向"为方向。"嚮"的字形即二人方向相对，意为面向、趋向。

《诗·豳风·七月》："穹窒熏鼠，塞向墐户，嗟我妇子，曰为改岁，入此室处。"这是一首著名的农事诗，写出了我国古代劳动人民的生活情景。冬天到了，北风呼啸，万物萧条，辛勤了一年的人们终于可以好好地休息一下了。诗中这位农夫打扫房间，找到老鼠洞，点起火把熏走老鼠，然后把向北开的窗子塞好，用泥巴把门缝涂好，等一切安排停当了，把自己的老婆孩子喊过来，说该过年了，咱们就在这屋子里住吧。此处"向"

即指朝北的窗户。

中国古代的房屋建筑格局，一般是坐北朝南，前堂后室，朝南的堂要设门，向北的室则需开窗。因为这种窗户总朝向固定的方向，所以"向"很自然地用以表示方向、朝向之义。西汉司马迁《史记·项羽本纪》："项王项伯东向坐，亚父南向坐……沛公北向坐，张良西向侍。"其中"向"都是朝向的意思。成语"向壁虚造"比喻没有事实根据而凭空虚构成捏造。

"向"引申为方向的意思。成语"晕头转向"指辨不清东西南北方向。人们可以依据自身所处的位置分出前后、左右、上下等方向。"向导"就是引导方向，即领路人。

固定的方向好把握，如果某种朝向还伴随空间位置的移动，便成为对朝向对象的接近过程，这时"向"引申为"趋向于"、"接近"等意义。唐代李商隐《登乐游原》："向晚意不适，驱车登古原。夕阳无限好，只是近黄昏。""向"是接近的意思，"向晚"就是接近傍晚，快天黑了。"向午"指接近中午。"向晓"指接近天明。"抱雪向火"意思是抱着雪烤火，比喻做法和目的不一致，不能解决问题。

"向"又有面对的意思。在传统文化中，面向他人为最基本的表示礼貌的方式。尤其是在与尊长对话时，必须要面对尊长来表示自己的敬意。因此"向"又可表达归向或仰慕之义，如"一心向学"、"人心所向"、"向往"等。"向隅而泣"指一个人面对墙角哭泣，形容没有人理睬，非常孤立，只能绝望地哭泣。汉代刘向《说苑·贵德》："今有满堂饮酒者，有一人独索然向隅而泣，则一堂之人皆不乐矣。""向"还可引申为偏向、袒护。清代曹雪芹《红楼梦》第五十五回："偏一个向一个，仗着老太太、太太威势的就怕，不敢惹，只拿着软的做鼻子头。"

"向"还用作介词，指动作的方向，相当于对、朝。唐代李白《赠崔郎中宗之》："日从海旁没，水向天边流。""东向而望，不见西墙"意思是向东面看，看不到西面的墙，比喻主观片面，顾此失彼。《吕氏春秋》："东面望者，不见西墙；南向视者，不睹北方，意有所在也。""坐向"也称山向。一般农村正屋均有大门，以大门为向。城市单元楼房住宅中，开在楼梯口中的门，根本不算正门，只是一个出入口罢了，所以城市住宅以阳定向。"向"作介词还有从、在之意。明代施耐庵《水浒传》："向那御屏风背后，转出一大臣。"现在汉语中"向来"、"一向"是从来的意思。"向无此例"表示从来没有这个例子。

"一来向"为佛教中小乘圣者的阶位之一，又称为"一来果向"，指在证入声闻四果第二位一来果之前的阶位，以其趋向"一来果"而即将证入，故云"一来向"。《法蕴足论》卷三："一来向者，已得无间道，能证一来果。谓此无间证一来果，彼于欲界贪欲嗔恚，由世间道，或先已断多分品类，于四圣谛，先未现观，今修现观，或住预流果已，能进求一来果证，名一来向。"

"向"也是姓氏之一。竹林七贤之一的向秀曾为《庄子》一书作注。"向平之愿"指子女婚嫁之事。向平，东汉时期隐士，字子平，长期隐居不做官，待子女婚嫁完毕，就漫游五岳名山，不见踪影。

仁义

为自己而活、为别人而死是一种高尚的品格。

仁 rén

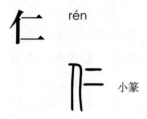
小篆

"仁"，会意字，从人，从二。

"仁"的本义是亲善、友爱、博爱。《说文·人部》云："仁，亲也。""仁"由"二""人"组成，意指"仁"是把对方和自己看成一体，不分彼此。"人""二"为"仁"，强调了两个人就要讲"仁"，"仁"不是对自己，而是对他人。"仁"不单纯指两个人，而是指人与人之间相处时所应具备的和善、友爱和同情。"仁"是对自己以外的人亲善、以人道待人之意。只有一个人时，无所谓仁与不仁，当两个或两个以上的人共处时就会体现出仁道。古语云："仁者，人也。"意为只有重仁道的人方为人，否则就不成其为人。

"仁"由本义引申，为儒家的一种含义极广的道德范畴，其核心就是人与人相互亲爱。"仁"作为敬辞，用于对人的一种尊称，如仁兄等。《孟子·告子上》："恻隐之心，仁也。"这里的"仁"为同情心。《诗·郑风·叔于田》："叔于田，巷无居人。岂无居人？不如叔也，洵美且仁。"阿叔出门去打猎，里巷没人，全部外出。难道巷里真没人？没有谁能比过阿叔，确实漂亮又仁爱。"仁"在这里是指宽厚谦让，仁爱和乐。

早在两千多年前，儒家创始人孔子便提出了"仁"的理念。"仁"是儒家思想的核心。孔子把"仁"作为最高的道德准则。在《论语》中，孔子对"仁"做出了不同的解释："仁者爱人"；"仁者先难而后获，可谓仁矣"；"居处恭，执事敬，与人忠，虽之夷狄，不可弃也"；"克己复礼为仁"；"君子务本，本立而道生，孝悌也者，其为仁之本也"；"能行五者于天下，为仁矣"。"五者"即恭、宽、信、敏、惠等。在孔子看来，"仁"是一个如何做人修身的问题，所以孔子之"仁"内容极其宽泛，包括恭、宽、信、敏、慧、智、勇、忠、恕、孝、悌等内容，多为个人品性方面的修养问题。孔子"贵仁"，并主张"仁""礼"结合。那么如何达到"仁"呢？孔子云："谨而信，泛爱众，而亲仁"，"志于道，据于德，依于仁，游于艺。"

能按照"仁"的标准而做到"仁"的人，便可称为"仁者"。"仁"还有"仁人"之意，即具有仁德的人。《论语·雍也》："知者乐水，仁者乐山。知者动，仁者静。知者乐，仁者寿。""知"通"智"。智者达于事理而周流无滞，有似于水，故喜好水；仁者安于义理而厚重不迁，有似于山，故喜好山。动静以体言，乐寿以效言。动而不括则乐，静而有常故寿。程子曰："非体仁知之深者，不能如此形容之。"只有真正体会到什么是仁智的人，才能这样来形容。这段话是儒家"显仁藏智"思想的体现。孟子在继承孔子"贵仁"思想的基础上，又提出了以"仁义"为根本的道德规范体系。孟子对仁义的阐释主要有三：第一，"仁义"是爱亲，敬长。孟子认为仁义是从爱护、敬重自己的亲人、长辈开始，从而扩大为爱护、敬爱社会上的其他长者，特别是国君。第二，"仁义"是爱人，仁民。孟子所主张的"仁义"由"爱亲"推及到"爱人"，由"爱人"进而主张"仁民"。第三，"仁""义"统一。《孟子·离娄上》："仁，人之安宅也；义，人之正路也。"《孟子·告子上》："仁，人心也；义，人路也。"仁是爱人之心，是人心必须常居而千万不要失去的根本所在；义是人按照仁爱的要求而行动时应当遵循而不要失去的根本所在。"仁"要求人们"爱人"，而"义"则表示不要盲目地去爱一切人，爱应该爱的人，恶应当恶的人。仁义思想，小到个人，大到国家，是每个人必须遵守的，是修身、齐家、治国、平天下之道。

"仁"引申为仁政。"仁政"是古时所谓善政的标准，是儒家的政治主张。儒家认为，统治者不仅要对百姓进行道德教育，更重要的是以"仁"施政，争取民心。孔子在对"仁"所作的解释中已有关于"仁政"的思想。孟子继承和发扬孔子学说，明确地提出了"仁政"这一观点。国君施行仁政，百姓才能过上安心无忧的日子；人们之间相互仁爱，整个社会就会和谐安定。《孟子·公孙丑上》："以德行仁者王。"实行宽厚待民、施以恩惠、取悦民心的治国方略才能称王于天下。

人们把那些思想高尚、行为高尚的人称为"仁人义士"；把对他人规劝和帮助达到最大限度称为"仁至义尽"；把那些为了共同利益而承担义务、勇于负责之行为称为"当仁不让"、"义不容辞"。

《论语·学而》："巧言令色，鲜矣仁！"在我们身边，存在着相当程度的道德失范现象：是非不辨、善恶不分、真假颠倒、美丑混淆；拜金主义、享乐主义、极端个人主义膨胀；见利忘义、损公肥私、以权谋私等腐化堕落现象严重。如果不在全体社会成员中培养仁爱善良的品性，这些丑恶现象便会愈演愈烈。

人是社会的人，需要相互合作，相互交往，相互联系。人与人之间相爱，是人际和谐、团结协作的前提，也是社会、团体、组织和谐的前提。"人而不仁则非人，国而不治则不国矣。"

义【義】
yì

羊 甲骨文　羨 金文　羲 小篆

"义"，繁体为"義"。会意字，从羊，从我。"羊"是食草动物，性情温顺而不侵扰他类，聚群而不内讧，有跪乳之美行，乃大孝、大善之表率，故，羊是善良的体现，美好的展示，吉祥的象征。古人多以牛、羊作为祭祀之供品，以示对神灵的尊重。"我"的甲骨文像兵器形，《说文》又认为"我"为古"殺（杀）"字。"羊""我"为"義"，表示屠宰牛羊以祭祀，这是符合宗法礼仪的。《释名》："义，宜也。""宜"为适宜。"义"的本义为公正合宜的言行或道理。

"我"为第一人称，即自我，拥有独立人格，具有自我意识，体现自我价值，具备自卫能力。"義"从羊，从我，是以"羊"之美善塑造"我"

之人格：做人主正义，处事讲信义，为人有情义。"羊"在"我"上：待人和善为先；"我"于低位：他人利益为先。"羊"是"美"省，又是"善"省，我把自己最美好、最善良的顶在头上，奉献给他人、奉献给社会，奉献给子孙后代，这就是"義"。"我"又是人手持武器，表示善良需要正义来维护，需要正义保障善良人的利益。

简化字"义"从丶，从乂。"丶"是主见，也是正确的标准，即社会伦理、法规。"乂"的本义是割除杂草：杂草是邪念、恶念、恶行的象征。用伦理纲常、律法规章铲除心中的恶念，制止自身和他人的恶行，就是"义"。

"义"为正义。成语"义不容辞"指在道义上不容推辞；"义愤填膺"指由正义而激发的愤怒充满心胸；"义无反顾"指高度的正义感或责任心，不容许退却或退缩。古代百姓被逼无奈揭竿而起称"起义"，如秦末的陈胜、吴广，汉代的绿林、赤眉等，而代表正义和公理的起义队伍为"义军"。

"义"是讲合宜的道理，因而"义"引申为道理。《孟子·梁惠王上》："申以孝悌之义。"意思是告诉他孝的道理。成语"义正辞严"是指持论合理，言词严正，道理正当，措辞严肃。"义"又引申指意义、意思。如字义、疑义、定义等。"义"还指名义上的、假的。如"义父"、"义子"是把与自己没有血缘关系的人当作父亲或儿子。

《释名》认为："义，宜也。""宜"为适宜。"义"是中国古代哲学的重要范畴。古人讲究仁、义、礼、智、信，追求忠、孝、节、义，其中的"义"备受世人推崇。《论语·里仁》中说："君子喻义，小人喻利。"君子懂得大义，小人只知道小利。孟子继承了孔子"义"的思想。《孟子·离娄下》中指出："大人者，言不必信，行不必果，惟义所在。"又说："非义之义，大人弗为。"就是说，义是为人处世的规范，对于那些不合乎义的语言行为，即使信且果，也是不对的。《喻世明言》中有这样的感人故事：战国时人羊角哀、左伯桃萍水相逢，结为知己。在共赴楚国途中，两人衣单食缺，偏又遇上大雪，当时是"并粮一人生，同行两人死"，左伯桃毅然牺牲自己，把生的机会留给了羊角哀。羊角哀做官后不忘亡友，专门顺旧路返回安葬了左伯桃。伯桃夜晚托梦，说羊将其误葬在行刺秦王的荆轲墓旁，荆轲怒其共夺风水而横加欺凌。羊角哀阳间无法相救，毅然自刎于墓前，被就地安葬。当夜风雨大作，雷电交加，喊杀声闻数十里，羊、左二人联手战败荆轲，并散其白骨，烧其庙宇。楚王感二人义重，差官往墓前建庙，赐名"忠义之祠"，并立碑铭记。古代很多典故传说都对仁义、忠义、孝义、节义、情义、道义给予了充分的肯定和褒扬。

智慧

时间让我们学会理解，岁月让我们懂得宽容。

智 zhì

甲骨文　　金文　　小篆

"智"，形声兼会意字，从日，从知兼声。

"知"为知识、知道、认知；"日"为太阳，表示光明、明白。"知""日"为"智"，意为认知事物明白透彻，借此表示聪慧无比。"智"的本义为聪明、聪慧。"智"从"知"说明知识是智的基础，而能活用知识辨析判断事物、正确为人处世，方为智者。

"智"从"日"意为"智"具有像太阳一样的光芒，能够照亮人心，使人慧悟。太阳是具有指引性的自然物，人类依据太阳的运行辨识方向、时辰，"智"中有"日"，表示智慧是能够指导自己为人处事和人生方向的知识，是能够指引他人心路历程的知识。"智"为"知""日"，寓意不仅知其然，且知其所以然，是明白真知，对事物的本质有所认知。可以说"知"、"智"的本质区别就在于一个"日"字。

《释名·释言语》："智，知也，无所不知也。"智慧是人认识、辨析、判断事物和发明创造的能力，如才智、智谋等。"智者"指有智谋或智慧过人的人。《史记·项羽本纪》："汉王笑谢曰：'吾宁斗智，不愿斗力。'"汉王刘邦婉言谢绝说："宁愿斗智，不愿斗力。""智者千虑，必有一失。"再聪明的人，难免会有失误的时候。只有智慧高人一等的人才能做出胜人一筹的谋略，做出机智的决定。

中国传统的智慧观以儒家理论为主导。《论语》记载了孔子关于完美生活的两个标准——智和仁的论述。他说："知者乐水，仁者乐山。知者动，仁者静。知者乐，仁者寿。"（古文中"知"通"智"）孔子认为智者具有不同于仁者的特征，同时又与仁者有一定的联系。智者是喜水、活泼、快乐的，而仁者是爱山、恬静、长寿的。人们都希望智慧能给自己带来快乐，只有智者才能享受真正的快乐；智与水所蕴涵的"道"具有相似之处，并能促使人们循道而行。与此相对的仁，则注重德行方面的修养。仁者的智慧是要为大多数人或弱势群体谋利益的；没有仁德之人，只用自己的智慧为自己谋取私利，甚至是利用、欺骗他人，这样的智是不可取的。智与仁一起，共同构成儒者的理想人格。

在现代社会中，如果想要有所成就，更需要树立正确的智慧观。拥有智慧，意味着能够清晰认识自己的所作所为，决不会为一时的享乐而放弃自己的理想，并且能够用自己的知识为社会做出贡献。历史上有许多仁人志士，包括科学家、文学家、学者、商家等，用个人的智慧为世界创造了无尽的物质财富和精神财富。但是，"智慧"不等于"聪明"。"聪明的人"有把事情做好的能力，而"有智慧的人"则拥有分辨并决定事情该不该做的能力。"把事做好"和"做该做的事"有很大区别。"做该做的事"比"把事做好"更重要。凭借自己的智慧，做合乎正义的事，才是智者所为。凭自己所谓的智慧走不劳而获的道路，以己之"智"行"不智"之事，此"智"用错了位，是为害世人的武器。《荀子·正名》："所以知之在人者谓之知。知有所合谓之智。"在实践中不断提升自己，从一个"聪明的人"变成一个"有智慧的人"是极其必要的。

佛教中，智慧是梵语"般若"的意译，即对一切事物之道理，能够断定是非、正邪而有所取舍者，称为"智"。后"智"转指断烦恼主因之精神作用而言。如对其作严格的区别，智乃包摄于慧之作用中，但一般多将智与慧视为同义，或合称为智慧。明白一切事物的真相叫"智"，了解一切事物的道理叫"慧"。佛教认为，般若智慧不是凡夫俗子所能获得的，而是一种超越世俗认识的特殊见解。修行佛法的人只有通过般若智慧才能达到涅槃成佛的境界。因其与普通智慧不同，故直接音译成"般若"，以示区别。佛教常用"智慧"表示美称：智慧能解破蒙昧愚痴，故名"智慧灯"；佛的光明能照亮一切众生的黑暗，故名"智慧光"；智慧能清洗所有烦恼之污垢，故名"智慧水"；智慧能烧尽烦恼之薪柴，故名"智慧火";智慧能斩断烦恼和生死的枷锁,故名"智慧剑";智慧能吹人入佛性之海,故名"智慧风";佛祖如来的智慧像大海一样深广,故名"智慧海"。

慧 huì

小篆

"慧",形声字,从心,彗声。

"彗"的甲骨文像手持扫帚之形,本义为扫帚;"心"在这里指人的思想、精神、心智、心灵等。"慧"字上"彗"下"心",表示扫除心灵的灰尘与愚钝,清除心中的偏执、贪婪、浮躁、狂妄和冷漠。《说文·心部》:"慧,儇也。"徐锴《系传》:"儇,敏也。""慧"的本义为聪明、有才智,如智慧、聪慧、颖慧等。"彗"也是彗星的简称。彗星迅疾、耀眼、明亮。"彗""心"为"慧",既可理解为心如星光、才思敏锐、行耀当世;亦表示心中阴晦全无,光明磊落,清澈明亮。故而,德照古今者为慧,才通天地者为慧。彗星来去匆匆,难得一见,说明慧者的造就并不多见;彗星光亮闪烁,明亮耀眼,说明慧者的魅力光彩照人;彗星身拖长尾,无限延伸,说明慧者的影响纵横时空,惠及长远。"慧"字又由双"丰"、一"手"、一"心"组成,喻指智慧之人有一双勤劳的手,有一颗明亮的心,最终一定有丰硕的成果。

智慧是人认识世界、改造世界的武器。自从有人类起,人们与恶劣自然环境的斗争就从未停息过:从茹毛饮血到钻木取火,从有巢氏筑穴而居到神农氏遍尝百草,人类无不是在按照自己的需要改造着自然。而这一切,都源于人类的智慧。人类的智慧可以使梦想成真,在人类智慧的大词典中,没有什么是不可以实现的。古人一直幻想着,有朝一日,人能像鸟儿那样生出双翅,自由地在空中翱翔。就在100多年前,人用自己的智慧,实现了这个梦想,这就是飞机的发明。智慧的力量是无穷尽的,它就像彗星之尾，可以无限延伸。智慧也是光明的使者，它可化腐朽为神奇，化愚昧为文明，被智慧之光照耀的地方，就没有愚昧和落后。

我国每年农历的七月初七是传说中牛郎织女鹊桥相会的日子，这一天被人们定为"七夕节"。据说凡有情男女在这天相约到一起烧香许愿，牛郎织女就会赐给他们智慧和巧艺。虽然牛郎织女其人其事只是美丽的传说，但这个世代流传的故事表达了人们对智慧的渴望。因为拥有了智慧，人们就能认知过去，驾驭现在，预测未来；就能改变环境，改变自己；就能变无知为知之，变愚痴为觉悟，变落后为先进。

"慧"在中医学上指眼睛清明。《伤寒论》："身冷若冰，眼睛不慧，语言不休。"身体冷若寒冰，眼睛不清澈明亮，言语不停。眼睛是心灵的窗户，眼明而心慧，神情也清爽。"慧"也表示眼界开阔、清爽。

在佛教中，"慧"亦为"真心体明，自性无暗"之意，《正字通·心部》："慧，梵书言了悟也。"能彻底了解诸法真相，分辨事理，决断疑念，就是"慧"。"慧眼"即是智慧之眼，它能够看到一切事实的真相。"慧心"指能感悟至理、达观事理的心智。许多僧人也以慧为法号，如慧真、慧海、慧能、慧远、慧思、慧寂等。佛教最终的目的在于获得了悟的智慧。不论三学或六波罗蜜、十无学法，均将智慧置于最后。获得慧的途径有：由闻法而来之慧，称作"闻慧"；由思考而来之慧，称作"思慧"；由修行而来之慧，称作"修慧"。闻、思、修合称"三慧"。"三慧"加上与生俱来之"生得慧"，合称"四慧"。

信仰

伟人的伟大之处，就是他有伟大的信仰。

信 xìn

信 小篆

"信"，会意字，从人，从言。

"信"从人，从言，表示与人的行为和言语有关。《说文·言部》："信，诚也。"本义是真心诚意、言语真实，读为"xìn"。"人""言"为"信"，寓意人言语真实才有"信"，反之则为"欺"。人的言行诚恳实在，方能取信于人，故"信"引申为诚实不欺，如信用、信守、信物、信誓旦旦。诚实让人觉得可靠，如信托、信任、信用。"信"从人，从言，以人言代指思想或真理，进而引申为崇奉，如信仰、信徒、信奉。"信"又是口头或书面传达的讯息、函件，如信息、消息，信件、信函、信鸽、信访。"信"又表随便、任意，如信手、信步、信笔。

"信"为诚实。《左传·庄公十年》："牺牲玉帛，弗敢加也，必以信。"祭祀鬼神所用牺牲玉帛，不敢虚夸以少称多，必定诚实相告，这是理所当然的事情。《史记·屈原贾生列传》："信而见疑，忠而被谤，能无怨乎？"屈原"博闻强志，明于治乱，娴于辞令"，不但才能出众，而且忠诚守信，在楚国很有威望。但就是这样的能人、好人，还是难逃小人的诽谤、君王的猜疑。诚实守信的人会得到别人的信任，故"信"由诚实引申为相信、信任、守信。《管子·形势》："必诺之言，不足信也。"被逼无奈才承诺的话，是不能相信的，强人所难往往达不到预期效果。诸葛亮《出师表》："愿陛下亲之信之。"不能信任别人就无法合作共事，不能得到别人的信任，也就失去了很多机会。

"信"是诚实、不欺、讲信用。守信是中华民族的优良传统，也是一个人在社会上安身立命的基本道德素养。诚信在个人生活和社会生活中都具有极其重要的意义。关于"信"，古人的论述颇多。如儒家强调"人而无信，不知其可"，强调朋友要交而有信，要"言必信，行必果"，"一言既出、驷马难追"，要"三杯吐然诺，五岳倒为轻"，要"有所许诺，纤毫必偿；有所期约，时刻不易"。做人要信，治国也要信。"民无信不立"、"信则人任焉"、"上好信，则民莫敢不用情"。

纵观古今，"信"不仅是为人之本，经商之本，也是为政之本，治国之本。一个人守信，才能得到别人的尊重、称赞与扶助；一个国家守信，才会获得百姓的拥护爱戴，才会赢得国际社会的肯定和支持。

仰 yǎng

小篆

"仰"，形声字。从人，卬声。

"仰"从人，表示人的行为；"卬"为"昂"省，其金文像一人昂首在上、一人跽跪在下之形。跽跪之人需抬头方能看到昂首之人，故"仰"为抬头、脸向上之意，与"俯"相对。《说文》："仰，举也。"

"仰"由"人"和"卬"组成。"卬"为古今字。左边一昂头之人，右边一低头之人。一俯一仰之间，形象地表现出一上一下，一尊一卑。《玉台新咏·古诗为焦仲卿妻作》："仰头相向鸣。"这里的仰头就是抬头。"仰取俯拾"指低头拾地上的东西，抬头拿上面的东西，形容一举一动都有收获。西汉司马迁《史记·货殖列传》："以铁冶起，富至巨万。然家自父兄子孙约，俯有拾，仰有取。"《荀子·劝学》："昔者瓠巴鼓瑟而流鱼出听，伯牙鼓琴而六马仰秣。"杨倞注："仰首而秣，听其声也。"驾车的马驻足仰首，谛听琴声。后人以"驷马仰秣"形容音乐美妙动听。

"仰"的动作是面朝上，由此"仰"还可表示物体面朝上，如"仰卧"；亦指把覆合着的物体翻过来，使底部朝上。如"仰一口大铜钟"就是把大铜钟翻过来。司马迁《报任少卿书》："身直为闺阁之臣,宁得自引深藏于岩穴邪!故且从俗浮湛,与时俯仰,以通其狂惑。""与时俯仰"比喻随着社会潮流或进或退。

"仰"由满怀崇敬地跪地仰视,引申为敬佩、崇拜。《资治通鉴》:"众士慕仰。"这里的"仰"就是仰慕、崇拜。被敬仰之人,通常都会才德出众,功勋卓著。《诗·小雅·车辖》:"高山仰止,景行行止。"以"高山"比喻高尚的品德。"高山仰止"比喻对高尚的品德的仰慕。"仰之弥高"的意思是愈仰望愈觉得其崇高,表示极其敬仰之意。

"仰"进而引申为恭敬,表示恭敬地看,如"瞻仰"。旧时公文中为表示恭敬,常用"仰祁"、"仰请"、"仰恳"等谦辞。但"仰即遵照"却有些例外,它是上级对下级下达命令时使用的。

跪着仰视一个人,也可能是有所企求,所以"仰"又表示依赖、仰给。"仰人度日"就是依靠他人供给衣食来苟且为生;"仰人鼻息"更是受人庇荫,没有尊严,纯属身在屋檐下、不得不低头的无奈之举。"仰"又有依赖、仰仗的意思。

仰仪是我国古代的一种天文观测仪器,由元朝天文学家郭守敬设计制造。仰仪的主体是一只直径约3米的铜质半球面,好像一口仰放着的大锅,因而得名。仰仪的内部球面上,纵横交错地刻划出一些规则网格,用来量度天体的位置。仰仪是采用直接投影方法的观测仪器,非常直观、方便。当太阳光透过中心小孔时,在仰仪的内部球面上就会投影出太阳的映像,观测者便可以从网格中直接读出太阳的位置了。

"渴仰"是佛经中的常用词语,是热切仰望之意,指殷切之思慕与敬仰如渴者之欲饮水。经典中常用以形容对佛、法之仰慕。

宽恕

只让别人原谅自已没有意义，重要的是自己能否原谅自已。

宽 【寬】
kuān

 小篆

"宽"，繁体为"寬"。形声字，从宀，莧声。

"宽"从"宀"表示与房屋有关；莧是一年生草本植物，茎叶都可以食用。屋宅内有莧生长，足见空间之宽敞。《说文·宀部》："寬，屋宽大也。"本义指房屋宽敞，与"狭"相对。"莧"字上"艸"下"见"："艸"为草，表示普遍、普通、不起眼；"见"为看见、遇到。把自己所见的奇事、怪事、烦心事都视作草芥一般，不斤斤计较，这是心地宽广者的修为。所以"宽"也为宽广、宽容、宽待。以"宽"修身养性，视野宽则心宽。心胸像草原般宽阔，临危难从容不迫，遭坎坷淡然面对，宽容为人、宽厚待人、宽松处世，才能无是非、无欲求、从容宽心。

"居天地之旷不知其宽，居一室之狭而知其窄。"在广阔的天地中没有固定参照物，人们在房屋中自然把自己当作参照物，反而可以清楚地感觉到环境的大小。白居易《题新居寄元八》中有"阶庭宽窄才容足"，形容台阶和庭院狭窄。

万里无云的天空可以说"宽"，浩浩荡荡的江河湖海可以说"宽"。"宽"的含义从天地空间的广阔引申为心理空间的宽广，如宽宏、宽厚、宽容、宽松等。古人云："将军额上能跑马，宰相肚里可撑船。"将军的额头需要可供万马奔腾般的宽广，宰相的肚量需要容纳下百舸争流的气象，比喻宽厚的胸襟。有容人之量，才能得到别人的敬仰。战国时期的赵国名将廉颇起初看不起蔺相如，几次找他麻烦。蔺相如都不在意，最终以自己的胸怀赢得了廉颇的尊重。廉颇登门负荆请罪，感叹道："不知将军宽之至此也。"宽广的胸怀当以天下为己任。诗圣杜甫的名句"安得广厦千万间，大庇天下寒士俱欢颜"，道出了他对社会的追问和忧虑，是真正的胸怀天下，令人肃然起敬。

"宽"还有舒缓、延缓、放松的意思。如"宽泽"指宽仁有恩德；"宽绰"指宽宏广大。"宽"可引申为宽免、宽恕。《荀子·正论》："杀人者不死而伤人者不刑，是谓惠暴而宽贼也。"不处死杀人犯，不刑罚伤人者，是对暴力的顺从和对残害者的宽免。"宽"有时也表示在某方面有所减轻的意思。"宽徭役"即减轻徭役。

有容纳万物的宽阔胸怀，修养就会像大海一样广博浩瀚；没有芜杂俗事的羁绊，品质就会像高山一样宽广伟岸。心地宽阔是一种境界。人海茫茫，能够相遇相识，本身就是一种缘分；能够生活在这个世界上，本身就是一种幸运。对于生活中的各种琐事，还有什么理由不宽以处之呢？以"宽"作为立身处世的原则是：宽厚做人，厚德载物，以求中正；宽容为人，有容乃大，以求中和；宽松处事，和合为贵，以求中庸。以"宽"修身养性，可以宽阔胸怀，宽仁厚道，宽心畅意；可以远离祸患，远离是非；还可以消除烦扰，益寿延年。

智高能登三山五岳，心宽可渡百舸千帆。房宽、路宽不如心宽。有宽容、宽厚的人生态度，面对琐碎的世俗小事，就不会尖酸刻薄，斤斤计较，竞小求微，争一日之长短；就会宽宏大量，不计得失，泰然处之，一笑而过。事实上，如果一味地患得患失，道路只会越走越窄，最终陷入困境。而从狭隘的思路中退出来，则会看到一片广阔的天地。宽容是一种力量，是"以柔克刚"，所以古人才说"让三分心平气和，退一步海阔天空"。

让人非弱者，弱者不让人。宽容是心理养生的调节阀。人在社会交往中，吃亏、被误解、受委屈的事总是不可避免地要发生。一个人如果遇事不知宽容，烦恼就会时常困扰他，其心理也往往会处于紧张状态，从而导致神经兴奋、血管收缩、血压升高，与养生十分不利。所以，面对不顺心的事，最明智的选择是宽容。宽容是一种良好的心理品质，它不仅包含着理解和体谅，使我们变得平静泰然，更显出一个人的气度和胸襟。

恕 shù

 小篆

"恕"，形声字，从心，如声。

"如"为依照、遵从；"心"为内心、心情、心境。"如""心"为"恕"，意为内心柔顺、善良，即富有同情心，能够站在他人立场为他人着想。《说文·心部》："恕，仁也。"本义为恕道、体谅。"恕"为"如""心"，也可理解为遵从善良之心：为人处事，不执着于自己的利益，容易原谅他人的过失，故"恕"有原谅，宽容之意，如恕宥、恕谅、恕罪、宽恕、饶恕。"如"又为假如、如果。心里多想一些假如、如果，以己度人，换位思考，用自己的心去推想别人的心，如此，就能多一分宽容，多一些宽恕。

将"恕"视作从女，从口，从心。"恕"从"女"表示与女人的特性有关；"口"为言行。"恕"是女人的口与心。女人往往心性柔顺，善解人意，所以"恕"是因为女人内心的柔弱、善良而产生的行为。"恕"是一种解人意、通情理的举动。

《论语·里仁》："夫子之道，忠恕而已矣。""忠"与"恕"是孔子伦理思想中的两个重要概念。"忠"即尽心竭力，尽己之心以爱人；"恕"即推己及人，推己之心以爱人。《论语·卫灵公》："子贡问曰：'有一言而可以终身行之者乎？'子曰：'其恕乎！己所不欲，勿施于人。'"（子贡问孔子："有一句话可以终身奉行吗？"孔子说："大概是宽恕吧。自己所不想要的不要施加给别人。"）在孔子看来，将心比心，以心揆心，便是具备了"恕"人之德。《韩诗外传》卷三释"恕"类同于此："昔者不出户而知天下，不窥牖而见天道，非目能视乎千里之前，非目能闻乎千里之外，以己之情量之也。己恶饥寒焉，则知天下之欲衣食也；己恶劳苦焉，则知天下之欲安佚也；己恶衰乏焉，则知天下之欲富足也。知此三者，圣王之所以不降席而匡天下。故君子之道，忠恕而已矣。"能够做到推己及人，设身处地为别人着想，"己之所无，不以责人；我之所有，不以讥彼"，这就是

"恕"；反之，则曰"非恕"。《荀子·法行篇》："孔子曰：'君子有三恕：有君不能事，有臣而求其使，非恕也；有亲不能报，有子而求其孝，非恕也；有兄不能敬，有弟而求其听令，非恕也。士明于此三恕，则可以端身矣。'"

"恕"是宽容、原谅。宽恕是人的美德。但宽恕也有一定的原则。明代哲学家吕坤《呻吟语》说："恕人有六：或彼识见有不到处；或彼听闻有未真处；或彼力量有不及处；或彼心事有所苦处；或彼精神有所忽处；或彼微意有所在处。"别人的识见不广，所闻不切，力不能及，情有可原，疏忽大意，有苦难言都应该怀着豁达的胸怀宽恕。但宽恕不是姑息迁就，也不是以恶恕恶。吕坤《呻吟语》又说："好色者恕人之淫，好货者恕人之贪，好饮者恕人之醉，好安逸者恕人之惰慢，未尝不以己度人，未尝不视人犹己，而道之贼也。故行恕者不可以不审也。"

从养生的角度来说，"宽容者寿"。早在春秋战国时期，孔子就说："大德必得其寿。"因此养生将修性养德放在首位。宽恕是豁达大度，不计前嫌，宽恕是用富有弹性的心灵去包容别人，解放自己；宽恕别人，就是善待自己。

敏捷

勤动脑、勤动笔、勤动手是保持身体和思维敏捷的三宝。

敏 mǐn

甲骨文　　金文　　小篆

"敏"，形声字，从攴，每声。

"敏"的甲骨文字形像人用手挠头的样子，挠头是一个小动作，一抬手就能完成，只是一瞬间的事情。《说文·攴部》："敏，疾也。"本义为动作快，引申指思维敏捷、反应快。如敏感、灵敏、聪敏。"每"为每时每刻，表示常常、经常；"攴"为鞭策、督导。"敏"为时时鞭策督促自己，表示勤勉、奋勉之意，如敏求、敏而好学；同时，又强调了敏锐的观察力、敏捷的思维要靠长期严格的学习和训练才能形成。每时每刻，又可意指时间的短暂，即一刹那，一霎时，一瞬间，"敏"从"每"表明，"敏"是在极短的时间内就能了悟、明白，极言其迅速、灵活，暗含聪颖、聪慧之意。

《论语·学而》："敏于事而慎于言。"做事勤快敏捷，说话谨慎。"敏"是感觉敏锐，心思聪颖，对外界事物反应很快。《论语·里仁》："子曰：'君子欲讷于言而敏于行。'"

行动是受头脑控制和指挥的，头脑灵活自然行为敏捷，故"敏"由本义引申为聪慧。《广韵·轸韵》："敏，聪也；达也。"

聪慧需要通过后天的学习与磨练，需要勤奋和努力，所以"敏"又有勤勉的意思。子曰："我非生而知之也，好古，敏以求之者也。"（《论语·述而》）孔子说我不是天生就有知识、有智慧的，而是通过后天的勤勉学习得来的。

一个人要想在生活中受人尊敬喜爱、事业上有所成就建树，就要努力做到：敏悟，聪敏伶俐，善解人意；敏达，聪明机智，通达事理；敏行，勉力修身，不辍耕耘；敏学，勤勉好学，不耻下问。

捷 jié

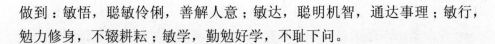

金文　小篆

"捷"，形声字，从手，疌声。

"手"代指人的行为动作；"疌"为快速、迅速。故"捷"为行动快速、轻快、迅疾。作战或比武中，行动的迟缓往往会导致失败，故"捷"意味着胜利、成功。《尔雅》："捷，胜也。""捷"由此意又引申作名词，指战利品。《说文》："捷，猎也，军获得也。"

《春秋·庄公三十一年》："六月，齐侯来献戎捷。""捷"在这里作动词，为战胜、胜利。"所向克捷"意思是军队所去之处，都能取得胜利。清代魏源《圣武记》第七卷："号令严明，所向克捷。"又如词语"大捷"、"首战告捷"、"捷书"、"捷报"等。

"捷"作形容词，为敏捷、迅速。古代作战或比武，必须身手敏捷，才能取得胜利。"高才捷足"形容人才能出众，行动快。《红楼梦》第三十七回："有力量者十二首都做也可；不能的作一首也可。高才捷足者为尊。""捷足先得"比喻行动快的人先达到目的或先得到所求的东西。《史记·淮阴侯列传》："秦失其鹿，天下共逐之，于是高材疾足者先得焉。""巧捷万端"意思是机灵敏捷，变化多端，形容动作或思维机敏，变化极多。"巧捷"指机灵敏捷。《淮南子·俶真训》："置猨槛中，则与豚同，非不巧捷也，无所肆其能也。"三国魏曹植《名者篇》："连翩击鞠壤，巧捷惟万端。"

"捷径"原指近便的小路，用来比喻不循正轨，贪便图快的做法也用来比喻速成的方法或手段，是个中性词。成语"终南捷径"是个贬义词，是指求名利的最近便的门路，也比喻达到目的的便捷途径。据《历世真仙体道通鉴》记载，唐朝道士司马承祯名闻天下，多次被召进朝廷，他无心于仕途，请求归还天台山。那时有个人叫卢藏用，早年为做官而隐居于终南山，因为终南山靠近国都长安，在那里隐居，皇帝知道了，就会请他出来做官。一次，司马承祯再度请辞归山，路上遇见卢藏用，卢藏用说："这里面确实有无穷的乐趣呀！"司马承祯回答："不错，照我看来，那里确实是做官的'捷径'啊！"从此，"终南捷径"便被人们用来代指追求官位名利的便捷途径。"捷径"虽然是中性词，但是很多时候被人们视为贬义词。"捷径窘步"比喻为了达到某种目的所采用的简便的速成办法，其结果并不理想。"捷径"是近道；"窘步"指因行走太急而感到困难。屈原《离骚》："夫唯捷径以窘步。"在生活或学习、工作中，捷径有时也会给我们带来很多好处。如果有一种方法能够让我们事半功倍，那么有什么不能接受的呢？我们之所以注重经验的作用，就是因为我们能够从中发现规律，可以发现成功的捷径。"捷"为敏捷，要头脑灵活，捷径也是一种头脑灵活的表现，只有思维敏捷，才能发现和把握捷径。成功的路不止一条，我们没有必要按照正统的观念，走最艰难的那一条。

"捷泳"是游泳的一种姿势，身体俯卧在水中几乎与水面平行，行进时身体一直都是与水面保持直线水平的板平形态，延伸直线长度就可以减少身体的截面积，且因板平地延伸延展的特征，都十分有利于飘浮前进。两腿上下交替鞭状打水，两臂轮流空中前移。"捷舞"即"牛仔舞"，是从摇摆舞演变来的，是国际标准舞中的五种拉丁舞之一。捷舞要求舞者上身挺直，和其他标准舞的舞蹈风格一样，但是异于其他摇摆舞。

举止

处处严以律己，就会得到宽容。

举

【舉舉】

jǔ

小篆

"举"，繁体为"舉"，异体为"擧"。形声字，从手，與声。

异体"擧"为"举"的篆文写法，"與"是"与"的繁体，为偕同、一起；"举"从"手"说明与手的行为动作有关。"與""手"为"舉"，首先强调了是手参与的行为；"手"在"與"下，意为双手承托。《说文·手部》："舉，对举也。"本义为双手向上托物，如托举、举重、举起。"举"由此引申有抬高、擎起之意，如举足、举手。"與"为赋予、给予，又为共同、参与。"举"是赋予手的权力，是手共同参与的行为，因此"举"为行动，意指行动，如举措、举止、举行等。"举"是通过具体的行动来表达思想，是提出自己的意见的一种方式，因此，"举"为提出之意，如举例、举证、举要等。"擧"从與，从手，也表明将物体抬到高处使其受人瞩目，为人所重视，因此有推举、选举之意。

简化字"举"从兴，从手省。"兴"为高兴，是喜爱、喜欢，表示人的情绪。"举"为高兴者举手，是针对一个提议进行分析之后，觉得有利益、有好处，心中认同，于是举手表示同意。举手表决是一种权利——选举权、被选举权，由众多人共同参与，选举出自己喜爱和认同的人、事、物。"兴"又为兴盛、兴旺。众人拾柴火焰高，"兴"在"手"上，表示"举"是众人同心合力贡献力量，共同把事情做起来，并使之进一步兴旺发达。

用手将某一个东西托举起来是为了让别人能看得更清楚，在讲问题的时候摆出一个例子来是为了能让对方更明白其中的道理，因此，就把摆出事例进行说明的做法称为举例说明。成语"举一反三"出自《论语·述而》："举一隅，不以三隅反，则不复也。"有四个角的事物，从其中的一个角就可推知其他的三个角。举一反三通常指善于由此知彼，从一件事情类推而知道其他许多事情。

将大家不知的人或事例举出来以示众人，让大家彻底认清事情的本来面目，这时就有举报、检举之意。"举罚"指揭发并处罚；"举劾"指检举揭发；"举报"在我国指单位或个人向公安机关、检察院或法院揭发犯罪事实或犯罪嫌疑人。

"举"有行动、举动之意。伟大的举动是"壮举"；疏财仗义的举动是"义举"。"举止大方"指言行举动得体、不拘束。评价一个人的品质和修养的重要依据是言行举止；而评价政府政绩的重要依据之一就是其言论和举措。政府推出重大举措，要再三论证，确保公正合理、适用可行。当然，越是举措重大，越要论证严密、当机立断，举棋不定会给国家、百姓利益造成重大损失。

众人有组织地在同一时间和地点开展集体活动，就称"举行"、"举办"；这样的活动有时须要选出个头儿来主持，就得用"推举"；如果推举显得不够严肃郑重，还得投票或举手表决，进行正式的"选举"。

选举权和被选举权是公民的基本民主权利。

止 zhǐ

甲骨文　金文　小篆

"止"，象形字。

"止"的甲骨文字形是脚的象形，上像脚趾，下像脚面和脚掌，是"趾"的本字，本义为脚。《说文》："止，下基也。象草木出有址，故以止为足。""止"的金文象形度增加，脚上五趾俱全，与甲骨文的勾勒速写风格迥异。

行走需要靠脚，所以"止"有行走之意；静站亦需脚，故"止"又有静止、停止之意。《庄子·德充符》："人莫鉴于流水而鉴于止水。"流动的水不能当镜子照，只有止水即平静的水面才能清晰地映照出人的影子。人们常用"静如止水"或"心若止水"形容安静平和的心态，正如佛家所求"心若明镜台"的境界。《韩诗外传》："树欲静而风不止，子欲养而亲不待也。"其中的"止"即停止之意。人间之事往往不能尽如人意，不如意者常八九。父母为儿女辛苦操劳，呕心沥血一生，待子女们春风得意，欲要回报哺育之恩，使他们颐养天年时，却又告别人世，长眠于地下，岂不令人欲哭无泪，肠断心碎？人世间凄凉之事，莫过于此。

"止"由静止、停止引申为停留、驻扎、居住等意。《诗·商颂·玄鸟》："邦畿千里，维民所止。"《徐霞客游记·游黄山记》："止文殊院。"其中的"止"都是居住的意思。东晋干宝《搜神记》："南阳西郊有一亭，人不可止，止则有祸。"《论语·微子》："止子路宿。"其中的"止"都是停留的意思。

"止"由静止之意引申为制止、使停止，如《列子·汤问》："笑而止之。"西汉司马迁《史记·廉颇蔺相如列传》："相如止臣。"再如"止步"、"止怒"、"止戈"等。人的言行要有所止，不能过于放纵，当停不停，祸起无声，该止不止，国灭身死。"止"有两种情况，一是自止，二是被阻止。当然最好的还是自我克制、自我约束，这也是儒家修身养性的经典之论。明智者讲究中庸得体，适可而止，所以能够饮酒不醉、好色不乱。"止"是医生对付疾病的手段，如"止痛"、"止吐"、"止泻"、"止血"等。对于别人的错误也要敢于"止"，特别是看到朋友荒唐危险时，能够直言劝阻的诤友就显得弥足珍贵。

《广雅·释言》曰："止，礼也。"礼节讲究的就是得体有度，适可而止。人生在世，若想有所作为，必须在进退之间掌握火候、拿捏分寸，凡事八分而缓，九分而止，如果一味追求完美，事事勉为其难，结果会物极必反。凡事有度，故行为有"止"。"止"有礼貌的意思，如"容止"、"举止"、"行止"等等。古人云："凡善怕者，必身有所正，言有所规，行有所止，偶有逾矩，亦不出大格。"人要有敬畏之心，要有所为，有所不为。

《大学》："大学之道，在明明德，在亲民，在止于至善。"所谓的"止于至善", 意指通过不懈努力, 以臻尽善尽美而后才停止, 也就是说不达到十分完美的境界决不停止努力。要达到至善的境界, 一方面要将自己本有的明德推至极致, 心灵不受一丝一毫私欲之沾染, 同时又要在应事接物之际体察入微。

"维民所止"出自《诗经·商颂·玄鸟》, 意思是: 国家广阔的土地, 都是百姓所栖息、居住的。清代雍正年间, 查慎行的弟弟查嗣庭去江西做考试官, 他以"维民所止"来命题。有人向朝廷告发, 说"维止"两字是"雍正"两字去了头, 用意是要杀皇帝的头。雍正下令将查嗣庭全家逮捕严办。查嗣庭受到残酷折磨, 含冤死于狱中, 其子也惨死狱中, 族人遭到流放, 浙江全省士人六年不准参加举人与进士的考试。清代文字狱罗织之严密, 刑罚之残酷, 可见一斑。

言谈

思则无过，忍则无祸，慎言无悔，谦让无仇。

言 yán

甲骨文　金文　小篆

"言"，指事字，从亠，从二，从口。

甲骨文的"言"字，下边是"舌"字，上边的一横表示言从舌出，是张口伸舌讲话的象形。"言"由"玄"字头、"二"和"口"组成："玄"字头在上，意为言中有玄机；"二"为天地，为阴阳变化，为上下嘴唇；"口"为人之口舌，为开口发声。人通过嘴唇的上下开合把世间万象的玄机说出来即为"言"。《说文·言部》："直言曰言，论难曰语。"说话叫作"言"，谈论、议论、辩论叫作"语"。在现代汉语中，两者没有明显区别。

《国语·周语上》："厉王虐，国人谤王，邵公告曰：'民不堪命矣。'王怒，得卫巫，使监谤者，以告，则杀之。国人莫敢言，道路以目。""道路以目"指在路上只用眼睛示意，不敢言谈。形容百姓在暴政下敢怒而不敢言。陶渊明《桃花源记》："具言所闻。"意思是详细述说所见所闻。"言"由本义说话引申为语言。人的语言多种多样：既有忠言，也有谗言；既有真言，也有谎言；既有良言、箴言、昌言，也有胡言、妄言、谣言。

言语脱口而出，稍纵即逝。古代没有录音设备，言语无法实况保存。文字可以书写，恰恰弥补了它的不足。通过文字记录，前人的语言得以保存下来并流传至今。由此，"言"引申为文字。白居易《琵琶行》序："凡六百一十六言，命曰《琵琶行》。""六百一十六言"指六百一十六个字。古诗分五言诗、七言诗等。"言"在古时也代指文章。如"言之无文，行而不远"。文章如果没有文采，就不会流传久远。说明写文章除了把握好思想内容以外，还要注重文笔的优美精练。

扬雄《法言·问神》："言，心声也。"言为心声。人们通过语言沟通信息、交流情感、表达思想。《论语·先进》："夫人不言，言必有中。""言必有中"指一开口就说到关键、要害之处，形容说话恰当得体、非常中肯。说话要说心里话，言必有中；不可言不由衷，言不及义。闻其言而知其人，听一个人说什么样的话，大概就可以知道他是一个什么样的人。《论语·公冶长》："听其言而观其行。"认识、考察一个人，既要听他人说的话，更要考察他的行动。正人君子言行一致、表里如一。教育人须"言传身教"，口头上传授讲解，行动上以身作则。只有言传身教，才能让学生学有所成。

"言"中之"二"指三言两语，说话应该简练明了，言简意赅，恰到好处。语言说出口之前，你是语言的主人；语言一旦出口，就是语言的奴隶。所谓言多必失，祸从口出，所以必须慎言。

谈 【談】
tán

小篆

"谈"，繁体为"談"。形声字，从言，炎声。

"言"是说话、言语、言论；"炎"是炎热，这里可理解为气氛热烈。故"言""炎"为"谈"，就是说话的气氛热烈、言语热闹。说话的气氛融洽才是"谈"。《说文·言部》曰："谈，语也。""谈"的本义就是说话、谈论。

"谈"也写作"谭"。清代朱骏声《说文通训定声》："谈，语也。字亦作谭。"有的书名现在仍用"谭"。《汉书·艺文志》："小说家者流，盖出于稗官。街谈巷语、道听途说之所造也。"其中"谈"即指谈论。成语"谈虎色变"原指被老虎咬过的人才真正知道虎的厉害，所以谈论到老虎脸色就变了；后用来比喻一提到自己害怕的事就情绪紧张起来。《二程全书·遗书》："真知与常知异。尝见一田夫曾被虎伤，有人说虎伤人，众莫不惊，独田夫色动异于众。""止谈风月"意思是只谈风、月等景物，隐指莫谈国事。《南史·徐勉传》："今昔止可谈风月，不宜及公事。""立谈之间"指站着说话的一会儿时间，形容时间极短。汉代扬雄《解嘲》："或七十说而不遇，或立谈而封侯。"

"谈"引申指所谈论的话题、观点。"无稽之谈"指没有根据的说法。宋代郑樵《通志·总序》："且谓汉绍尧运，自当继尧，非迁作《史记》，厕于秦、项，此则无稽之谈也。""皮相之谈"指没有说到点子上的肤浅看法。"影响之谈"形容道听途说，没有确实根据的言谈说法。"游谈无根"指没有根据信口乱说。苏轼《李氏山房藏书记》："而后生科举之士，皆束书不观，游谈无根，此又何也？""一代谈宗"指当代清谈大师。"谈宗"指善于言谈，为世人所尊崇。《晋书·潘京传》："君天才过人，恨不学耳！若学，必为一代谈宗。"

"谈"指谈话。每个人都有各自的见解，谈话就是双方相互沟通、交换意见，最后达成共识的过程。然而在这个过程中，由于双方本来各有各的认识，难免固执己见，所以需要多次的沟通、摩擦，相互之间通过撞击而产生火花，最后达成一致。"谈"从"炎"，所以要注意谈话技巧，千万别弄巧成拙，把握不好尺度，小心惹火上身，两败俱伤。

谈恋爱俗称"谈朋友"，就是彼此通过语言沟通，来发掘双方内在的共同志趣和爱好。"谈"引申指相处融洽，谈恋爱就是为了通过谈话而确定两个人是否有共同语言，能否过上融洽的生活；或者是为了通过谈话，通过磨合，使彼此了解，使相处更加融洽。说话能反映出一个人的内心或内在素质，聪明的人通过对方谈话的内容、措辞、神情以及与之相伴的动作等，都能看出一个人的本质，所以谈恋爱一定要多谈谈话，这样有助于彼此了解或加深感情。

谈判，是一种社交手段，是就有关方面在一起相互通报或协商以便对某重大问题找出解决办法；或通过讨论，对某事取得某种程度的一致或妥协的行为或过程。谈判一定要注意把握好尺度，否则就会在彼此间燃起熊熊大火，问题不但没解决，反而变得更坏。所以谈判就一定要掌握技巧，而且要充分了解对方的情况，做到"知己知彼，百战不殆"。

当今社会经济发展被放在首位，所以商务谈判就成了最常见也是最重要的一种谈判。商务谈判有很多规则和技巧，要懂得如何提问、如何回答、如何说服对方、如何为自己所代表的一方争取最多的利益或付出最小的代价。"谈"从"言"，但是谈判时，不能一味地说话，关键时刻要懂得沉默的力量，此时无声胜有声。现在很多谈判专家已经把《孙子》应用于谈判中，真可谓"商场如战场"了。有个国际谈判专家曾说过："谈判不是一盘棋赛，不要求决出胜负，谈判也不是一场要将对方消灭的战争，相反，谈判是一种双赢的事业。"

和蔼

说话和蔼，处事和气，是办事的最好推荐信。

和【龢】

hé hè huò huó hú

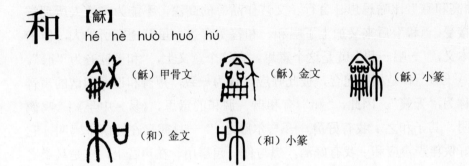

（龢）甲骨文　（龢）金文　（龢）小篆

（和）金文　（和）小篆

　　"和"，异体为"龢"。汉字简化前，"龢"与"和"的意义并不完全相同。"和"为形声字，从口，禾声。

　　"和"可视为由"千"、"人"、"口"组成。千人一口，同声相应，同气相求，和谐也。"和"的本义是和谐、协调。表此义项时读作"hé"。《说文·口部》："和，相应也。""禾"为麻、黍、稷、麦、豆等五谷的总称；"口"为进食的器官和发声的主要器官之一。五谷为生存之本，只有五谷丰登、丰衣足食，天下方能和谐安定。五谷为素食，口吃五谷，寓意不杀生。"和"在人和自然问题的认识和处理上，强调人与自然的和谐统一。

　　"龢"为形声字，从龠，禾声。"龠"是一种管乐器。"龠"中有三"口"，"三"为众，意为多个出气发声之口，众口齐鸣，莺歌燕舞；"册"意指很多乐管依次排列，"亼"为集合、聚集。因此"龢"指多人一同吹奏乐器，节奏一致，旋律和谐。具体到人与事，则为和睦、和顺、和煦、调和、祥和。"和"是天、地、人之间的协调与统一。

　　"和"，单看字形，为大地生"禾"可养天下之"口"。和平的基础是人人有饭吃。"仓廪实而知礼节"即此之谓也。所产不足以养天下之民，就会出现掠夺和战争。如果老百姓食不果腹，和平、和谐便无从谈起。

"和平"一词也源于声音的和谐。《国语·周语》："乐和则谐，政和则平。"音乐和拍就是和谐，政策和顺就有和平。人生的诸多苦难归根结底是缘于不和。"不和"让社会动荡，让人心混乱，让人伦纷杂，让道德沦丧。

"和"从禾，从口，也寓指收获庄稼时百姓欣喜。《后汉书·黄琼传》："阳春之曲，和者必寡。"平庸之调多人唱和（hè），清高之音应者寥寥。"曲高和寡"比喻思想、言行、文艺作品等的高深，不能为多数人所理解和接受。"和"后来又加上了唱和、和答等含意。虽范围有所扩大，但未离本义，"一唱一和"就是这个意思。在这个意义上，"和"读音为"hè"。

一唱一和是相互配合，彼此呼应，行为一致，声音和谐。和谐的声音被称为"天籁"。因此，"和"有和谐、调和的意思。《易·中孚》："鸣鹤在阴，其子和之：我有好爵，吾与尔靡之。"一只鹤鸟在树荫下鸣叫，它的好伙伴声声应和：我有好酒，想与你一起享用。在声音上，这是鸟类之间的互相唱和，在画面上，这是一幅生态和谐的美好图景，让人陶醉于大自然的美妙。《老子》第二章："有无相生，难易相成，长短相形，高下相倾，音声相和，前后相随。""和"是天地的法则，也是做人的道理。自然环境讲"和"，万物共生共荣；人际关系讲"和"，大家和睦相处；吃饭做菜讲"和"，营养均衡，滋味调和；修身养性讲"和"，不焦不躁，心情怡和。和谐使自然和人生都处在恰当的黄金分割点上，优美而惬意。

"和"有温和的意思，取中和、不偏重之意。又可做动词，指搅拌、混合。表此义项时读作"huò"。沈括《梦溪笔谈》："其上以松脂、蜡和纸灰之类冒之。"而当表示将粉状物加液体后搅拌或揉弄使之粘在一起时，则读"huó"，如和面、和泥等。"和"也读"hú"音，是打麻将或斗纸牌用语，表示赢了。

"和"有和谐、和睦、不争之意。孔子说："礼之用，和为贵。"治理国家，最重要的一条就是保持社会和谐。《孟子·公孙丑下》："天时不如地利，地利不如人和。"范仲淹《岳阳楼记》："政通人和，百废俱兴。"政事通达，百姓和睦安乐，各种荒废的事业都会兴盛。传统京剧《将相和》以"和"字为纲，从廉颇的不平、挑衅，蔺相如的隐忍、退让，到廉颇负荆请罪、将相和好的情节，讲述了老将廉颇与贤相蔺相如尽弃前嫌、共扶社稷的千古佳话。

　　"和"还指天气温和或人的态度谦和。《岳阳楼记》中有"春和景明"之句。春日晴和，阳光明媚。宋濂《送东阳马生序》："与之论辩，言和而色夷。"说话谦和，脸色平易。谦和的态度就好像和煦的春风，使人心平气和，许多难题也就迎刃而解。"和"同样也是人体健康的标准。传统医学有"平人"（《素问·平人气象论》）之说。"平人"指气血调和的健康人。中医理论认为，阴阳平衡是人体健康的重要标志，失"和"就会失去健康。健康和疾病是相对而言的，故在诊断方法上，古人利用健康人平静的呼吸、脉搏和脉象等正常生理特征，与患者进行比较、对比，作为判别病症的依据之一。在治疗上，中医理念就是以调和、调理为手段，以使人体重新获得平衡，恢复健康。

　　除了身体的调和、调理之外，人心也须调和。大地之美，要靠地、水、火、风相调和；人心之美，要靠心、气、爱、力去调节；人与人之间，心要和，气要和，爱要和，力要和。只有这些都达到和谐统一，再加上外在身体的强壮，才是真正健康之人。凡事当以和为贵：世界需要和平，社会需要和谐，家庭需要和睦，人与人相处需要和气，而身体也只有气血调和、阴阳平和方能延年益寿。

蔼　【藹】
ǎi

　　"蔼"，繁体为"藹"。形声字，从艹，谒声。

　　"艹"可泛指草木，"蔼"从"艹"表示与草本植物有关；"谒"的本义为求告、禀告，又为拜谒、拜见，此处强调态度谦和有礼、毕恭毕敬。"蔼"上"艹"下"谒"，可理解为对草木实施拜谒之礼，以此寓意草木茂盛，使人生敬慕之心。"蔼"的本义指树木生长繁茂的样子。《集韵》："蔼，茂盛貌。"草本植物茎干柔软，随风摆动；"谒"为拜见，寓含晚辈之意。"艹"在"谒"上，意为长者应对晚辈态度亲和。故"蔼"有和善、和气之意。草本植物生长普遍，少被人珍视，平凡而朴素。"蔼"从艹，寓意和蔼的言行应体现在时时处处、点点滴滴上。

古人常用"蔼"来描述和形容植物枝繁叶茂，生长旺盛。《楚辞·宋玉·九辩》："离芳蔼之方壮兮，余萎约而悲愁。""芳"指花朵；"蔼"代指果实。在这里"蔼"有果实累累、树木繁茂之意。陆龟蒙《偶掇野蔬寄袭美有作》："凌风蔼彩初携笼，带露虚疏或贮襟。"其中"蔼彩"是形容植物鲜艳芳菲茂盛。"蔼"字叠用，形容更加繁茂。陶渊明《和郭主簿》之一："蔼蔼堂前林，中夏贮清阴。"

"蔼"由草木旺盛引申，可形容事物盛多的样子。如草木繁盛、香气馥郁、人才济济等，都可以用"蔼蔼"来形容。《尔雅·释训》："蔼蔼、济济，止也。"郭璞注："皆贤士盛多之容止。"圣贤之士汇聚于此，人人见而停步，希望融入其中，故人数众多，人气很盛。"蔼"也通"霭"，意为云气。王之望《和友人》有句云："五桂家风殊未艾，黄山佳气蔼如初。"诗中"蔼"即云气。"蔼"从谒，"谒"是进见、禀告之意，表示对别人的礼貌和尊敬，故"蔼"引申为和善美好。拜谒尊长恭敬有加，对方亦应和善相待。"和蔼"即长辈对晚辈或上级对下级态度和善。李处权《赠高老》："野寺何所有，梅花如玉盆。客愁浩如许，我声已载吞。大士坐丈室，燠若阳谷温。从来第一义，入耳简不烦。不谓兵火余，见此祇树园。仰沐方外契，蔼然风味存。""蔼然"即和善可亲。

和蔼可亲须发自内心，方能令人如沐春风，不然就会显得虚伪做作。韩愈《答李翊书》曰："养其根而俟其实，加其膏而希其光。根之茂者其实遂，膏之沃者其光晔，仁义之人，其言蔼如也。"

端正

做事要认真，思想要纯正，态度要端正，做人要天真。

端【耑】
duān

(耑)甲骨文　　(耑)金文　　(耑)小篆

(端)小篆

"端"，异体为"耑"。形声字，从立，耑声。

"耑"是"端"的古字，今作异体字，甲骨文上面部分像草木初生渐生新叶状，下面的部分像根部。《说文》："耑，物初生之题也。"本义为植物初生的顶端，引申为发端之意。草木向上直立生长，以此喻指直立、正直。今体"端"从立，从耑，"立"为站立、直立；"耑"为草木初生状，寓意人要像初生之苗，立得直，站得正。"立""耑"为"端"，意为直、正。《说文·立部》："端，直也。""立"又有成立、建立之意，表示做成、成事；"耑"同"专"，意为专心致志。"端"从立，从耑，表示一心一意做人，专心致志做事，有正派、正直之意。如"端正"、"端直"、"端庄"。

也可将"端"视作从立，从山，从而。"山"表稳重、坚实；"而"为根须、胡须下垂不弯曲，表示成熟、稳重。"端"字表示像山一样稳重、庄严，具有成熟的思维与行事方式，因此"端"是根基牢固、公正不偏。"端"又由植物初生的顶端引申为事物的一头，如"极端"、"顶端"等。

"端"有平正地手持物品之意，如"端盆"、"端碗"、"端茶"。"一碗水端平"就是要求处理问题居心公正、公平合理、不偏不袒。所以"端"表拿、持时，含正直之意。中国的传统节日"端午节"，又称"端五"或"端阳"，一般认为是源于纪念爱国诗人屈原。实际上，"端午节"早在屈原之前就存在了。"午"为仲夏，"端午"指阳气最盛、火气最旺的时节。

端午节时值农历五月初五日，正是仲夏病疫流行的季节。古人过端午节的一个重要内容就是送瘟神，而瘟神的盛行在古人眼中是由于人内心杂念过多、为人不端、行事不正所引起。《礼记·月令》："仲夏，阴阳争，死生分，君子斋戒，止声色，节嗜欲。"所以，这期间的一切行事都以静养安息为主，尤其注重端正自己的行为，这就是"端午"之名的含义。

周代诸侯朝觐、丧葬、祭祀等严肃场合所穿礼服正式庄重，故称为"端"。《论语·先进》："宗庙之事，如会同，端章甫，愿为小相焉。""端"、"章甫"分别指宗庙会盟时主持者穿着的礼服和礼帽。古人认为衣服、姿势等是外表、行为的一部分，是个人品质、德行的表露。《礼记·玉藻》："手容恭，目容端，口容止，声容静。"

正　zhēng　zhèng

甲骨文　金文　小篆

"正"，会意字，从一，从止。

甲骨文的"正"字为上"口"下"止"。"口"为区域、范围，代表方向、目标；"止"的本义为脚，意为行走、进发。"正"的甲骨文既会意为行为举止不可逾越，不可偏斜，要掌控在规定的范围内，又会意为向固定的区域、目标前进，即远行或远征，是"征"的本字，有出兵、征讨之意。"正"是目标明确，正对目标而行，故"正"字又意为端正、不偏斜，读为"zhèng"。《说文·正部》："正，是也。"本义是正直无偏斜。"正"也读作"zhēng"，表示农历一年的第一个月，如正月。

简体字"正"从一，从止。"一"为一心一意，为目标明确。认定一个正确的目标，就应该一心一意、矢志不渝地走下去。一旦有偏差，就要"一""止"而"正"之，使其停止。"正"为纠正、改正。《书·汤誓》："予畏上帝，不敢不正。""正"又为"上""下"两字相合。"上""下"对齐为"正"，意为要不偏不斜，用正当的方法，走正道，行正事。《文选·东京赋》："正，中也。""正"的原始含义也表示箭靶的中心。《诗·齐风·猗嗟》："终日射候，不出正兮。"意思是整天沉浸于射箭的人，不会偏离靶心。不偏不倚，是为正中。

"正"由不偏斜、平正引申为刚好、恰好之意。苏轼《惠崇春江晚景》："竹外桃花三两枝，春江水暖鸭先知。蒌蒿满地芦芽短，正是河豚欲上时。"

"正"因其不偏不斜的含义而具有很强的方位性。如"正南"就是没有偏差的南方；"正中"就是绝对的中心。中国传统的建筑讲究坐北朝南，一处庭院中坐北朝南的房子就是"正屋"，相应的厅堂称为"正厅"、"正殿"。由此延伸，书法笔法里的"中锋"称为"正锋"；而不喜不怒的严肃表情则被称为"正情"、"正容"。处于一个环境的中心是为"正"，所以能够代表主体的事物，也被称为"正"，与"副"相对。方苞《狱中杂记》："而十四司正副郎好事者。"指的是十四个相关部门的正副官员。"正"为端正、堂堂正正。人唯有持身中正，才能走正路，干正事，活得正大光明、堂堂正正，即使误入歧途，也能及时止步。常言道："得意不可再往"。投机取巧如果侥幸得逞，就应适可而止，切忌贪心太重，把自己折进去。"奇正"是古代军事术语。由孙武在《孙子兵法》中提出。孙子认为"战势不过奇正"，只有恰当地处理奇正关系才能保证常胜不败。所谓"正"，就是正确处理战争中的"五事"，即人和为本，上顺天时，下知地利，委任贤能，节制严明。为将者处理好"奇正之变"，就能达到战无不胜的境界。"正"字只有横竖五笔，便于书写、统计，且"正"有公正之意，故选举时常以"正"字笔划统计票数。"正"引申为品行高洁、正直、正派。"君子"指品行正直高尚者，前面加"正人"，说明君子首先自身要正，同时负有匡正他人之责，否则不配称"正人君子"。

"正"是为人处世的基本原则：为人要正直，处世要公正，作风要正派，错误要正视，手段要正当，立场要正确，方能一身正气，在社会上行得端，走得正。

敦厚　做人要自强不息，处事要厚德载物。

敦 dūn duì

豹 金文　　斀 小篆

"敦"，形声字，从攴，享声。

"享"为享受、受用，"敦"从"攴"表示与以手持械的动作有关。"享""攴"为"敦"，意为通过击打、敲打或指责、呵斥那些只知享受或享受为先的人改邪归正。《说文·攴部》："敦，怒也，诋也。"本义为怒呵重责，督促改正，读作"dūn"。

"敦"读"duì"时，是指古代盛黍稷的一种器具，一般由青铜制成。敦的盖和器身都作半圆球形，各有三足或圈足，上下合成球形，盖可倒置。曾流行于战国时期。

"享"为享受、享福，此处用来借指只顾享受，不思进取，是懒惰者所为；"攴"在此处指责罚或鞭策，包括言语和行为两种方式。"享"在"攴"前，表示在享受面前，仍不忘自律、自制，时时警醒，不时鞭策，以免沉湎其中，得意忘形。自律自省之人必定品格淳朴宽厚、笃实，所以"敦"又指厚道、笃厚。如敦厚、敦请、敦聘、敦睦。厚道之人，自然收获丰富，故"敦"又指丰富、丰厚。

"敦"表示督促，也可理解为劝勉，是一种比较婉转的督促方式。词语"敦晓"意为劝勉开导；"敦诱"指劝勉诱导；"敦教"则为勉励教诲。若是前述行为采取强硬手段那就是敦逼、敦率、敦比了。成语"敦世厉俗"意思是世俗之风根深蒂固，若要使其变得纯朴，不下"猛药"是不可能的。

由人品上的淳朴引申，"敦"又可用来形容艺术鉴赏领域沉稳雅正的风格。古人将雅乐视为正统音乐，认为是教民以善，君民和睦的雅正之乐。由此"敦"引申为亲密、和睦之意。庾信《将命至邺》："大国修礼仪，亲邻自此敦。"大国重视修缮礼仪，与邻国和睦共处，亲如兄弟。

"享"可视作"淳"省字，"淳"为淳朴、淳厚之意。"淳""攴"为"敦"，表示"敦"是淳朴、厚道的品性与温厚、踏实的行为举止的统一。故"敦"多用于形容人的品性，属道德范畴。

人与人之间的交往注重敦厚诚实。舍与得是相对的，是相辅相成的，付出必将有所收获。付出信任，换来的是诚信；付出真心，换来的是实意；付出友情，换来的是真情。但敦厚不等于老实可欺。中华民族对外一向以敦厚、诚恳、热情著称，这种敦厚的态度也使我们赢得了其他民族、国家的敬重和友谊。但若有谁妄想利用我们的敦厚品性，就会遭到"敦"中之"攴"毫不留情的鞭挞和回击。

厚 hòu

厚 甲骨文　　厚 金文　　厚 小篆

"厚"，会意字，甲骨文从厂，从墉。

甲骨文"厂"像山崖之形，"厚"从厂，表示其意义与山陵有关；"墉"为城墙。山陵是大地之上隆起的高大土石，城墙是防御性建筑物，其形似墙而高厚过之。"厚"的字形以山顶与地面相距之远表示上下之厚，以城墙表示左右之厚。"厚"的本义为物体两个面相距较大，即如《说文·厂部》云："厚，山陵之厚也。"

"厂"指可居住之处，或某一范围、区域；"日"为太阳；"子"指人。"厂"、"日"、"子"为"厚"，意为人的居住之处或整个区域宽大深广，能将阳光包蕴其中。"厚"可形容数量、质量，如厚重、厚望、厚礼；可形容味道，如浓厚、醇厚、厚味；可形容心胸气度，如忠厚、厚道、宽厚。"子"在"厂"下，象征天下之人；"子"在"日"下，表示为人处世要光明磊落。

《诗·小雅·正月》："谓天盖高，不敢不局。谓地盖厚，不敢不蹐。"苍天空阔何等高，只好弯腰又低头。茫茫大地何等厚，只好轻轻小步走。古人对天地的敬畏之情溢于言表。又如《庄子·养生主》："彼节者有间而刃者无厚，以无厚入有间，恢恢乎其于游刃必有余地矣。"这里的"无厚"指刀刃锋利，没有厚度。

《广韵·厚韵》："厚，广也。""广"即多。《汉书·食货志下》："民若匮，王用将有所乏；乏将厚取于民。"如果百姓的物质短缺，国君的用度也将匮乏。匮乏过甚，向百姓索取的则会越多。

"厚"由大、多之意引申为丰厚、富裕的意思，尤其指财富的丰厚。"厚生"指富裕人家的生活；"厚利"指很高的利润，很大的利益。《墨子·尚贤上》："爵位不高，则民弗敬；蓄禄不厚，则民不信。"官位不高的话，百姓就不会敬重你；积蓄的俸禄若不丰厚的话，百姓就不信任你。厚由丰厚、富裕又引申指财富。《韩非子·有度》："毁国之厚以利其家，臣不谓智。"损害国家的财富使自己获利，我认为这是不明智的。

《易·传》云："天行健，君子以自强不息；地势坤，君子以厚德载物。""厚德"即大德、高德，最高尚的道德。人道如同天道，大地之所以能孕育万物，是因为它有着无比宽厚的胸怀，做人亦应虚怀若谷，兼容包并。只有具有大德或厚德的人，才能以宽广、仁爱的胸怀待人接物。因此，"厚"亦指人的品质。如厚道、忠厚、宽厚等。正所谓文如其人，含蓄蕴藉也是古代写诗作文的美学要求。

《礼记·经解》言："温柔敦厚，《诗》教也。""敦厚"是指诗文思想内容要乐而不淫、怨而不怒、充实浑厚、委婉曲折。温柔敦厚的美学理想要求情感思想的表达要无过无不及，要婉转附物，怊怅切情，要变化气质、涵养德行，优游不迫，而不能锋芒毕露、直白浅薄。

朴素

脸蛋漂亮不如体态优美，体态优美不如行为美好。

朴 【樸】

pǔ pò piáo

朴 （朴）小篆　　樸 （樸）小篆

"朴"，繁体为"樸"。汉字简化前，"朴"与"樸"意义并不完全相同。

"樸"为形声字，从木，菐声。"木"为树木、木头、木材；"菐"为"璞"省，指未经雕琢的玉，泛指未经加工与雕琢。"木""菐"为"樸"音读"pǔ"，本义可理解为树木或木材未经加工，保留原样。《说文·木部》："樸，木素也。"

"朴"也为形声字，从木，卜声。"卜"为占卜。古时占卜用龟甲，龟甲处于龟的最外部，"木""卜"为"朴"，是以龟甲比之于树，则为树皮。《说文·木部》："朴，木皮也。""朴"音读"pò"，本义为树皮。

"朴"为未被加工之木，即原木。《论衡·量知》："无刀斧之断者谓之朴。"没有用刀或斧头砍断的木称之为朴。《老子》："朴散则为器。""道"的本质就像不经加工的木头一样，淳朴天然，人人可见，处处存在。《庄子·马蹄》："残朴以为器，工匠之罪也；毁道德以为仁义，圣人之过也！"这是庄子反对束缚和羁绊，提倡一切返归自然的政治主张。不加雕琢的木材，才能保持自然，

"朴"由此引申为朴素、质朴，比喻人未经世俗污染侵蚀，保持天然本色。如《庄子·山木》："其民愚而朴。""朴"由本义引申为人未经世事熏染，或天性敦厚纯真，不加雕饰，如淳朴、朴素、朴实、质朴、返朴归真等。如《孔子家语·王言》："民敦而俗朴。""朴"常用来指人的品质朴实、俭朴。由此引申为指对待环境或者生活的态度，如"艰苦朴素"。

"朴"作为中国古典美学的重要命题之一，有着悠久的历史。早在《庄

子·外篇》中就提出了"朴素而天下莫能与之争美"的观点。在庄子看来，朴素强调的是浑然天成，不假雕饰。因此，与其他人力所为的艺术美相比较，素朴之美是一种"大美"。一个人如果能以"朴"为标准来提升和净化自己的精神世界，那么，就能达到"淡然无极而众美从之"境界了。庄子的"朴素淡然"的命题对中国古典美学思想和文学创作都产生过很大的影响。

《元史·乌古孙泽传》："常曰：'士非俭无以养廉，非廉无以养德。'身一布袍数年，妻子朴素无华，人皆言之，泽不以为意也。"意思是说，士大夫如果不能勤俭就不能养成廉洁的习惯，不能廉洁就不会有好的德行。所以，泽这个人多年来身穿布袍，妻子也朴素无华，旁人都议论纷纷，他却不以为然，毫不在意。古人推崇俭以养廉，廉以养德，认为"成由简朴败由奢"，"不勤则颓靡，不俭则不廉"。在当下的语境中，"朴"的思想愈发显现出其重大的现实意义。

"朴"也读"piáo"，姓氏用字。

素 ^{sù}

素 金文　素 小篆

"素"，会意字。从糸，从垂。

"垂"为垂直；"糸"为蚕丝，可纺织成布帛。"垂""糸"为"素"，意为下垂的布帛。《说文·素部》："素，白致缯也。"段玉裁注："缯之白而细者也……泽者，光润也。毛润则易下垂。"本色的布帛色泽光润、顺滑而自然下垂。故"素"的本义就是白色或本色的绢。

今体"素"可视为从"生"省，从糸。"生"可指生的、未煮熟的、新鲜的。从"生"省"糸"为"素"，意为新鲜的丝，即呈现丝的本色的丝织品。所以也常用"素"来形容纯真和本色的。

"见素抱朴"是老子提出的治国的三项具体措施之一，是说要推举圣人，用"无为之治"取代"有为之治"。"素"指没有染色的生丝，这里比喻品质纯洁、高尚的圣人。"朴"指没有加工的原木，这里比喻合乎自然法则的社会法律。《玉台新咏·古诗为焦仲卿妻作》："十三能织素，十四学裁衣。"其中的"素"字用的就是本义。"素"字由白色或本色的丝织品引申，又可指一般的白色或者本色，如白发称为"素发"，白色的衣服称为"素衣"。屈原《九歌》："绿叶兮素华。""素华"字就是白色的花。按照中国五行之说，秋色尚白，乐音配商，所以古人又把秋季称作"素商"。

"素"字由本色、白色又可引申为朴素、纯洁、不加装饰的意思。"素妆"指淡雅、朴素的梳妆打扮；"素描"指单纯用线条描绘、不加彩色的画，或指文句简洁，不加渲染雕琢的朴素描写；"素材"指作家、艺术家从生活中摄取来的、没有经过提炼和加工的原始材料。

"素"还引申指本质、本性或事物的根本。"元素"指构成事物的基本成分；"素质"指人或事物在某些方面的本质和特点，比如"身体素质"、"政治素质"等等。

"素"又有寒素、低微的意思。"素士"指的是出身低微的士人。古时，有权有势的人家穿着都十分光艳，而平民百姓的穿着则非常朴素，所以，光从穿着上就基本能判断出一个人的地位。旧称孔子有德无位，故称"素王"。"素王之业"旧指孔子删订《春秋》的事业。汉代王充《论衡·定贤》："孔子不王，素王之业在于《春秋》。然则桓君山素丞相之迹，存《新论》者也。"

"素"又指单纯而朴素的颜色，如"素净"、"素洁"、"素雅"等等。按照中国的传统习俗，凶丧之事多用白色。"素"又用来特指丧服的颜色，如"素服"、"素车"等等。"白马素车"指驾白马，乘素车。传说伍子胥被害后，化作涛神，其魂魄常驾白马素车来往于江水之中。后一般以"白马素车"来代称"钱塘潮"，也指丧事用的车马。《史记·秦始皇本纪》："子婴即系颈以组，白马素车，奉天子玺符降轵道旁。"

在古代，绢能用来书写文字，称为"素书"。所以，"素"又可指写字用的绢帛或者纸张，也可指用绢帛书写的诗文或书信。唐代李白《化城寺大钟铭》："英骨秀气，洒落毫素。"其中的"素"即是写字用的绢或纸。古乐府《饮马长城窟行》："客从远方来，遗我双鲤鱼。呼儿烹鲤鱼，中有尺素书。"这个"素书"就是诗文、书信的意思。

"素"还有向来、经常的意思。《史记》："吴广素爱人。""素日"指平常，"素来"指向来。"我行我素"指不管人家怎样说，仍旧按照自己平素的一套去做。《礼记·中庸》："君子素其位而行，不愿乎其外。素富贵行乎富贵，素贫贱行乎贫贱，素夷狄行乎夷狄，素患难行乎患难，君子无入而不自得焉。""素昧平生"指与某人从来不认识。唐代李商隐《赠田叟》："鸥鸟忘机翻浃洽，交亲得路昧平生。""安之若素"意思是安然相处，和往常一样，不觉得有什么不合适。清代范寅《越谚·附论·论堕贫》："贪逸欲而逃勤苦，丧廉耻而习谄谀，甘居人下，安之若素。"

"素"又有空的意思，指有名无实或有实无名。"素餐尸位"指空占着职位而不做事，白吃饭。"素餐"指白吃饭；"尸位"指空占职位，不尽职守。《尚书·五子之歌》："太康尸位，以逸豫灭厥德。"

"素"与"荤"相对，指蔬菜瓜果类食品，如"素膳"指素食，"吃素"指只吃蔬菜瓜果而不吃肉类。素菜中固然含有大量丰富的维生素，但是却缺少蛋白质等人体需要的有机成分，所以，在日常饮食中应注意荤素搭配。

"素"还是姓，三国魏有素利。

坚韧　　　心境柔和，遭苦能忍。

坚 【堅】
jiān

堅 小篆

"坚"，繁体为"堅"。会意字，从臤，从土，臤亦声。

"臤"有坚固之意；"土"为沉积于地面上的泥沙混合物，为土壤、土地。"臤""土"为"堅"，意为土壤坚固、硬实。《说文·土部》："堅，刚也。""堅"的本义为土质刚硬，后泛指坚硬、坚实。"臤"可视为"緊（紧）"的省字，意为紧密、紧凑。"臤""土"为"堅"，表示土壤紧密、紧凑，寓意土质密度大则结实、坚硬。"堅"从"緊"省也表示团结紧密，坚不可摧。

简化字"坚"由"刂"、"又"、"土"组成。"刂"可理解为刚直、挺直的意思；"又"为手；"土"是大地、土地。人吃土一生，土吃人一次。土是人类最好的朋友，土是人类最后的归宿。旧时，大凡积有财富者，莫不广置田亩，因为拥有了土地，就意味着拥有了比别人更为坚实的基础。故"坚"下为"土"，表示坚实、稳定的意思。如坚持、坚守、坚韧、坚忍。

"坚"为牢固坚硬之物。"坚甲利兵"即指坚固的铠甲，锐利的兵器。《史记·陈涉世家》："将军身披坚执锐，伐无道，诛暴秦。"是以"坚"代指坚硬的铠甲。成语"坚不可摧"比喻非常坚固，摧毁不了，语出叶燮《原诗·内篇下》："惟力大而才能坚，故至坚而不可摧也。"

"坚"由物质坚硬、坚实引申为精神坚强、意志坚定。汪遵《杞梁墓》："一叫长城万仞摧，杞梁遗骨逐妻回。南邻北里皆孀妇，谁解坚心继此来。""坚心"即坚定的心志；陈宓《谢长溪张兄惠其先世所得吴氏研屏》："但当此坚正，俯仰无愧怍。""坚正"指坚定正直。韦应物《睢阳感怀》："甘从锋刃毙，莫夺坚贞志。""坚贞"指节操坚定不变；冯时行《题报恩方丈宋子展所作墨竹》："坚顽如我心，脱尽荣枯累。""坚顽"指顽强坚定。王勃《滕王阁序》："老当益壮，宁移白首之心，穷且益坚，不坠青云之志。"意志坚强的人不会因为穷困潦倒的处境而改变自己的远大志向，反而越穷困越能坚定意志。一个拥有独立精神的人，必有坚定的原则和主张，否则就是墙头草，随风倒，走到哪儿都不受欢迎。

"坚"上为"臤"，坚持自己的立场需要坚韧不拔的精神。明熹宗时，宦官魏忠贤专权，形成了势力庞大的阉党集团。东林党人因弹劾阉首受到惨无人道的刑罚摧残，却始终没有屈服于恶党的淫威。南宋丞相、爱国诗人文天祥被囚元廷四年，经历种种严酷考验，始终不屈，留下了"人生自古谁无死，留取丹心照汗青"的名句。他们这种坚贞不屈、铁骨铮铮的精神受到后人的敬重景仰。苏轼《晁错论》："古之立大事者，不惟有超世之才，亦必有坚韧不拔之志。"个人在成长的道路上，不但要具备超人的才能，更要有坚韧不拔的意志品格，这是成功的基本前提。

韧 【韌靭】
rèn

"韧"，繁体为"韌"，异体为"靭"。形声字，从韋，刃声。

"韋"指熟牛皮，是去毛加工鞣制的兽皮，具有一定的弹性，柔软而结实；"刃"指刀刃、锋刃、利刃，为刀剑等器具最锋利的部分。熟牛皮柔软而结实，利刃也难以将其割开。"韋""刃"为"韧"，意为经过加工鞣制的兽皮经得起利刃的切割斩削。《篇海类编·人事类·韦部》："韧，坚柔难断也。"本义指柔软而结实，受外力作用时虽变形而不易折断。

"韋"为"圍"的本字，表示围绕、包围，意为具有包容性。"韧"表示将尖利的武器包围起来，意指"韧"首先要有包容、包涵的精神，这样则可以难化易，易变无。将这种特性引申用于形容人，则指不折不挠、坚韧不屈的精神。这个意义上的词有韧性、柔韧、坚韧、韧力、韧劲儿等。

异体"靭"从革，从刃。"革"指柔软的革制品，也有革命、克制之意；"靭"从革，从刃，表示以革制刃，以柔克刚。

古时的皮革，主要用来制作战场上护体的盔甲。沈括《梦溪笔谈·器用》："青堂羌善锻甲，铁色青黑，莹彻可鉴毛发，以麝皮为繲旅之，柔薄而韧。"羌是我国西北一个古老的游牧民族，善于制作皮质铠甲。他们所做的皮质盔甲如同铁甲一样有着青黑的色彩，光亮鲜明得可照见毛发。他们用麝皮来做连缀的带子，柔软轻巧又坚韧。

"韧"由本义又引申出坚韧难攻之意。《管子·制分》："故凡用兵者，攻坚则韧，乘暇则神。"善于带兵的将领，若是攻打的目标太过于坚硬，敌人气势太盛，那就要避其锋芒，寻找其薄弱的环节来做突破口。与敌人的较量要有韧劲，乘对方松懈的时候出其不意，攻其不备，这样才能更好地发挥战斗力。

《愚公移山》的故事家喻户晓。智叟笑话愚公说："以残年余力，曾不能毁山之一毛，其如土石何？"愚公虽然已是风烛残年，但回答智叟的问题却是坚韧有力："虽我之死，有子存焉……子子孙孙无穷匮也，而山不加增，何苦而不平。"在移山和搬家的选择上，后人对愚公移山褒贬不一，但愚公坚韧不拔的精神的确难能可贵，值得肯定。

坚韧、柔韧的特性给人以百折不挠的印象，因而，"韧"还用来形容人具有顽强的毅力，坚韧的斗志。如韧劲儿、韧力等。所谓人的"韧劲儿"，是指人们在遇到困难或面临艰难的处境时，能够坚持到底，顽强不屈，奋力前行，殚精竭虑，也要实现心中志向的一种精神。我国历史上许多人物因为具备"坚韧"的品质而成就了伟业。司马迁《报任安书》："文王拘，而演《周易》；仲尼厄，而作《春秋》；韩非囚秦，《说难》、《孤愤》；不韦迁蜀，世传《吕览》。"这些人虽都身处逆境，但始终坚韧不拔。三国时，孔明六出祁山，屡伐中原而不胜；曹操五攻昌霸不下，四越巢湖不成。但他们始终不气馁，坚韧刚毅，戮力前行。"韧"代表了一种精神。"韧"，打不折，折不弯，弯不断。"韧"形于外是柔如革，形于内则必定是坚如刃。兼二者之长而融之，则有险必攻，有难必克。

谦逊

有修养的人清净，有学问的人谦逊。

谦 【謙】
qiān

篆 小篆

"谦"，繁体为"謙"。形声字，从言，兼声。

"言"为语言，"谦"从"言"表示与言行有关。"兼"为兼顾、兼容、兼并，意指包容。"言""兼"为"谦"，表示说话办事要兼顾各方，考虑周全，留有余地，不能自顾自说，不计后果。"言"在"兼"前，说明表达和沟通离不了语言；包容他人言行，也需要语言来表达。《玉篇》："谦，逊让也。""谦"的本义为谦虚、谦逊。

《易·谦》："天道亏盈而益谦，地道变盈而流谦，鬼神害盈而福谦，人道恶盈而好谦。"天道是使满盈有余者亏损而增益不足的，故日行而有四时，月行而有圆缺。地道改变满盈而补充谦逊低下，故水流润下，使人无不平之叹。鬼神损满盈之众而降福谦逊虚心之人。人的本性也是憎恶骄傲自满，而喜欢谦逊有礼。物极必反，月满则亏，水满则溢，任何事物发展到了极点，达到了圆满的时候必然要走向衰败，所以，世间万物若想保持中正平和之态就应具备"谦"的品德。

"谦"的特性是能容，作为品德来讲，则是德行忠厚。"谦"是一种人生态度，敛藏不露、韬光养晦，不矜夸自身功劳，不与人争短长。《菜根谭》："盖世功劳，当不得一个矜字。弥天大罪，当不得一个悔字。"历朝历代建功立业者比比皆是，但能够功成身退、守拙全身的却少之又少。许多人在成功之后，居功自傲，忘记自己的成功离不开无数人默默的支持和帮助，究其原因，是少了"谦"字之德。《尚书·大禹谟》："满招损，谦受益。"骄傲自满招致损害，而谦虚使人受益。君子处世，谦和有礼，才华不逞，方有肩鸿任钜的力量。

"谦"在形式上表现为有所欠缺、不圆满，即是空、不足的状态，故"谦"做形容词时，意为丧失、虚空。戴名世《老子论》："则于祸福之相倚，盈谦之相越，天道人事之得失，谆谆乎反覆言之深切不见有谬戾，圣人者也。"对于祸与福之间的转化，满盈与损亏之间的演变，得与失之间的衡量，能够反复参悟、深切说明、透彻领悟，而没有谬误偏颇的，真是圣人啊！

"谦"从言，语言是沟通人与人之间情感的桥梁。善于与人交际者，慎言谨行，待人谦和有礼，此所谓"谦谦君子"。古语中的谦词集中体现了中华民族崇礼尚谦的精神品格。如谦称儿子为"犬子"，家宅为"寒舍"，作品为"拙文"；女性自谦为"贱妾"、"奴家"；僧人、尼姑自谦为"贫僧"、"小尼"等。"谦"从兼，更侧重于待人接物时内心怀有敬意，态度上恭顺谨慎，将自己置于卑位。尊卑相对，自然世界天尊地卑，推而及之，人类社会君尊臣卑、夫尊妻卑、父尊子卑、长尊幼卑，此处所言的"卑"并不是说卑鄙、卑微，而是指一种谦卑、谦让、尊敬的态度，是与"尊"相辅相成的。古代哲学讲求阴阳，处在谦位卑位的就是阴，尊位高位的就是阳。

阳生阴长，阳杀阴藏，故天地有常，日月以明，星辰以列，禽兽有群，树木有立。君子懂得遵循这些规律行事，不违背事物的本性，才能不拘于外物。故谦之卦辞说："谦亨，君子有终。"谦逊使人亨通，君子应自始至终保持谦虚的美德。

逊 【遜】

xùn

小篆

"逊"，形声字，从辵，孙声。

"辵"为走，"孙"是儿子的儿子，表示辈分小。"逊"表示走到哪里都把自己当成小辈，放在低位，故"逊"为谦逊。长辈批评小辈的过失是天经地义的事，所以，为"孙"者要尊重长辈。那么，把自己置于低位而把别人放于高位，尊重和听取别人的意见即为"谦虚"。自己为小辈，认为别人比自己强便把自己的位置让给别人来坐，自己则走开、离开，此时的"逊"为退让、让出。逊位，多指帝王让出自己的位子。

既然孙子是辈分小的人，那么做事就一定要认真，若是有所过失，见到长辈请安问好之后就赶快跑，躲得远远的，免得挨训。故"逊"又为逃避、逃遁之意。《说文》："逊，遁也。""逊"的逃避之意为其本义。"逊郊"一词指天子逃遁于荒野。

见到功名、利益，不是积极去争取而是躲避在一旁或是跑得远远的，这不是怯懦，而是辞让的表现，故"逊"由本义逃避引申为退避、辞让。"逊受"指谦让着接受；"逊辞"指辞让、推辞；"逊位"为让位，放弃高官显职。

"逊"由辞让引申为恭顺、谦虚、谦让。"谦逊"为不自大或不虚夸；"逊让"指谦虚退让。"谦逊"是中国古先贤普遍崇尚的美德。从谦让中看胸怀，从谦让中看涵养。古人言"谦受益"，不仅益他，更是益己。谦逊作为一种美德，更是处理人际关系的重要手段。获得理想的人际关系，重在自律与自知之明。"人贵知己"，做人要懂得分寸。尊重人的基础是谦逊，谦逊是正直与灵活、成功与失败的融合。它不是低人一等的谦卑，也不是高人一等的傲慢。谦逊不是软弱和无能，而是成熟。

谦逊的人总能看到自己的不足之处，看到不如人之处，故逊字由谦逊引申为"不如"、"差"之意。"毫不逊色"为一点也不差；"稍逊一筹"为稍微差了那么一点。

怜悯　同情心来自于承受过苦难的人。

怜　【憐】
lián

憐 小篆

"怜"，繁体为"憐"。形声字，从心，粦声。

"心"为内心、心理，心情；"粦"为"鄰"的省字，意为邻居、邻近。"心""粦"为"憐"，即强调了心的邻近。心灵的接近使彼此深入，了解，彼知我苦，我解彼忧，互诚互爱。《说文·心部》："憐，哀也。"本义为哀怜、同情，如怜悯、怜惜、可怜。

简化字"怜"亦为形声字，从心，令声："令"为听令、听命之意。"心""令"为"怜"，强调了"怜"是人的心理状态。"令"为美善，美好、美善的事物总是让人心生喜爱，"怜"有爱、惜之意，是怜爱、怜惜。"怜"中之"令"可视作"邻"的省字，"邻"为相邻、邻近，说明同情、哀怜他人是要设身处地地体谅其处境、心情，与对方产生共鸣，才会心生怜惜之情。白居易《卖炭翁》诗有"可怜身上衣正单，心忧炭贱愿天寒"之句，诗中的卖炭老翁在冬天还穿着不足御寒的衣服，心中却忧急天气不冷会使炭价下跌。诗人对老翁的艰难处境和矛盾急切的心情体会至深，感同身受，故心生怜意。

"令"为命令，是上对下、长对幼的吩咐。"令"在"怜"中，体现出"怜"是境遇好或心境好的人对境遇舛厄者表现出的情感。相比起来，怜人之人境遇优越，被怜之人处境恶劣，故"怜"从"令"。亦有同病相怜者，是怜人者与被怜者境遇相似，心意相通，因而互生怜意。

怜是一种心理活动，有不幸就会有同情心，但仅仅有同情心于事无补，还需要大家在力所能及的范围内伸出援助之手。当前众多事业成功者不忘贫苦百姓，或建养老院，或建学校，或投资其他公益事业，尽可能地解决众多可怜人面临的困难。给予不是幸福，布施才是快乐，布施者即具有一颗怜人之心。事业成功者如此，百姓父母更当尽心竭力为民服务，清廉公正，怜民如子。虽然如此，处境艰难的人也不能依靠他人可怜，也不应该博得怜悯。可怜你的人不一定是朋友，可怜一时不能照应一世，人需有自尊，自强自立才是扭转逆境的根本。

怜惜是一种出于本质的爱，是完全发自内心的、愿为对方的快乐与幸福付出的心态。怜惜不是怜悯，怜悯是一种居高临下的施舍，带着一点优越和施惠的满足；而怜惜是从尊重和欣赏出发的温柔的呵护和给予，是无条件的，无私的。怜惜的爱不虚饰，也不夸张，随时准备给被爱者提供保护和温暖。但是，怜惜可以是一种美德，也可以是一种愚行。对弱者心生怜惜，是应该的；保护或帮助作恶之人或恶势力，其结果就是农夫救蛇的下场。

悯 【憫】
mǐn

"悯"，繁体为"憫"。形声字，从心，闵声。

"心"为内心、心情，"悯"从"心"表示与人的心理状态有关；"闵"为吊者在门，本义为吊唁，即前往丧家哀悼死者。人以死亡为大不幸，"悯"为悼念亲友时所怀的沉重哀伤心情，如悯悼、悯悔。《广雅·释诂二》："憫，忧也。"本义为忧伤、怜恤。"悯"是怀着悲戚的心境，同情遭遇不幸和苦难的人。如怜悯、悯恤、悯然、悯念、悯惜。

"恻隐之心，人皆有之。""悯"是对弱者的深切同情，对人遭遇灾祸感同身受的一种心理反应。周昙《咏史诗》："能怜钝拙诛豪俊，悯弱摧强真丈夫。"真正的大丈夫应具有怜悯之心。李流谦的《悯农》诗说："秋苗扫地尽，春苗破土出。尚当积陈陈，那得有菜色。不知终年耕，未了一日食。守令民父母，贱士但挽嘿。"表现了作者对农民辛勤劳作却无衣无食的拳拳怜恤之情。白居易《夏旱》："太阴不离毕，太岁仍在午。旱日与炎风，枯焦我田亩。金石欲销铄，况兹禾与黍。嗷嗷万族中，唯农最辛苦。悯然望岁者，出门何所睹。但见棘与茨，罗生遍场圃。"天遇旱灾，民不聊生，诗人对农民的绝望处境寄予了深深地关注与同情。而最大的怜悯是悲天悯人。弱者遭遇不公，为其呐喊奔走；贫者衣食无着，慷慨解囊相助。

"悯"由本义引申，又表示忧愁、烦闷。《诗·邶风·柏舟》："觏闵既多，遭侮不少。"遭受的痛苦很多，遇到的侮辱也不少。白居易《琵琶行》序中说："元和十年，余左迁九江郡司马。明年秋，送客湓浦口，闻舟中夜弹琵琶者。听其音，铮铮然有京都声，问其人，本长安倡女，尝学琵琶于穆曹二善才。年长色衰，委身为贾人妇。遂命酒使快弹数曲，曲罢悯然。"白居易仕途多舛，听琵琶女用琴声诉说自己的不幸遭遇，遂生发"同是天涯沦落人"的感慨，心情更加郁闷。《淮南子·诠言》："凡人之性，乐恬而憎悯，乐佚而憎劳。"此处"悯"为忧愁、烦闷之意。人的本性喜欢恬静和安逸，很少有人心甘情愿过居无定所，终日烦闷劳累的生活。但人生在世，福祸无常。这时候，最需要的是"卒然临之而不惊，无故加之而不怒"（苏轼《留侯论》）的豁达心境。拿得起，放得下，"遗佚而不怨，阨穷而不悯"（《孟子·万章下》）。

怜悯发自内心，用心体会别人的感受，才算真的怜悯。心存怜悯之人，一定是富有同情心的善良之人；懂得怜悯之人，一定是设身处地为别人着想的人。但怜悯也要注意方式，恰当的怜悯是一种赠予，被怜悯者或心存感激或奋然崛起；错误的怜悯是一种侮辱，只会激起他人的怨恨与猜忌。

严肃

板着面孔没必要，嬉皮笑脸也不好。

严 【嚴】
yán

金文　　 小篆

"严"，繁体为"嚴"。会意字。

"嚴"从叩，从厂，从敢。"叩"为二"口"，意为不断地大声说话，以此表示紧张、不放松，同时又可用"叩"表示谆谆教诲，苦口婆心之意；"厂"的本义为山崖，表示区域或范围；"敢"为有勇气、有胆量，此处可引申为处事坚决、果断。"嚴"字"叩"在上，表示"嚴"通常是上对下、尊对卑、长对幼的行为。"嚴"有一定的对象，一定的范围，并要把握一定的分寸，所以要严而有度，严而有界，严而有理，故从"厂"。"嚴"中之"敢"表明，要敢于严格，敢于承受，敢于承担，敢于面对。"叩"代表语言，"敢"代表行为，"嚴"从叩，从敢，强调了"嚴"要言传与身教相结合。也可将"叩"视作"骂"的省字，"骂"有责备、斥责之意，强调态度庄重、严肃，出口严厉、强硬，以求达到警醒、警告的目的。骂有时是"嚴"的一种表现形式，故"嚴"从"叩"。

《孟子·公孙丑下》："充虞请曰：'前日不知虞之不肖，使虞敦匠，事严，虞不敢请。'"焦循正义："严为急。急者，谓不暇也。""严"为紧急，指事急没有休息缓和的时间。

"严"可以引申为威严、尊严。《易·遁》："君子以远小人，不恶而严。"君子远远地避开小人，并不表现出（对小人的）憎恶而威严自现。《韩非子·奸劫弑臣》："其治国也，正明法，陈严刑，将以救群生之乱，去天下之祸。"治国之道就是要使法律公正明确，陈述威严刑法，用来救助天下之乱，去除天下存在的祸害。

"嚴"字两"口"会话，说话是人之思维的外在反映。一个说话严密、逻辑性强的人大脑思维就快捷，考虑问题紧密、周全。所以"严"还可引申为严密、紧密。《资治通鉴·汉武帝建武三年》："甲辰，帝亲勒六军，严阵以待之。"甲辰年，汉武帝亲自统率六军，摆好严整的阵势等待进犯的敌人。后有成语"严阵以待"。"严丝合缝"指缝隙密合，形容非常严密。

父母，尤其是父亲，教育孩子时，总免不了声色俱厉。"严"还是对父亲的尊称。《易·家人》："家人有严君焉，父母之谓也。"后尊称父亲为"严君"。如果家中母亡而父在，便成为"严侍"；父亡而母健在，则称为"慈侍"。

俗话说："严以律己，宽以待人。"古人大力主张自律。孔子曾说："躬自厚而薄责于人，则远怨矣。"只要多自我反省，自我约束，我们就不会违法犯纪，触犯别人，伤害自己。自律对个人的前途起着决定性的作用。严格要求自己，提高自身思想道德素质，增强社会公德意识，才能赢得他人的首肯与尊敬。严于律己的另一面是宽以待人。宽以待人是一个人有修养的表现。将心比心，希望别人善待自己，就要先善待别人，多给人一些关怀、尊重和理解；对别人的缺点要善意地指出，不能幸灾乐祸；对别人的危难更应竭力相助，不应袖手旁观。宽容是强者的胸怀，成功的人总是宽容别人，严格要求自己；失败的人总是严格要求别人，宽容自己。

肃 【肅】
sù

肅 金文　　肅 小篆

"肃"，繁体为"肅"。会意字，从聿，从淵（渊）省。

小篆"聿"在这里代指手持篙杆；"渊"为深渊，意为深水、深潭。"肅"为人持篙行船于深渊之中，战战兢兢，小心谨慎，借此表示态度恭敬。《说文·聿部》："肅，持事振敬也。本义为恭敬、小心。由恭敬引申为庄重、威严之意，如肃穆、严肃。庄重则不躁不闹，故引申为安静、清静之意，如肃静、肃寂。"肃"是清除喧哗与不安，即肃清、肃反，意为整顿、清除。

简化字"肃"中之"聿"似手持笔；"八"字的变形表示分开，可视为表示辨别、判断；两边分别有"丿"，表示歪邪不正；中间一"丨"，上通下达，表示正直磊落。"肃"表示对某事进行严正、公平、认真的判断，去恶扶正。"肃"字将"聿"置于两"丿"、一"丨"之间，表示"肃"的行为必须是在明确界定的范围内进行，需小心谨慎，不可越轨。

《后汉书·张衡传》："衡下车，治威严，整法度，阴知奸党名姓，一时收禽，上下肃然，称为政理。"张衡亲自深入到民众当中去，整治法度，树立威信，暗地里访查奸佞贼党的名姓，待调查核实之后，一网打尽，令官民上下都肃然敬畏，皆称赞其善于理政。"肃然起敬"是指态度十分恭敬，言行符合法度不轻狂，令人产生敬意；"肃奉"是说恭敬地接受或遵奉；"肃括"是恭敬而有法度，指人的威仪，亦用于治学和书法、文辞等。"肃"给人的感觉是做事有法度，严格认真。

《尔雅·释诂下》："肃，进也。""肃"又指恭敬地引进。《礼记·曲礼上》："主人肃客而入。"主人恭敬地请客人入内。古时礼法规定，在长辈或上级面前，为晚辈和臣子的要态度恭谨，不苟言笑，端正肃立，这样才是对长辈或上级的礼敬。"肃立"为古代立容之一。贾谊《新书·容经》："体不摇肘曰经立，因以微磬曰共立，因以磬折曰肃立，因以垂佩曰卑立。"《礼记·玉藻》规定了"立容"的标准："手容恭，目容端，口容止，声容静，头容直，气容肃，立容德，色容庄。""肃立"即折腰而立的恭敬状貌。

秋风习习凉爽宜人，一旦狂吹怒吼则未免肃杀残酷。"肃"用于草木，指草木凋零，枯萎荒芜，了无生气。王安石《桂枝香·金陵怀古》："登临送目，正故国晚秋，天气初肃。""肃杀"指万物摧残，草木凋谢；"肃气"是肃杀之气；"肃景"为秋景，因秋气肃杀而得名。

"肃"由秋日的清肃之意延伸出安静、清净的含义来。如"肃静"意为安静、严肃寂静。旧时公堂上或是官员出巡时要打着"肃静"的牌匾，以显示衙门的威严。"肃"为深渊行舟，不得不战战兢兢，小心谨慎。所以，"肃"常表示态度审慎认真、恭敬庄重。"小心驶得万年船"。生活中处处要当心深渊，若不恭谨行事，怎能确保平安？

仪表

外表的美只有与才能、德行结合起来才能真正打动人心。

仪 【儀】
yí

義 金文　儀 小篆

"仪"，繁体为"儀"。形声字，从人，義声。

"儀"从"人"表示与人的行为、动作、规范小篆有关；"義"为义举、义行，为合乎正义的道理或符合伦理的言行。"儀"表示人举止得体。《集韵·广韵》："儀，容也。"本义为人的姿容、举止、风度、仪表等，如仪容、仪态、仪采、威仪。"人""義"为"儀"，又表明人是按照合乎正义的规范而行事，故而"儀"为有规矩、有法度。

《说文·人部》："儀，度也。"本义为法制、制度之意。"儀"是人设立了一定的礼义规范并要求自己遵章守规。"儀"引申指按程序进行的礼节，如礼仪、仪式、仪仗、司仪。"仪"由此意继而引申指行礼用的礼物，如贺仪。

简化字"仪"从义。"义"为正义、义举、深明大义，是正确、标准的行为。"仪"从义，意为人遵照一定的标准、规范规定自己的举止：仪表整洁，仪容端庄，仪式规范。端庄、规范、有礼的仪表，具有积极的示范作用，故"仪"有典范、表率之意。《荀子·正论》："上者，下之仪也。"君主及当朝者是臣民的表率。表率及典范的影响力非比寻常，是人人竞相效仿的榜样，故"仪"又引申为效法之意。"仪"为法度、准则时，与典范、表率有相同之处，二者都是人们行为的衡量标准，只是法度、准则是通过国家的强制性实行的，而典范、表率是人们自愿推崇而发自内心地去效仿。

《仪礼》简称《礼》，亦称《礼经》或《士经》，是儒家经典之一。书中包涵了冠、婚、乡、射、朝、聘、丧、祭等诸多礼制。其中丧、祭最受重视，起源最早，集中反映了当时的社会结构、制度和观念，全面阐述了礼仪的内容、目的和精神实质。如记录丧制、丧事、丧服的有《曾子问》、《丧服小记》、《杂记》、《丧大记》等。论述祭祀礼仪的有《祭法》、《祭义》、《祭统》等。古代祭祀之事为吉礼，冠婚之事为嘉礼，宾客之事为宾礼，军旅之事为军礼，丧葬之事为凶礼，称为"五礼"。

"礼"、"仪"二字常常并提，互为表里。礼是内容，是由思想、道德、风俗、等级观念等经过长时间积淀形成的。仪是形式，是礼的外在体现和形象阐释，是实际实行的程序、过程。"人"在"仪"中，表示"仪"是人的行为，由人来施行，仪的存在使人类与其他动物区别开来，故《诗·鄘风·相鼠》有"人而无仪，不死何为"之语。"仪"中有"义"，意谓仪式、仪仗、仪表均有含义，并非徒有其表，而是负载有重大内涵的形式，这个内涵便是"礼"，它是"仪"的灵魂。

在古代，祭祀是上至天子、下至平民的第一大事，深刻地体现着礼的内容。祭祀的对象不同，祭仪亦不相同，所体现的礼便也相应而异，从中还可看出礼所体现的当时的思想、道德、风俗、等级观念等信息。祭礼的仪式非常复杂，祭祀的种类、参加者、祭器、祭物、祭服等都定有详细的规范，参加者要斋戒沐浴，仪容肃穆，由司祭者引导众人按照规则一步一步完成，每一个细节都体现出古人对所祭者的敬畏和尊崇，体现出尊卑高下之别，蕴含着礼的内容。

《论语·八佾》中曾有季氏"八佾舞于庭"的记载。"八佾"是横八人、纵八人的舞蹈队列，是与天子身份相应的舞蹈仪式，后周天子赐予有大功的鲁国国君。而只能拥有四佾资格的大夫季氏使用天子和国君的仪式，故后人视之为"礼崩乐坏"，由此可知仪与礼的形神一体的关系。

即便是小到个人，整洁的仪容、仪表也体现着对他人的礼貌和尊重，可见仪的确是礼的忠实体现者，每一个人都应该重视"仪"，"仪"实为"人""义"。

表
biǎo

小篆

　　"表"，会意字，小篆从衣，从毛。

　　"衣"为衣服；"毛"为兽毛。上古时期人类穿着兽皮制成的裘衣，有毛的一面向外，故以有"毛"之"衣"会外衣之意。"毛"为动植物皮上生长的丝状物，是身体最外部。"衣""毛"可理解为穿在身体最外面的衣物。《说文·衣部》云："表，上衣也。""上衣"即衣之在外者。"表"由此引申为外、外面、外貌。

　　"毛"处于身体最外部；"衣"则起到遮掩身体的作用。二字相合，表示"表面"，与"里"相反。表面东西呈现于人前，显而易见，故"表"引申为显扬、标举，并成为古代向皇帝陈事的奏章的一个种类。

　　古代的上衣如同现代的外套和披风，所以《说文》中所释"表"为"上衣"，其实就是外衣。古人讲究礼仪，在炎热的夏天，为了凉快，在家里可以穿薄而透的衣服；但若遇有事外出，"必表而出之"——必须穿上外衣才能出门，这是尊重自己、尊重他人的表现。现代词语中，"表礼"指作为礼物的衣料；"表里"初义就指衣服的面子与里子，都保留了"表"的这个意思。

　　事物都有两个方面，显现的一面为"表"，与隐含的一面——"里"相对。"表里相应"指内外互相应和，"表壮不如里壮"，指丈夫有才能不如妻子善于持家，都是"外"（表）和"内"（里）的关系。《左传·僖公二十八年》："表里山河，必无害也。"这是晋国大夫在城濮之战前，为晋文公分析交战的利弊，认为晋国战胜了，能得到其他诸侯国的拥戴；如不幸战败，晋国外有黄河、内有太行、吕梁等大山，楚国是攻不进来的，晋国本土不会受到战败的影响。这里的"表里"就是晋国的外与内。

　　"表"作为外的意项，在中国的亲属称谓上亦有反映，"表亲"是指不属于本家族的直系或旁系血亲，与本家族是姻亲关系，例如父亲或祖父的姊妹、母亲或祖母的兄弟姊妹生的子女。

外面的东西总是让人一眼就能看出它的全貌，一目了然，无所隐藏，这是"表"的重要特征。"表"引申为人的外貌。相貌漂亮的女子使人赏心悦目；色香味俱全的食物让人垂涎欲滴；美丽的景色令人心旷神怡。可见不论是人或物，外表美的重要性不言而喻，不凡的外表可以给人较深刻的第一印象。但外表美的另一个特点是不能保持长久，鲜花总会凋谢，容颜终将衰老，就个人而言，拥有内在的美（包括思想修养、气质、言行）才能使外在美历久弥新，越久越有味道。"虚有其表"让人失望，"表里不一"让人鄙弃，"表里如一"方令人称许。

把里面不易认清的东西，展示到外面以便看清楚，这里的"表"体现了动作的过程。如"表白"，是指把个人的内心想法和真情实感明明白白地展示出来。"表明"、"表现"，是指把内在的东西表示清楚。"表述"，意为陈述事实，剖白心迹。

古时大臣通过给君主奏章，而向君主阐述、表明个人对朝政的看法，这种奏章也称作"表"。蜀汉丞相诸葛亮写给后主刘禅的奏章《出师表》就是其中的名篇。"鞠躬尽瘁，死而后已"，成为多少忠臣清官的案头箴言；而"出师未捷身先死"，又惹得多少正义之士的追思和浩叹！故"表"引申为启奏、上奏。如"表荐"指上表推荐，"表谢"指上表谢恩，这里的"表"都是上奏章给皇帝。

在中医学上，"表"是一种治疗方法，指用药物把体内的病毒发散出来，如"表散"、"表汗"，"表"字在这里是使动用法，"使……彰显"、"使……发散"的意思。

时间是一种抽象概念，人们并不能感触和看到它。但岁月如梭，似白驹过隙，它又确确实实地存在着。古人计时，把竿子立在地上，通过测量日影的标杆延伸推断时间，这种标杆叫作"表"。时至今天，人们把用来计量时间的器具称之为"钟表"。值得一提的是中国特有的"华表"，也称"华表柱"，是古代设在宫殿、陵墓等大建筑物前面作为装饰用的大石柱，柱身多雕刻龙凤等图案，上部横插着雕花的石板。这个"表"并非用来计时，它只是帝王这类显赫人物权势的表示，起彰显的作用，所以也称之为"表"。

慈祥　　做人要仁慈，处事要宽厚，涉世要谦和。

慈 _{cí}

小篆

　　"慈"，形声字，从心，兹声。

　　"慈"由"艸"、二"幺"、"心"组成，意为慈爱。小篆"艸"即草，是普通平常、处处扎根的植物。一"艸"在上，喻意每一位长辈都具有慈爱之心，父母给予子女的慈爱总是体现在每一个不起眼的细节上，像小草一样平凡周至。"幺"为小，二"幺"相并，表示极小，形容人则为幼小，处于"艸"下，表示"慈"是长对幼的包容、爱护和关心。"心"字承托二"幺"，意为慈爱是一种生发于心底的情感，深沉而淳厚。"心"上有二"幺"，也表明"慈"是长辈将晚辈的事情无论巨细都放在心上。"兹"为现在，眼前，表示每时每刻，"慈"从兹，是说每个人身边每时每刻都充满着慈爱，需要我们用心发现、理解、体会和回报。

　　俗话说，人生有三好：父严、母慈、人不老。慈，是父母对子女的爱，是长辈对晚辈的爱。"心"于"慈"底，表示"慈"发自于心底，是出乎心性的，是一种丝丝相连、不枯不竭的爱。父因爱而严，母因爱而慈，慈爱是父母高尚的品质，一切皆源于浓厚而最原始的爱。孟郊《游子吟》："慈母手中线，游子身上衣。临行密密缝，意恐迟迟归。谁言寸草心，报得三春晖。"这首诗最为形象地解释了"慈"的含义。不过，父母的慈爱不应只表现为无微不至的关怀和疼爱，还应表现为对子女的严格要求和谆谆教导，否则就是溺爱。《颜氏家训》："父母威严而有慈，则子女畏慎而生孝矣。"父母在威严中渗透着关爱，子女就会在敬畏和谨慎中养成孝顺的德行。父母通过这种方式来表达慈爱，会让子女受益终身。一个人如果能把对自己子女的慈爱之心推及世人，则是一种"大慈"，即仁慈。贾谊在《新书·道术》中说："恻隐怜爱人谓之慈。""慈"是大爱、是泛爱、也是博爱。大慈是一种至高境界的博爱，是由己及人而对天下人怀有的恻隐怜爱的仁心，是一种恩惠苍生、泽被后世的胸怀。"慈悲"是佛教的术语。"慈"从二"幺"，谓细小，慈悲之心往往就表现在对极小事物的态度上。慈悲之心出自善心，是佛教最根本的精神。

祥 xiáng

祥 小篆

"祥"，形声字，从示，羊声。

"祥"从"示"表明与祭祀、祈祷有关；"羊"则是祭祀时的祭品。"祥"的本义是凶吉的预兆，预先显露出来的迹象。"羊"是温驯和善的动物，象征着美好、吉祥、善良。羊食草，寓意不杀生，乃和平、向善之举；羊发声，似声声唤母，轻柔和顺；羊跪乳，讲孝道，为孝之表率。"祥"后来就特指吉祥、吉兆。"祥"是和、善、孝的统一体现。古代祭祀活动中，常以羊作为主要的祭品，而人们在祭祀时也都要说吉利的话，表达自己美好的愿望，祈祷祝愿神灵降福，赐予安详幸福的生活。"祥"是吉利、幸福，也作祥和、祥云、慈祥等。《说文·示部》："祥，福也。"《尔雅·释诂》："祥，善也。"郝懿行义疏："是祥兼福、善二义。""祥"是预兆。《三国演义》："卓问肃曰：'此何祥也？'"董卓弑君篡位，大逆不道，害怕遭到天谴。稍有风吹草动，内心就恐惧不安，就赶紧打听"是何征兆"。人们虽然不能左右未来的吉凶，但却希望可以预测吉凶，从而趋吉避凶，避免伤身损财。其实吉凶只是人们所作所为的结果罢了。据《左传》记载，宋国曾经出现了陨星，宋襄公问周叔兴："是何祥也？吉凶焉在？"周叔兴表面上敷衍他说将会有丧乱之事，却偷偷对别人说："是阴阳之事，非吉凶所生也。吉凶由人。"意思是天地阴阳实际上和吉凶无关，吉凶其实是由人的行为来决定的。

《资治通鉴》："夫野木生朝，野鸟入庙，古人皆以为败亡之象，故太戊、中宗惧灾修德，殷道以昌。"野木长于朝庭之中，野鸟飞入宗庙，古人都认为这是国将亡的预兆。正如《礼记·中庸》所说："国家将兴，必有祯祥；国家将亡，必有妖孽。"所以商王太戊、中宗一见祥桑、野谷生于朝堂，就赶紧反思己过；一见野鸟飞入宗庙，就赶紧做一点好事，以求修德积善。

《诗·大雅·大明》："文定厥祥，亲迎于渭。"周文王选定吉日订婚后，亲迎新娘太姒于渭水河边。文王"择吉"开风气之先。直到如今，民间每逢婚丧等大事，都要请人掐算一番，选定良辰吉日。在家居风水中，为了美化居住环境和化解煞气、增加吉祥，常常会在特定的位置摆放象征性吉祥物：葫芦、花瓶等象征平安；金鱼、蟾蜍等象征招财；蝙蝠、喜鹊等象征招福；如意、鹿则象征升职；文昌塔、毛笔象征求学；牡丹、山水画象征富贵；莲藕则象征婚嫁等等。

"祥"特指吉兆。《老子》中的"不祥之气"即不吉祥的兆头。又如祥瑞、祥云、祯祥等。"祥"有时也表示凶兆。如《庄子·庚桑楚》："孽狐为之祥。"狐狸的出现是一个凶兆。"祥"是通过祭祀来祈福。因此"祥"也可作为古代丧祭名。

古时丧祭又有"小祥"、"大祥"之分。周年祭为"小祥"，两周年祭为"大祥"。如"祥日"指亲丧的祭日；"祥祭"指亲丧满13个月或25个月的祭祀。

"祥"，福也。"祥"是一个充满美好和温馨的字：祥和的氛围令人心情舒畅，慈祥的目光令人感到温暖，吉祥的话语令人喜笑颜开。生活常与"祥"相伴，则身心康健，喜气洋洋。

反省

认识到自己的错误已改了一半。

反 fǎn

甲骨文　金文　小篆

"反",会意字,甲骨文从厂(hàn),从又。

"厂"为山崖边岩石突出之处,上古之人为躲避猛兽毒虫,常选择这样的地方居住,通过攀登而到达;"又"为手的象形,"反"从"手"表示与人的动作有关。人在攀岩时手心冲向山崖,背向自己,"反"以手心翻转、方向与己相背会意为翻转、掉转、颠倒、方向相背等意。金文"反"有从"彳"的字形,"彳"为行走,此处会意足,手足并用攀登山崖,手心反转之意更明。《说文·又部》:"反,覆也。"本义即为手心翻转。

楷书"反"从厂,"厂"像一昂头之人,会意见解相悖或欲以逆反,反对的人、反叛的人都是昂着头、攥着拳头;"又"为手,代表行动,在此处是反对者采取的一种行动。故"反"又为违背、反对、反叛。《说文·厂部》称"厂"是牵、拖、拽、拉的意思,在做这些动作时,手在背后,手心翻转,表示相反的、颠倒的、相悖的,与"正"相对。

"反"的本义为翻转手掌。《孟子·公孙丑上》:"以齐王,由反手也。"凭齐国实力一统天下,易如反掌。正因为翻转手掌比较容易。"反"引申为反复。反复也是逻辑证明中经常使用的一种推理方法,即经过反复的类推,得出最终的答案。所以"反"也表示类推、由此及彼的意思,如举一反三。"反"的常用义为"相反",与"正"相对。它可做副词,表示和原来的不同,和预想的不同。如"画虎不成反类犬",又如《史记·张仪传》:"自以为故人,求益,反见辱。"本以为是故人,想求人帮忙,反而遭到了别人的侮辱。"反倒"意即正相反,与预期相反。

"反"为实词时，表示相反的意思。《论语·颜渊》："子曰：'君子成人之美，不成人之恶，小人反是。'""是"指代前面提到的君子的行为：成人之美，不成人之恶。即成全别人的好事，对于别人所做的坏事，亦绝不姑息。《庄子·天运》："故譬三皇五帝之礼义法度，其犹柤梨橘柚邪！其味相反，而皆可于口。"这里，庄子把礼义法度比作柤梨橘柚等各种不同的水果。水果味道虽然各不相同，但是吃起来却都很可口。礼义法度也是如此，虽然内容不尽相同，但却都是教人向上的。

把反的反过来就是正，因此，"反"有反过来的意思。"反唇相讥"谓反过来讥讽对方；"反省"即反过来思考。《荀子·荣辱》："失之己，反之人，岂不迂乎哉！"自己犯了过失，却反过来责怪别人，岂不是很迂腐吗！"反"也有回报的意味，是把别人曾经对自己的恩惠反过来报答给别人，如乌鸦反哺。"反"又指反对、反抗、违背、反叛。《国语·周语下》："言爽，日反其信。"反其信，就是违背其信用。"又"为手，"反"从又，可理解为认为别人不对就可以举手否定，所以"反"也表反对，又表反抗，指采取一定的手段与之较量，"反"从厂，"厂"可看作高昂的头颅。反对别人观点时胸有成竹，所以理直气壮，昂首挺胸。

省   shěng xǐng

甲骨文   金文   小篆

"省"，会意字，从少，从目。

甲骨文、金文的"省"从中，从目，"中"为草木刚长出来的象形，表示察看初生草木，亦为察视、检查的意思。《说文·眉部》："省，视也。"本义为察看。《说文解字》认为从眉省，从中。"眉"为眉毛，代指眼睛，意为观察。"少"为数量小的，微小、稀少、少量、少许，与"多"相对。"目"为眼睛，用以注视、观看、观察、审视；又为关目、名目、项目、条目。"少""目"为"省"，意为察看微小的事物、检视事物的细微之处，即察看、察视、检查，读为"xǐng"。一般来说，少见的或稀少的事物或行为才能引起人们格外的省视。亲朋好友之间不常见面，便会互相探望和问候，"省"又为探望、问候。

"省"还读为"shěng"，意为减少、节俭。"眼不见为净"，"省"从少，从目，少看几眼，就能省却很多麻烦，省了很多心。《礼记·月令》："命有司省囹圄，去桎梏。""省"即为减少。"省"的意思如下：一、减少关目、名目、条目、项目等，就会节约时间和人力、物力、心力等；少看些热闹、少理会一些闲杂事可以省事、省心、省力，此均为"省"之减少、精简、节约意；二、古代王宫禁署，闲杂人不得入内，即使办事的下人也只能低头匆匆而过，自然谈不上观看或审视，故曰"少目"，此为"省"之王宫禁署意。将"省"视作从"小"，从"自"，即以自己为小，把自己当成小的，将自己置于低位，凡事不称大、不妄大，以此脱身于外，省事、省力、省心。

"省"由察看引申为检查、审查。《论语·学而》："吾日三省吾身。"我每天多次自我审查、自我反省。欧阳修《新唐书·百官志三》："（主簿）掌印，省钞目，句检稽失，平权衡度量。"主簿的职务为检查钱数、掌管账目。察看事物使人明白事理，自我反省使人了悟自我。自我反省要扪心自问，少用眼看，多用心听，闭上眼睛思考问题。"省"又引申为明白、醒悟。《广韵·静韵》："省，审也。"《列子·杨朱》："实伪之辩，如此其省也。"真假经过争辩，就一清二楚。

审查一般用于上级对下级。所谓明察秋毫，就如同"省"之构字，连细微的眉毛都不放过。"省"为"少""目"，目的是为了省心。但是如果审查时，出于懒惰或私人利益勾结之目的，草草收场，应付了事，欺上瞒下，那么最后的结果必然无法省心。所以"省"之省心，不能只图当前的少目、省心，必须预见到下一步的问题和后果。只有艰辛在前，才能省心于后。

"省"作为最高行政区划单位始于元代，称为"行省"，简称为省。"省"的名称最早出现于魏晋时期，为尚书省、中书省，都是中枢要署。金曾实行过短暂的行省制度，蒙古兴起后效仿金，并将尚书省并为中书省，总理朝政，同时在地方设若干行中书省，作为中书省的地方代理机构。行中书省最初是临时设置，只管军事，后兼管民政，元灭宋后成为行政区划单位。明、清沿袭元朝的行省制，改动不大。现在，"省"成为地方行政区域单位，直属中央。

忏悔

缺点总是难免的，有的人总是喜欢在众人的谴责中改正，而有的人却总是在没有被人发现之前已经改正。

忏 【懺】
chàn

"忏"，繁体为"懺"。形声字，从心，韱（xiān）声。

"懺"为忏悔。从心，表示忏悔是一种心理活动；从懺，"韱"有细、小的意思，表示对任何小的过失也要进行忏悔，以防再犯。

简化后的"忏"从心，从千。"千"为量词，指数量众多；亦表示不断、反复，无数的小恶必然导致大恶，因此，需要反复不断地忏悔。

"忏悔"本为佛教用语。"忏"是梵文"忏摩"音译的省略；"悔"是它的意译，合称为"忏悔"，原意是向人坦露自己的过错、求得容忍宽恕之意。后来在汉语的词义演化中，"忏"与"悔"逐渐分化为两个既有联系又有区别的不同的概念。"忏"是指对错误的认知，"悔"则是指改正错误。只有从内心深处真正产生悔意，才能把悔改的意愿付诸现实。因而，只有真心的"忏"，才有真正的"悔"。

忏悔是佛教修行的重要法门。佛教制度中对忏悔行为有一系列的规定，如出家人每半月集合举行诵戒，给犯戒者以说过悔改的机会，成为一种专门以脱罪祈福为目的的宗教仪式，并相应地产生了悔改文、忏仪等一类著作。《广韵·鉴韵》："忏，自陈悔也。"即自己说出自己的过错，并表示后悔之意，乞求获得宽恕。萧子良《净住子修理六根门》："前已忏其重恶，则三业俱明。"意即：真心忏悔自身所犯的罪恶，则人与生俱来的三种罪孽都可以明了彻悟了。

"忏"有理忏、事忏之别。"理忏"，即在内心深处时刻保持警惕，注意发现自己的罪恶之心，随时将罪业消除在无形之中；"事忏"，即通过各种有形的举动来表示忏悔，如诵经、持咒、礼拜等。另外，佛教经典中还曾讲到四种消除忏除罪业的方法。《菩提道次第广论》："忏除罪业，当依四力。""四力"指可以用于忏悔的四种方法：一是破坏现行力（又名能破力、拔除力、追悔力）。此力可停止当前所造恶业，极力忏悔，发誓不再犯同样的错误。二是现行对治力。佛教认为，人有过去世、现在世和未来世。过去世的罪孽会影响到现在世的命运，现行对治力可消除过去世的罪业。三是遮止力，指的是遵守严格的修行戒律，以使罪恶之心不能发生。四是依止力。即依靠三宝的法力，保护自己不受恶意的引诱和侵害。若是将这四力结合而忏悔，则会无罪不消，无业不亡。

当然，对于宗教徒来说，忏悔是一个有着固定的教规约束的戒律。而没有明确的宗教信仰的人，出于良心上的谴责，对于自己所犯的错误也难免会产生一种内疚感。忏悔意识总是和人的道德观相联系的，越是道德高尚的人就越容易产生忏悔意识。

悔 huǐ

 小篆

"悔"，形声字，从心，每声。

"心"为"思之官"，可表示心灵、心境、内心；"每"指代全体中的任何一个。"心""每"为"悔"，可理解为每一个人的内心都曾有过悔恨的事情，每一个人每时每刻都应当用心检讨自己的言行、努力改正过错。《说文·心部》："悔，恨也。"

本义为对自己做过的事情表示悔恨、懊悔。"悔"常同"忏"组成"忏悔"一词。"忏"重在认识过错，而"悔"则重在纠正过失。忏是悔的前提，悔是忏的目的。"悔"有悔改、悔过、悔恨、后悔、懊悔等。

"人非圣贤，孰能无过。"人不贵于无过，而贵于能改过。苏轼曾说："夫以圣人而不称其无过之为能，而称其改之为善，然则补过者，圣人之徒欤！"（《苏轼文集》）圣人并不把不犯错误看成是有能耐，而是把善于改正错误看成是一件值得称赞的事。既然这样，善于弥补过失的人，就应当是圣人一类的人吧。佛家也有"苦海无边，回头是岸。放下屠刀，立地成佛"的劝诫，人只要觉悟回头，就可以得救。其意也在于劝人悔过自新，并告诫恶人，只要回心向善，一样可以有所修为。

"悔"从"心"说明只有深刻认识到自己的错误并痛下决心改过的悔，才有意义；只有端正态度，以真正的悔改之心来反思自我，才有可能认识到自己的过错，并知道如何才能改过。《淮南子·泛论》："故桀囚于焦门，而不能自非其所行，而悔不杀汤于夏台；纣居于宣室，而不反其过，而悔不诛文王于羑里。"夏桀和商纣两个亡国之君，不去追究自身在施政当中的过失，反思由此带来的后果，却一味懊悔当初没有杀死灭己的商汤和周文王。桀纣二人虽然也"悔"，但是没有找到自己灭亡的真正原因，可以说是死不知悔。西晋时的周处，从小作奸犯科，一向为乡里人所憎恨。当地百姓将他与南山白额虎、长桥巨蛟龙视为三害。后来周处决心脱胎换骨、悔过自新，历尽万苦为百姓除掉了那两个祸害，随后便远走他乡，跟随著名学者陆云苦学三载，终成大器，晋惠帝时被推举为御史中丞。知过容易改过难，言善容易行善难，悔改最重要的是首先做到能够正视自己的错误。

古人云："事不三思，终有后悔。"做事不多加考虑，终究会有后悔的时候，因此，须三思而后行。清朝魏裔介在《修己》中说："日日知非，日日改过。"意思是，时时审视自己，事事检讨自己，不断端正言行，及时纠正过失，这是减少后悔的良方。

"忏悔"是宗教修行生活的重要内容。因为很多宗教信仰中都有这样的观念。其目的在于使内心获得清净，不再重犯。

修行

想抬头，先学会低头；想挺胸，先学会弯腰。

修 【脩】
xiū

修 (修)小篆　　脩 (脩)小篆

"修"，异体为"脩"。形声兼会意字，从彡（shān），从攸兼声。

"攸"意为修治，"彡"是须毛和画饰的花纹，为装饰之用，故"修"有修饰、修理之意。《说文·彡部》："修，饰也。"本义为修饰、装饰。将"修"视作由"人"、"丨"、"夂"、"彡"组成："夂"，似人提起衣领以整理衣服的动作，因此"夂""彡"代指外表的修饰。"丨"是竖直、直立，不弯曲，置于"亻"与"夂"、"彡"的组合之间，意为做人要注重内在的素养，正直无邪。

以此看来，"修"是以修人为本，注重内外兼修。外修气质、仪表，内修心性、品德，不仅仪表端正，而且心地要正直无邪，没有杂念，内心中正归一，从而参破天地禅机，透悟人生之理。故在佛教、道教中，"修"指为得道而进行的身心修行的实践。异体"脩"从月，"月"为"肉"字变体，指肉体，故"脩"字强调心灵与肉体、精神与物质的双重修养，即所谓"性命双修"。

"修行"是宗教用语，一般指出家学佛或学道，也指行善积德。修行的方式主要有两种，一种是离世修行，一种是在世修行。参禅念佛、观空入定是离世修行。而禅宗则主张在世修行，认为"担水砍柴无非妙道，行住坐卧都是禅"。就修行方法而言，有戒、定、慧三学；正见、正思惟、正语、正业、正命、正精进、正念、正定八正道；苦、集、灭、道四谛等许多"法门"。就修行内容而言，有修福、修慧之别。如依宗派分类，又有修密、修禅、修净土、修华严、修天台等多种；就难易程度而言，修行有难行道与易行道之分。

　　修养是传统文化的一个重要概念。在中国传统文化中，修养和先秦儒学著作中所说的修己、克己、成己、正己的内涵是相同的，都是指人们为了达到理想的人生境界而自觉地涵养心性、锻炼自己的人格意志，以及经过持久努力，在个人道德品性上所取得的成果。

　　我国传统文化非常重视人生修养问题。认为修养是实现人生理想和创造人生价值的根本途径。《礼记·中庸》："凡为天下国家有九经，曰：修身也，尊贤也，亲亲也，敬大臣也，体群臣也，子庶民也，来百工也，柔远人也，怀诸侯也。"它将修身置于九经之首，并认为"身"乃"国"之本，己立立人，民安国治。重修养同样是传统儒家思想的精髓。儒家把正心修己看作自我完善和提高的首要条件，将内在修养与外在事业的一致与和谐视为理想人格的最高境界。他们从不同的角度论述了人生进行修养的重大意义，并在长期的躬行实践中总结出一系列的修养方法。如内省慎独、慎言敏行、养气持志、知足节欲、重义轻利等。儒家人生修养学说包含着丰富的文化内涵，对中华民族传统道德的形成起着重要的作用。

　　而今，修养有了与往昔相比更为丰富的内涵。它既指人们在发展和完善自己的过程中所自觉付出的努力，以及一个人在待人处世过程中表现的风度、仪表，也指人们在思想、政治、道德、学术、技艺等方面的勤奋学习和自觉锻炼，以及经过长期努力所拥有的能力、思想品质等。但是，无论是古代还是当今，修养自己的品性都是"求诸己"、"内省吾身"的自主自觉的过程，任何强制性的灌输都不会养成修养的自觉性。同时，人生修养的目的绝不仅仅在于懂得伦理知识和道德准则，而是重在规范自己的行动。人生修养，不是心动，不是情动，而是行动。生命有涯，修养不息。注重修养，就能不断认识自己，发展自己，塑造自己，完善自己，从而在社会生活中求得更好的生存与发展。

行
xíng háng

行 甲骨文　井 金文　行 小篆

"行"，象形字。

甲骨文、金文的"行"像道路交叉之形，其本义为道路，读为"xíng"。《说文》："行，道也。""行"引申为行走的意思。《说文》："行，人之步趋也。"《广雅》："行，往也。"现代汉语的"行"由"彳"和"亍"组成。"彳"为小步，"亍"为止步。

每个人脚下的路都不同，各人有各人的足，各人有各人的路，选择的道路不同，选择的人生也自然不同，由此引申，"行"也指人所从事的行业，读作"háng"。

《诗·小雅·大东》："行彼周行。"意思是走在那边的大路上。第一个"行"是行走的意思，第二个"行"指的是道路。《论语·述而》："三人行，必有我师焉。"意思是三个人在一起走，其中一定有我的老师。有个成语叫"行尸走肉"，"行尸"指会走动的尸体，"走肉"指会走动而没有灵魂的肉体，比喻庸碌无能、无所作为的人。晋代王嘉《拾遗记》："不学者，虽存，谓之行尸走肉耳。"意思是不学无术的人，虽然人存在，也只不过是具行尸走肉而已。

"行"由道路的纵横交错又引申为行列。古代直排为行、横排为列。《诗·大雅·常武》："左右陈行，戒我师旅。"《后汉书·应奉传》："奉读书，五行并下。"应奉读书，一眼可以读五行文字。成语"一目十行"指一眼能看十行文章，形容阅读的速度极快。

军队的要求是非常严格的，士兵们要站成标准整齐的行列，"行"也就成了古代军队的一种编制。古代25人为一行。《左传·隐公十一年》："郑伯使卒出豭，行出犬鸡。"这里的"行"指的就是军队编制。由此，"行"又引申为军队、队伍。西汉司马迁《史记·陈涉世家》："陈胜、吴广皆次当行。""行伍"就是军队，人们常说曾经当过兵的人是"行伍出身"。

我国古诗有一种体裁叫作"行"，也叫"歌行体"，如《兵车行》、《长干行》、《琵琶行》等。西方有一种诗歌，叫作十四行体，一首诗由十四行诗句组成，法国的波德莱尔、英国的叶芝都是擅长写十四行诗的大师。

人在做事情的时候，要一个步骤一个步骤地完成，就如行路一样，要一步一个脚印，"行"又引申为从事某种活动的意思。如医生从事医疗事业就叫作"行医"。唐代柳宗元《童区寄传》："行劫缚者。"意思是干掳人抢东西勾当的人。

如果把从事某种活动比做行走的话，那么这项事业就是路了。"行"也就引申为事业、行业的意思了。俗语说："三百六十行，行行出状元。"就是说360种职业，每种职业中都能产生出类拔萃的人才。"36行"是唐代主要行业的统称，反映了当时社会行业的分工。36行延伸出中国民间的72行或360行之说。宋代周辉的《清波杂录》述36行，列有肉肆行、宫粉行、成衣行、玉石行、球宝行、丝绸行、麻行、首饰行、纸行、海味行、鲜鱼行、文房用具行等。清代徐珂《清稗类钞·农商类》："三十六行者，种种职业也。就其分工而约计之，曰三十六行，倍则为七十二行，十之则为三百六十行。"可见36行只是虚指数，实非具体数字。"行家"就是指对某种事务非常内行或精通的人。"行话"指各行各业的专门用语。

一个人在从事某种事业时，总会表现出他本身的一些特征，"行"就引申为足以表示品质的举止行动，如"行径"、"品行"、"言行"、"操行"等。成语"行成于思"指的是成功之道在于深思熟虑。

"行卷"为唐代科举中的一种现象。应试举人为增加及第的可能，多将自己平日诗文加以编辑，写成卷轴，在考试前送呈有地位者，以求推荐，此后形成风尚，即称为"行卷"。行卷的内容，贵精而不贵多，少者一卷，诗数首，赋几篇，多者连篇累牍，如杜牧行诗一卷，一百五十篇，皮日休以《皮子文薮》十卷二百篇作为行卷。若隔时日再呈书信及投卷，则称为"温卷"。当时，文坛前辈对待呈献行卷的青年或后进士人，多加以热情的鼓励和指点，对当时和后世的文学创作起到了积极的作用。

佛教中有"十行"说。"十行"指大乘菩萨的修行阶位，与十住、十回向合称为三贤位，指菩萨所修的十种行，居菩萨五十二修行位次的第二十一位到第三十位，即欢喜行、饶益行、无嗔恨行、无尽行、离痴乱行、善现行、无著行、尊重行、善法行、真实行。"十行"还泛指菩萨的十种修行，即信、悲、慈、舍、不疲倦、知经书、知世智、惭愧、坚固力、供养诸佛。"安乐行"指菩萨于恶世末法期间，弘扬法华经时安住身心之法。据《法华经》卷四《安乐行品》载，安乐行计有身安乐行、口安乐行、意安乐行、誓愿安乐行等四种，称为四安乐行，指诸众菩萨应远离身、口、意三业之过失，并发誓教导众生，度化众生，行自利利他之安乐行为。

忍让

大事必须守原则，小事务必讲风格。

忍 rěn

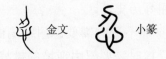
金文　　小篆

"忍"，形声字，从心，刃声。

"刃"为刀口、刀锋，是刀、剑等最锋利的部分；小篆"心"代表内心、心灵。"忍"从心，表明与人的情绪、情感有关。"刃""心"为"忍"，可理解为刀置心上，刀口留有一滴血（"丶"），喻指心承受着就像被刀刃割破溅出血那样的疼痛，意指人受到极大的伤害，却要默默承受，压抑自己的感情，不表露出来。如忍受、忍辱负重。《说文·心部》："忍，能也。"本义是忍耐、容忍。"刃""心"为"忍"，又可理解为以刃去伤害别人的心，使人的心受到严重的摧残，故而"忍"有狠心、残酷之意，如"忍心"、"残忍"。

人在忍痛或忍耐压力、困苦的时候必然要克制自己，所以"忍"又可以表示抑制、克制。如《孟子·告子下》："所以动心忍性，曾益其所不能。"通过艰难困苦使他内心警觉，性格坚定，增加他不具备的才能。

"忍"有愿意、舍得的意思。《史记·廉颇蔺相如列传》中，蔺相如在完璧归赵和渑池之会后拜为上卿，廉颇说："我为赵将，有攻城野战之大功，而蔺相如徒以口舌为劳，而位居我上，且相如素贱人，吾羞，不忍为之下。"这里的"不忍"就是不愿。"忍"由刀刃割心之意引申表示残忍，狠毒，狠心。《史记·项羽本纪》："君王为人不忍。""不忍"，拿今天的话来说，就是项羽心慈手软，不够果断。正因为如此，项羽在鸿门宴上放过了刘邦，而日后的垓下之围，最终落得个乌江自刎的悲剧。

"小不忍，则乱大谋。"在实力悬殊、无法自保的被动态势下，隐忍不发往往不失为明智的选择，是韬光养晦、积蓄力量的策略。君子报仇，十年不晚。能够忍得一时，待强弱逆转、时机成熟时反戈相击，可以迫使对方连本带利偿还。然而，还有一种忍是忍无可忍，"是可忍，孰不可忍"。天理难容、无法忍受的事情，如果照样忍受就是奇耻大辱。清朝末年列强侵略中国，威逼清政府签订了很多不平等条约，这种耻辱促使中华民族猛然觉醒，奋勇而起的中国就像一头勇猛的东方雄狮，剿灭了所有来犯的豺狼，从此告别了默默忍受、别无选择的屈辱历史。

人的一生要体验各种各样的忍耐。身体不适时需要忍耐疾病的痛苦；家徒四壁时需要忍耐清贫的折磨；事业受挫时需要忍耐逆境的挑战；爱情失意时需要忍耐情感的压抑；遭到误解时需要忍耐百般的委屈。忍耐是一块试金石，在痛苦面前绝望，在挫折面前沉沦，在拒绝面前退缩的人，就会心灰意冷、一蹶不振，就很难顺利度过人生的坎坷。

忍让是中华民族的集体性格。儒家哲学强调"忍"。对君主长者的服从和尊敬是"忍"；对他人的宽恕和体谅是"忍"；一箪食，一瓢饮，甘于清贫是"忍"；克己复礼是"忍"；贫贱不能移，威武不能屈是"忍"。道家的人生哲学也强调忍："不为天下先"、"知其白，守其黑"是"忍"；"知其雄，守其雌"是"忍"；"知其荣，守其辱"是"忍"；"欲取先予，欲擒故纵"也是"忍"。忍是一种策略，让人韬光养晦、蓄势待发；"忍"是一种毅力，是隐形的坚强，是平静中的突破，是保守中的进取；"忍"是一种品格，是宽柔谦让，与人为善，稀释痛苦，化解怨恨，抑制冲动。

忍又是一把"双刃剑"。任意纵性、好勇斗狠、追名逐利、巧取豪夺、见利忘义、睚眦必报，历来遭人不齿。但是"忍"又绝不是懦弱，不是无条件的退让，不是息事宁人，不是默默地承受。花朵因为盛开而美丽，蜡烛因为燃烧而发光，人生因为表现而精彩。一味的隐忍只能使人失去追求目标的毅力，发展进步的勇气，丧失接近成功的机遇和舒展个性的权利。

让

【讓】
ràng

小篆

"让"，繁体为"讓"。形声字，从言，襄声。

"言"为语言、言辞；"襄"在古代有冲上或高举之意。"言""襄"为"讓"，可理解为语言直来直去，或提高嗓门，借此表示语言带有责斥之意。《说文·言部》："讓，相责让也。"本义为责备。"襄"又为帮助、襄助、助理。"讓"从言，从襄，表示用语言或行动帮助他人，予人方便，不争执，以别人为先，如让步、禅让、礼让、谦让等。

简化字"让"为形声字，从言，上声。"上"为上级、尊长，为尊者，为上者，应该亲和待人，谦虚接物，胸襟开阔，包容宽大。"言""上"为"让"表明：与人相处，文明的语言为上；有了过失，致歉的语言为上；面对荣誉，谦虚的语言为上；产生争执，忍让的语言为上。"言"在"上"前表明，"让"是以言为先，以言为本。忍让就在一句话。当彼此有口角发生或有纠纷时，往往"让"到了，纷争也就停止了。"上"，古与"尚"通，表示尊崇、崇尚，强调了要懂得互相尊重，用文明、尊敬的语言与人交流，以获得彼此的信任与欣赏。

"让"的本义为责备。《左传·僖公五年》："夷吾诉之，公使让之。"这里的"让"是责备的意思。词语"让书"，指有责备言语的书信。"让"作名词，是古代的一种礼节仪式，为举手平衡状。这是古人把来到家的宾客请进屋内常用的手势，边走边举起手来，口中说着"请"，即揖让。由此，"让"有邀请的意思，如"把他让进门来"。"让"的另一方便是被让者，所以"让"做介词，相当于"被"，常用于口语中。如"行李让雨给淋了"，"房屋让洪水给冲倒了"等。"让"还有允许的意思，如"公共场所不让吸烟"。

"让"的行为表现为多种形式。有积极的"让"：让名、让利、让位是"大让"；礼让、谦让、揖让是"小让"。有消极的"让"：如谈判时作出的"让步"，全部或部分地放弃自己的利益、权力与意见，便是一种权衡利弊后的无可奈何之举。

"让"是先人后己，是厚人自薄。谦让是中华民族的美德之一。古人对"让"德给以极大的重视。《左传·文公元年》云："卑让，德之基也。"《论语·学而》篇记载，子贡说："夫子温、良、恭、俭、让以得之。"朱熹《论语集注》曰："温，和厚也；良，易直也；恭，庄敬也；俭，节制也；让，谦逊也。五者，夫子之盛德光辉接于人者也。"《孟子·公孙丑上》也说："无辞让之心，非人也。"和以待众，宽以待下，恕以待人，是古人所倡导的处世准则。

简、繁体的"让"字，都从不同侧面告诉我们应当如何处理人际关系。让，是内在修养的外在体现，是一种境界，一种修为，一种智慧。让，能体现风度和胸怀，能拥有敬佩和赞赏，能获得回旋与机会，能得到良朋与挚友。"让"对于维护良好的人际关系和社会和谐有着不可否定的作用，充分吸收传统伦理道德中的"让"的有益成分，有利于现代社会的有序竞争与和谐发展。

敬重

奸诈之人毁自己，诚实之人受敬重。

敬 jīng

敀 金文　敬 小篆

"敬"，会意字，从苟，从攴。

"敬"的本义为恭敬、端肃。《说文·苟部》："敬，肃也。""苟"有随意、轻率之意；"攴"的甲骨文像手执鞭杖之形，表示鞭策、敲打。"苟""攴"为"敬"，可理解为通过教训、督导改正不敬、不端的行为、做法，以达到端正、肃服的要求。"敬"表示尊重、有礼貌地对待，如尊敬、致敬、敬重、敬爱、敬仰。

"敬"中之"攴"也可从以下几个方面理解：或为手执教鞭，表示有知识的人；或为手执手杖，是长者；或为手执工具，是劳动者；或为手执兵器，是保家卫国的军人；或为手执权杖，是管理者。这些都是可敬的人，他们懂得尊敬别人，懂得尊重自己，在他们面前，就要把自己放在低位，向对方表示尊重。"敬"由本义引申为有礼貌地送上去，如敬酒、敬香、敬茶。

"敬"的初义与祭祀仪式有关，是指祭祀时对天、对被祭者的恭敬肃穆的态度。《诗·周颂·闵予小子》："敬之敬之，天维显思，命不易哉！"《论语》也说："祭思敬，丧思哀"。《荀子·强国》："故王者敬日，霸者敬时。"这是说，成就王业、霸业的人，都非常重视时日和时机的选择。古人深谙用兵之道，讲究天时、地利、人和，时机对于战争能否胜利极其重要。

新人结婚、老人过寿，在婚礼或寿礼上，都要向新人或老人敬酒、献礼，表示祝贺。这里的"敬"就是指一种有礼貌的行为。俗语说"敬酒不吃吃罚酒"，其本义是说别人恭恭敬敬呈送的酒你不喝，非要喝别人惩罚你的酒；用来比喻对某些必须做的事不肯主动去做，结果反而被强迫去做。敬是一种相互的行为，真诚接受他人的尊敬，也是对对方最大的尊重。内存恭敬心，外有谦卑意。敬而从心，恭而有礼。尊敬不是仅用嘴说的，而应该处处体现在行动上。《礼记·曲礼上》："贤者狎而敬之。""狎"为亲近、亲昵，"敬"则是尊敬。有德行的人，不会因为对人亲近就长幼不分、尊卑不论，忘了应有的尊敬，乱了该有的方寸。

"敬"是儒家道德修养的重要内容，既是一种态度，也是一种道德品格。首先，"敬"是一种自我修养的方法。《论语·子路》说："居处恭，执事敬，与人忠。"是说一个人仪容要端正庄严，做事要严肃认真，为人要诚心实意。《论语·学而》中又说："敬事而信。"即对所从事的工作怀有恭敬之心并慎重对待。《孟子·离娄上》中说："陈善闭邪谓之敬。"清醒理智地对待外部世界的诱惑，心主于敬，则善自存而邪不能入。其次，敬是一种态度。持敬则不殆。《荀子·议兵》说："凡百事之成也，必在敬之，其败也，必在慢之。故敬能胜怠则吉，怠胜敬则灭。"

持敬则勤勉。只有敬，才会"念兹在兹，不肯一事苟且，不肯一时放过"，才会"朝夕思虑其事，日夜经纪其务。一物失所，不遑安席；一事失理，不遑安食"（吕坤《呻吟语》）。持敬则爱。有爱无敬，不是真的爱，有敬无爱也不是真的敬。爱而无切实的行，爱只是一种可能；敬而无真诚的爱，敬只是一种虚伪。再次，"敬"是仁者所具备的优秀质素。《荀子·臣道》："故仁者必敬人，敬人有道。贤者则贵而敬之，不肖者则畏而敬之；贤者则亲而敬之，不肖者则疏而敬之。"

最后，"敬"是人际关系的准则，是一种庄重、诚恳、谨慎的待人态度。《孟子·离娄上》说："爱人者，人恒爱之；敬人者，人恒敬之。"一个人只有尊敬别人，才能赢得别人的尊敬。

重

zhòng　chóng

重　金文　重　小篆

"重"，会意字，金文从人，从東。

"重"从人，表示与人的行为、感受等有关；金文"東"像囊中有物之形。"重"的金文字形像人背负装满物品的口袋，具有负重、沉重之意，与"轻"相对，读为"zhòng"。《说文·重部》："重，厚也。"认为"重"的本义为厚重。

今体"重"可视为从千，从里。"千"为数词，表示多；"里"为量词。"千""里"相合，表示量大则重，亦是沉重之意。远途无轻担，千里之行，遥遥无期，任务沉重。故而"千""里"为"重"。"重"由分量重引申为尊重、深重、厚重等意。

"重"在表示分量大时读"zhòng"音。《孟子·梁惠王上》："权，然后知轻重。"称量之后才能知道哪个轻哪个重。《史记·平原君虞卿列传》："重于九鼎。"比九鼎还重。司马迁《报任安书》："人固有一死，或重于泰山，或轻于鸿毛。"人总有一死，有的人比泰山还重，有的却比鸿毛还轻。"任重而道远"指任务沉重，道路遥远，比喻任务艰巨。"蝉翼为重，千钧为轻"意思是把蝉的翅膀看成是重的，三万斤的重量看成是轻的，喻指是非颠倒，真伪混淆。《楚辞·卜居》："蝉翼为重，千钧为轻；黄钟毁弃，瓦釜雷鸣；谗人高张，贤士无名。""重若丘山"意思是比大山还要重，比喻人死得很有价值，也形容意义重大。"重"不仅指分量大，还指数量比较多，如我们形容一个人的眉毛比较多时候经常会说："他眉毛比较重。"

分量大就是东西的质量大，由此"重"引申为重量，做名词。《史记·秦始皇本纪》："金人十二，重各千石。""石"为古代的重量单位，一石为一百二十斤。用金子做成十二个金人，每个都有千石重。千里之行，刚开始会觉得很轻松，离起点越来越远，由于人的心理作用和体力不支，就会觉得脚步越来越沉重，感觉身上的行李比原来加重了似的。因此"重"还有加重、增加的意思。《吕氏春秋·制乐》："今故兴师动众，以增国城，是重我罪也。""重我罪"即"加重我的罪过"。

由加重的意思进一步引申，"重"可表示程度深。如"病重"指病势严重；"情谊重"指情谊很深；"重兵"指力量雄厚的军队；"重创"指使受到严重的损伤。《礼记·檀弓下》："子之哭也，壹似重有忧者。"他哭得悲痛欲绝，好像有很深的哀伤似的。

"重"由本义分量大、沉重还可引申为重要、重大之意，《荀子·仲尼》："任重不敢专。"词语"重大"指大而重要，一般用于抽象的事物；"重地"指重要而需要严密保护的地方；"重要"指具有重大的意义、作用和影响的人或事。"重"由重要之意，进一步引申，可做动词，表示认为重要、重视、尊重的意思。汉代贾谊《过秦论》："尊贤而重士。"词语"重视"指认为的德才优良或作用重大而认真对待；"器重"指特别重视；"敬重"指尊重、重视。

尊重一个人，那么在对待他的态度举止上就会很庄重，此"重"有不轻率、端庄之意。《论语·学而》："君子不重则不威，学则不固。"君子不稳重就不会有威严，经常学习就不会固执。"慎重"指做事情小心谨慎，不草率；"郑重"即庄重。

"重"有加重之意，加就是一点点地往上重叠相加，因此"重"还可引申为重复、重叠等意。"重"字从千从里，千里之行，就是步伐的一点点累加和重复。此时"重"读"chóng"音。屈原《离骚》："纷吾既有此内美兮，又重之以修能。"我既有高尚的人格，再加上杰出的才能。词语"重播"一般指广播电视等节目重复播出。"重叠"指相同的东西又一次出现或者又一次做相同的事情。"百舍重跰"亦作"百舍重茧"，意思是百里一舍，足底老皮上又生出硬皮，形容长途奔走，十分辛劳。《庄子·天道》："吾闻夫子圣人也。吾固不辞远道而来愿见，百舍重跰而不敢息。""坐不重席"意思是坐不用双层席子，比喻生活节俭。《韩非子·外储说左下》："门外长荆棘，食不二味，坐不重席。""重裀列鼎"形容生活富裕，位居高官。"裀"指夹层床垫。汉代刘向《说苑·建本》："累裀而坐，列鼎而食。"

由重复再引申，"重"还有重新、再的意思。宋代范仲淹《岳阳楼记》："乃重修岳阳楼。"这里的"重"为重新。"重整旗鼓"指失败之后，重新集合力量再干;"重蹈覆辙"指再走曾经翻过车的老路,比喻不吸取失败的教训,重犯过去的错误;"重逢"指长时间不见再次遇见;"重见天日"指脱离黑暗环境,重新见到光明。

此外,"重"还可用作量词,表示层,如"云山万重"、"突破了一重又一重的苦难"。王安石《泊船瓜洲》:"京口瓜洲一水间,钟山只隔数重山。"京口和瓜洲只一水之隔,与钟山只隔了几重山而已。"重围"指层层的包围;"重洋"指远洋。

"重瞳"就是一个眼睛里有两个瞳孔。在上古神话里记载有重瞳的人一般都是圣人。后世用"重瞳"泛指帝王的眼睛,也特用来代称虞舜或项羽。唐代李白《远别离》:"或言尧幽囚,舜野死,九疑连绵皆相似,重瞳孤坟竟何是。"清代钱谦益《徐州杂题》之二:"重瞳遗迹已冥冥,戏马台前鬼火青。十丈黄楼临泗水,行人犹说霸王厅。"也用来比喻像舜一样的圣明天子。宋代文莹《玉壶清话》卷四:"以诗贻馆中诸公曰:'闻戴宫花满鬓红,上林丝管侍重瞳。'"

"头重"是中医病症名,指头部自觉重坠,或如布带束裹的感觉,多因外感湿邪、疫气或湿痰壅阻所致。若湿淫外着,或痰湿上蒸,必壅蔽清道,致气血不利,沉滞于经隧脉络,故头重。外感热病亦常兼见头重。

灾祸

慎言避灾祸，贪嘴招是非。

灾 【災烖】

zāi

（灾）甲骨文　　（灾）小篆　　（烖）小篆

"灾"，异体为"烖"、"災"。会意字，从宀，从火。

"灾"的甲骨文为屋内起火，与简化字相同，表现的是火灾。《说文》："烖，天火曰烖。""天火"为闪电或者火山爆发等燃烧起来的火，所以"灾"的本义为自然发生的火灾，后泛指各种自然的或人为的祸害。

异体字"烖"从十，从戈，从火："十"为大数，代表多、广、大；"戈"为兵器，引申指干戈、战争。"烖"为数量多、范围广、势力大的战争和火焰，表现的是天灾、战争之灾和火灾。

异体字"災"从巛，从火。"巛"为"川"的古字，是水，是河流。水火无情，二者都可酿成灾祸。"巛"上"火"下，表示水可以灭火；"火"在"巛"下，意为火可以使水蒸发。"災"由"巛""火"组成，体现出古人消灾免难、化险为夷的思想和愿望。

简化字"灾"从宀，从火。"宀"为房屋，为家舍。"灾"是家中起火，无家可归，当然是灾了。《左传·宣公十六年》："凡火，人火曰火，天火曰灾。"火的好处是逐渐被发现的。最初雷击森林引起大火，原始人仓皇逃离，对火充满恐惧。之后好奇地返回现场，发现被烧熟的动物肉吃起来比生肉香美。火第一次博得了人们的好感。后来火不但被用来烧烤食物，还被用来照明和取暖，逐渐成为人类生活中必不可少的东西。可见任何事物都有两面性，有其利必有其弊。火会给人类带来灾难，也能造福于人。其中变化的关键，在于人类是否能够充分了解它，并发挥自己的智慧去驾驭它、利用它。人类和大自然的关系，也与此类似。

　　"灾"从水，可见水灾也是古人最畏惧的灾难。水患是中国最深重的灾患之一。除了火灾和水灾以外，"灾"后被用来泛指所有灾害，无论是天灾还是人祸，都可以称作"灾"。如旱灾、虫灾、风灾、兵灾、疫灾等。在灾害面前，个人的抵御力量是微乎其微的，常需要他人、集体或政府的救助和赈济。

　　《论衡》："人君失政，天为异；不改，灾其人民；不改，乃灾其身也。"这里的"灾"就是祸害、使受伤害的意思。灾变的时间称为"灾时"；疫疠称为"灾疫"；遭受灾害称为"受灾"。许多灾难看似偶然，但却隐含着必然。如水旱等自然灾害多源于人类对环境的破坏，而兵灾则完全是由于人们对土地、资源、权力以及利益的争夺。

　　生命从来都不是轻松的旅程，漫长的路途中灾难难免。如果有一天灾难真的降临，不要恐惧，也不要逃避，挺起胸膛坚强面对，姑且把它看作是生命中的一次磨砺。要相信不幸总会成为过去，而过去的磨砺也会成为难忘的记忆。

祸 【禍】
huò

甲骨文　　金文　　小篆

　　"祸"，繁体为"禍"。形声字，从示，咼（guō）声。

　　"禍"从示，表示与祭祀有关；"咼"从骨省，从口："咼"是骨头开了口子，意为割肉（月）见骨，对于所有动物来说，都是巨大的灾难。《说文·示部》："禍，害也。"本义为灾殃、苦难，如灾祸、祸患等。

　　简化字"祸"从示，从口，从内。"示"、"口"、"内"为"祸"：首先，示意祸从"口""内"出，祸来自口不择言，不是想了再说，而是说了再想。其次，寓意祸由"口""内"生，贪吃贪喝、抽烟吸毒、坑蒙拐骗均为祸之根源。

　　"祸"的本义是天灾、灾祸。成语"天灾人祸"概括了人世间可能遭受到的所有祸患。天灾有水灾、火灾、风灾、旱灾、虫灾、震灾等；人祸有车祸、兵祸、匪祸等。《说文·示部》："祸，害也，神不福也。""祸"为灾难，是神不赐福的一种表现。《诗·小雅·何人斯》："二人从行，谁为此祸？"当年你我同行，是谁造成这灾祸？对人类来说，有些天灾不可避免，只能不断地自我调整来适应之。但人祸就不同了。人祸往往是由人类的贪欲所引发，特别是上层统治者个人的奢欲，常常给举国百姓带来灾难。无论天灾还是人祸，总是无一例外地使人类遭受痛苦和不幸，因此"祸"由本义引申为遭难和受害。

祸从口内出，口内有祸根。不开口前，人是语言的主人；话一出口，人就成了语言的奴隶。脚滑痛一时，嘴滑伤一世。不当的言语一旦从口中说出，就如一把利箭，势必伤人。被伤之人如果进行还击，轻则会爆发一场口舌之争，伤了双方的和气；重则大打出手，非伤即亡，事端遂生，祸患酿成。当然，灾祸不仅仅只是缘起言语不当，任何灾难与祸害的产生都有其根源，失和是祸，贪利是祸，淫乱是祸，谎言是祸……在现代社会里，交友不慎、经营不善、御下不严、行为不端、操行不守、防范不当等，都会埋下隐患，而交通肇事、工伤事故、房屋倒塌、桥梁断裂等恶性事故更是源于人为制造的祸端。

人们常将"灾"、"祸"并用，如"天灾人祸"。其实灾和祸从根本上说是不同的，祸常是因为人自身的过错而引起的，是灾难到来的预示。而灾是祸端进一步恶化造成的必然结果。所以，人祸若不及时制止，接踵而来的就是天灾。长期以来，人类对自然界无休止的掠夺，滥砍滥伐，围湖造田，竭泽而渔，严重地破坏了自然界的生态平衡，使得祸事频仍，或洪水不停，或干旱不止。此处火山爆发，彼处地震频起……所有这些祸事都是更大的灾难到来前的预示，是大自然在以小祸来预示大灾，提醒人类及时反省、改正。大自然对人类的惩罚令人警醒，改造社会过程中的政策失误和偏颇，同样会带来灾难性的后果。一段时间以来，为了追求经济的高速发展，我们的精神、文化、教育被轻视，导致人们缺乏精神追求，道德滑坡，进而导致恶性犯罪事件的发生。如果不及时、彻底地改变这种现状，更大的灾祸还在后面。

因错误而造成不可挽回的灾难或损失，就是罪过，故"祸"又引申为

罪过。《史记·秦始皇本纪》："上不听谏，今事急，欲归祸于吾宗。"皇上不听劝谏，现在事态紧急，想要把罪过加在我先祖的身上。"祸"有降祸、加害的意思。成语"祸国殃民"是说使国家和百姓遭受祸殃。

祈福是中国人最为重视的活动之一。祈福的目的就是为了祈求福祉，避免灾祸。然而，"福生有基，祸生有胎。"（枚乘《上书谏吴王》）福份来临靠根基，福气到来有缘由；灾祸产生因幼胎，祸患本身是报应，即所谓善有善报，恶有恶果。不做恶事，少做错事，多行善事，祸事就会离我们越来越远，而福事就会在不知不觉中到来。正所谓："行善之人，福虽未得，祸已远离；作恶之人，祸虽未至，福已远去。"

睦邻

想安全大家就让一让，想和睦双方就忍一忍。

睦 ^{mù}

睦 小篆

"睦"，形声字，从目，坴声。

"目"指眼睛；"坴"的本义为大土块，又为"陆"的省字，指陆地，"坴"字意谓一定的区域范围。"目""陆"为"睦"，意为目力所及之地，说明范围有限，在有限范围之内的人与事，需要和平相处。"睦"是因为邻近而需要友好，如和睦、睦邻友好等。故"睦"有和好，亲近之意。《说文·目部》："睦，目顺也。"

"睦"同时也代表着诚信，有信则睦。《广雅·释诂一》："睦，信也。"不论是邻里之间或是国度之间，和睦的首要前提是诚信。一个没有信誉的个人或者一个不讲诚信的民族，是没有人愿与之交往的，更谈不上和睦、亲密、和谐了。国与国之间交往，信誉是根本保证，是和睦的基石。战国时，秦国有虎狼之心，又有西戎夷邦之嫌。赵、魏、韩等中原诸国认为其不诚不信，故中原各国盟会很少邀其参加。

"睦"引申为尊敬、敬仰，通"穆"。如"肃睦"亦作肃穆，指严谨恭敬的样子。和气、融洽与矛盾相对，要达到和气的境界，就要设法调和彼此之间的矛盾。故"睦"作动词时意为调和、排解。晋代左思《魏都赋》："以娱四夷之君，以睦八荒之俗。"令四方边远少数民族的头领感到友善、欢欣；调解因地域、生活习惯等因素造成的民族习俗之矛盾。

"和睦"意为和平、亲厚、关爱。《礼记·礼运》："讲信修睦。"讲究信誉，与别人、别国建立和平友好的关系。"睦"其实就是和平相处，不争不仇。"土"具有敦厚淳朴、谦顺广袤的特性，"睦"中有"土"，体现的正是一种很淳朴的感情，是人与人相互之间谦恭和顺的交往得来的结果，体现出广阔、平等的胸怀。如"睦友"意为和睦友爱；"睦亲"指对宗族和睦，对外亲也友好；"睦族"即为同一亲族之间关系融洽。"睦邻友好"指邻里之间关系很好，也可指国与国之间的融洽关系。对于国家而言，"睦邻友好"不仅意味着和睦相处，更意味着尊重各自领土的完整。中国是一个古老的国度，曾经为周边邻邦的和睦相处做出过巨大贡献。张骞出使西域、鉴真东渡、玄奘西游、郑和下西洋等，都极大促进了国家之间政治、经济、文化的交流，促进了民族融合。

郑和在近30年的时间里，前后七次下西洋，成为中华民族杰出的友好使者。郑和出使西洋，每到一地，都要认真宣读朝廷睦邻友好的宗旨，奉上锦绮彩帛等礼物，宣传大明王朝的地土辽阔，百物富庶，礼仪详备，风俗淳美，诚意邀请各国来中国观瞻本国的文物制度、礼仪习俗，以求共同发展。明初的西洋诸国，各国间互相攻伐，战乱不断，内部政治局势也动荡不安。郑和以明朝正使身份，出使各国，抑强抚弱，调停纠纷，晓以保国安民、和睦邻境的大义，维护了明朝和西洋各国的正常外交往来。当时的西洋各国国力明显低于明朝，郑和出使西洋，为各国带去青瓷、丝绢、麝香、铜钱等深受各国欢迎的手工业品，促进了当地的货币流通，也使各国的社会制度、人情风俗、文化艺术等发生了一定的变化。郑和以其杰出的外交才能和坚韧不拔的毅力，成功地践履了大明王朝"敷宣教化于海外诸番国"（朱棣《御制弘人普济天妃可宫之碑》）的睦邻友好的外交宗旨。

邻

【鄰隣】

lín

小篆

"邻"，繁体为"鄰"，异体为"隣"。形声字，从邑，或从阜，粦声。

"粦"可视为"鳞"的省字，意为鱼鳞；"邑"与"阜"均与地域、屋宇相关。鱼鳞之间片片相接，"鄰"的字形为像鱼鳞一样紧接的屋室，意即邻居，是相连接的家户。

简化字"邻"从邑，令声。"令"为美好。古人对于邻居选择甚严，孟母曾三迁择邻，季雅曾千金买邻，都是为了能有一个好的邻居，故"邻"从"令"。《说文·邑部》："邻，五家为邻。""邻"是古时的一种居民组织，以五家为一邻。

"邻"为邻居。宋代陈造《泊慈湖北岸》："渔翁家苇间，蜗舍无邻伍。"打渔的渔翁以芦苇荡为家，蜗牛一样的小船没有邻居为伍。"卜宅卜邻"的意思是迁居时不是先在住宅方面占卜吉凶，而是占卜邻居是不是可以为邻，指迁居应选择好邻居。《左传·昭公三年》："非宅是卜，唯邻是卜，二三子先卜邻矣，违卜不祥。""疑邻盗斧"指怀疑邻居偷他的斧头，指不注重事实根据，对人对事胡乱猜疑。《列子·说符》："人有亡斧者，意其邻之子。视其行步，窃斧也；颜色，窃斧也；言语，窃斧也；动作态度，无为而不窃斧也。"在秦始皇统一中国以前，实行的是分封制，天子分封自己的亲戚和功臣，亲戚和功臣在自己的领地上又可以继续分封，这样一来，国家可以分成无数个小国，每个国家都和别国相邻。"邻"可以指邻国。《孟子·滕文公下》："今有人日攘其邻之鸡者。"其中"邻"指邻居。《韩非子·亡征》："恃交援而简近邻，怙强大之救，而侮所迫之国者，可亡也。"自恃结交了外援而怠慢邻国，凭借强大的国力而侮辱胁迫别的国家，最终是要亡国的。"邻邦"即指邻国。"以邻为壑"指拿邻国当做大水坑，把本国的洪水排泄到那里去，形容只图自己一方的利益，把困难或祸害转嫁给别人。《孟子·告子下》："是故禹以四海为壑。今吾子以邻国为壑。"

"千万买邻"的典故出自《南史·吕僧珍传》："一百万买宅，千万买邻。"吕僧珍廉洁奉公，品德高尚，受到人们的称颂。有位名叫宋季雅的官员告老还乡，特地把吕僧珍私宅邻家的一幢房屋买下来居住。一天，吕僧珍问他买这幢房子花了多少钱，宋季雅回答说："共花了一千一百万。"吕僧珍听了大吃一惊，问道："要一千一百万，怎么会这么贵？"宋季雅笑着回答说："其中一百万是买房屋，一千万是买邻居。"吕僧珍听后想了一会儿才明白，跟着笑了起来。

邻居彼此相距不远，"邻"因此引申为相邻、邻近之义。《小尔雅·广诂》："邻，近也。"《释名·释州·国》："邻，连也，相接也。"《诗·小雅·正月》："恰比其邻，昏姻也云。"唐代王勃《送杜少府之任蜀州》："海内存知己，天涯若比邻。"这里的"邻"是相邻之义。

"邻"由邻近引申为亲近、亲密。《广韵·真韵》："邻，亲也。"清代段玉裁《说文解字·邑部》："邻，引伸为凡亲密之称。"俗语说得好，远亲不如近邻，但是邻里纠纷在所难免。邻里间出现纠纷时，彼此应该多一分宽容，多一点谦让，以和为贵。有了平和的心态，才能化干戈为玉帛。清代有个"六尺巷"的故事：安徽桐城张、叶两家祖屋相邻，在起屋造房时，为争地皮发生了争执，各不相让。张老先生修书到京城，要在京为官的儿子出面干预。儿子回信写诗劝导家人："千里修书只为墙，让他三尺又何妨？万里长城今犹在，不见当年秦始皇。"于是，张家把院墙主动后退三尺。叶家见此情景，深感惭愧，也马上把院墙后退三尺。"六尺巷"遂成美谈。如果多出几个"六尺巷"，就会少一些"相邻纠纷何时休"的感慨与困惑了。邻里关系影响着一个社会的安定团结，在日常生活中，邻里之间应该重视社会公共利益和他人利益，在发生矛盾时，要勇于承担责任，互谅互让，这样才会有和谐乡村、和谐社区、和谐社会。

纯粹

水善包容为我师，山能挺立是我友。

纯 【純】
chún

純 金文　純 小篆

"纯"，繁体为"純"。形声字，从糸，屯声。

"纯"从"糸"表示与细丝、蚕丝有关；"屯"小篆的甲骨文像草木初生之形，借指初始、原始的状态。"糸""屯"为"纯"，可理解为原始的蚕丝。《说文·糸部》："純，丝也。"本义为蚕丝。"糸"又泛指丝织品或借指相互联系的事物；"屯"也有囤积、聚集之意。"纯"从糸，从屯，既指聚集在一起没有杂质、杂色的同色蚕丝，也指完全相同的事物，故"纯"引申指单一不杂，如纯净、纯正、纯粹等，用于人的品行，如无邪念、无杂念，则为纯朴、纯洁、单纯等。"纯"是精专于某事，故而也引申指熟练、精通，如纯熟、精纯。

"纯"由本义引申为同一种颜色的丝织品，或同一种颜色。《汉书·梅福传》："一色成体谓之醇，白黑杂合谓之驳。"王先谦注："官本'醇'作'纯'。"同一种颜色的丝织品叫醇，即"纯"；黑白相间的丝织品叫驳。"纯色"今指同一颜色。"纯"又引申为好、善。《礼记·郊特牲》："贵纯之道也。"以好、善为贵。《汉书·扬雄传下》："君子纯终领（令）闻。"君子友好善良，终将扬名天下。

"纯"由同一种颜色引申为纯净、不含杂质。如纯粹、纯洁、单纯等。"纯金"指含杂质极少的黄金；"纯利"指扣除所有成本后的利润；"纯音"指只有一种振动频率的声音。在各种学科领域中，人们常用"纯"形容正统而不芜杂，如纯文学、纯艺术、纯电影、纯哲学、纯思维、纯经验等。由于这些东西都容易受物质或其他因素影响，所以"纯"成为人们追求的理想层面，人们以"纯"形容某项事业的崇高与圣洁。

人们常说的"人格至纯"是指人格纯正朴实、至善至美。中国传统文化精神中，人格修为的最高境界即是要达到纯。《庄子·刻意》："纯粹而不杂，静一而不变。"庄子认为人应该心思纯正不杂，不为名利所累，于万变之俗事中保持纯正的本性，追求完美无缺的德行。周敦颐《爱莲说》："出淤泥而不染，濯清涟而不妖。"莲花在淤泥里生长，却不受到污染；在清水里洗涤，但不显得妖艳。凡尘俗世中物欲横流，名利的诱惑太多。大丈夫安身立命，就应像"花之君子"——莲花一样洁身自爱、超然脱俗，存纯洁之心，守纯真之念，做纯粹之人。

粹 cuì

 小篆

"粹"，形声字，从米，卒声。

"米"可特指稻米或稻米的子实——大米；"卒"可视为"萃"省，有同类、同群之意。"米""卒"为"粹"，意为大米的同类，即均为大米，无其他。《说文·米部》："粹，不杂也。""粹"的本义为纯净无杂质的米，后引申指纯、纯粹。《广雅·释言》："粹，纯也。"

对于"粹"字的解释，许慎在《说文》中讲："不杂也。从米，卒声。""粹"字右为"卒"，小篆字型为衣字上加一点，意思是有标识的衣服，在古代是供隶役之人穿的服装。"卒"用特定的标识以区别于常人，穿此衣的人们，无论相貌如何，或来自何处，都清一色的同样穿着，向人表明着自己隶役之人的身份，人们只凭标记辨别身份后就不再另作他想了，是服装所起到了一种掩盖差异的作用，所以"卒"代表统一不乱的意思，这样同左边表示米谷的"米"字相组合，正意会出"粹"为精米的意思。并由此引申出"粹"为纯、不杂的意思。《庄子·刻意》："无所于逆，粹之至也。"是说清净无为，让一切顺其自然，就达到了纯净无杂的至善境界，其中的"粹"就是纯粹。

《易·乾》曰："刚健正中，纯粹精也。"乾之卦，上为乾，下也为乾，乾乾相叠是纯天，天为阳，而阳是刚直之物，纯阳所以是"刚健正中"，十分纯粹，乾卦卦辞为"元亨，利贞"，元始亨通，利于占卜，正如纯天纯阳的卦形，明朗开阔，是大大吉利的卦相，被置于《易经》之首，乃"纯粹精也"，表示纯粹所以美好之意，"粹"是精华、美好的意思。《易经》认为一切事物都在变化，如上九爻说"亢龙有悔"，是说事物发展到极盛时，会出现衰落的征兆，所以初九爻辞"见群龙无首"而为"吉"，是说人要知道退让，自我贬低而不做首领，便是吉；骄傲自满而再跨前一步，就是凶，一步之遥便是天上地下，可见变化之快，应变之难。

"国粹"即能体现出国家精神的精粹，现在我们常常说到京剧是国粹，因为它集中华文化之精华，融合了包括中国 5000 年的文学、歌舞、武术、服饰、习俗等等方面的文化内涵，说它是整个中华民族的精粹一点也不为过。同样作此解释的"粹"还如"粹语"，指精粹的语言；"粹学"指精粹的学问；"粹藻"为精美的文采，另有"粹雅"、"粹善"之类，其中的"粹"则有精纯和美好的双重含义。

奉献

当你要问祖国给了你什么的时候，你先问一下自己，你给了祖国多少。

奉 fèng

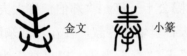
金文　　小篆

"奉"，会意字。

"奉"的金文像双手捧物之形。《说文·廾部》："奉，承也。"本义为承受。小篆字形上从丰，"丰"为丰收、丰硕；下多出一"手"，如此"奉"则有三"手"："三"为众多。三"手"强调了"奉"是万众一心，态度庄重恭敬，真挚诚恳。

今体"奉"可视为从三，从人，从手，"奉"是众人同时伸出手以恭敬、诚挚之心而贡献。"奉"意为双手恭敬地捧着，也有献给、祭献之意，如奉献、奉赠。"奉"字强调了人的内心感受，是人内在的一种信仰，如信奉、供奉。后引申有尊重、遵守之意，如奉行、奉公守法；也表示敬辞，如奉送、奉还；又如奉承，表示恭维、献媚。"奉"也为以恭敬之心双手接物，表示承受，如奉命、奉从。

"奉"有进献之意，表示恭敬地献上、呈献。《周礼·地官·大司徒》："祀五帝，奉牛牲。"古人祭祀五帝，以牛为牲。《韩非子·和氏》："楚人和氏得玉璞楚山中，奉而献之厉王。"楚国有一个姓和的人在楚山采到玉璞，恭恭敬敬地进献给厉王。《庄子·说剑》："太子乃使人以千金奉庄子，庄子弗受。"太子派人拿千金送给庄子，庄子没有接受。"奉"由进献引申为供给、供养。《老子·七十七章》："天之道，损有余而补不足；人之道则不然，损不足而奉有余。"自然法则，减少有余，补充不足；人类社会法则正好相反，剥夺不足，供奉有余。王昌龄《放歌行》："但营数斗禄，奉养每丰羞。"尽管经营着只有几斗俸禄的职事，却每每以丰厚的珍馐供养。

对于受者而言，"奉"是恭敬地接受、承受。《三国志·吴书·吴主传》："鲁肃乞奉命吊表二子。"鲁肃乞求奉命吊唁刘表的儿子。诸葛亮《前出师表》："受任于败军之际，奉命于危难之间。"意指建安十三年，刘备在当阳长坂被曹操击溃，逃奔夏口，刘备派诸葛亮赴东吴，联合孙权共御曹操。"奉"又表示遵守、遵从。"奉公守法"指遵守国家规定的各项法令规章。佛门弟子遵照执行佛陀教义，称为"奉行"。

"奉"也为辅助、事奉。《左传·隐公十一年》："郑伯使许大夫百里奉许叔以居许东偏。"郑庄公派许国大夫百里辅佐许叔，住在许都东边。"侍奉"指侍候、奉养长辈或显贵。"奉"以"春"为头，以"举"为底，象征用手托起春天般的温暖，献给他人，因此"奉"又有帮助之意。《左传·僖公三十三年》："秦违蹇叔，而以贪勤民，天奉我也。奉不可失，敌不可纵。纵敌患生，违天不祥。"秦王不听蹇叔的话，起兵侵略晋国，使百姓劳苦，这是上天要帮助我们、赐予我们机会。天赐的机会绝不能失去，因此，这次的敌人绝不能放走。放走敌人会产生后患，违背天意就不吉祥。

"奉"是恭敬、郑重的行为，常用于敬辞。如奉陪、奉劝、奉候等。僧了元《满庭芳》："奉劝世人省悟，休恣意、激恼阎翁。轮回转，本来面目，改换片时中。"意思是奉劝世人不要太过沉迷于俗世的各种诱惑，一旦死去，坠入轮回，生前所有的一切都会在顷刻之间变得面目全非、毫无意义了。佛教寺院举行法会时，要恭迎佛、菩萨、诸神等降临道场，此称为"奉请"。"奉请"有严格的规定：首先，奉请佛祖及诸佛；其次，奉请八万四千修多罗，以及全身、散身之舍利；然后，奉请十方之声闻、缘觉、得道圣人；再次，奉请普贤、文殊、观音、势至等众菩萨。奉请观音时，同时奉请十方法界之人天、凡圣，水陆虚空一切之香花、音乐、光明、宝藏、香山、香衣、香树、香林、香地、香水等。佛教中为佛像开光时，也要举行郑重的奉请仪式。先将佛像安好，诵经及咒语，奉请菩萨安座，然后请高僧为佛像开光说法。总之，奉请仪式是为了表示对佛菩萨的尊敬，表示众位僧人以及善男信女们内心的信仰和虔诚，并含有祈求获得护佑之意，因而是一种非常重要的佛教礼仪。

献 【獻】
xiàn

甲骨文　 金文　 小篆

"献"，繁体为"獻"。会意字，从犬，鬳（yàn）声。

"献"的甲骨文从"犬"、从"鬲"，或从"犬"、从"鼎"省，或从"虎"、从"鬲"，都表示以犬或虎献祭。《说文·犬部》："獻，宗庙犬名羹献，犬肥者以献之。""献"本义为献祭，泛指恭敬庄严地送给，如奉献、贡献、献礼。

"献"古字写作獻，起初从"虎"，从"鬲"，后为字形匀称演变为"獻"。"虎"和"鬲"演变为"鬳"字，上面虎字头，下面是鬲。老虎是百兽之王，凶残成性，古代很难捕获，所以打虎属于英雄壮举，备受尊敬，猎得猛虎馈赠他人，是极为珍贵的礼物。而"鬲"则是有三脚高足大肚的器皿，常在祭祀时盛放肉食。故而"献"表示人们将极难捕获的猛兽老虎当作最珍贵的礼物供奉给神灵，以表达庄重崇拜和敬畏之情。"犬"是驯服最早的兽类之一，也是野外狩猎或看家护院的好帮手。"虎"、"犬"都代表有价值的事物，故"献"表示把最珍贵、最有价值的事物贡献出来。简体"献"从"南"，从"犬"，"南"本义为乐器。"献"的造字思路体现出祭祀时伴随着乐器的奏鸣声，后引申为表现出来，如献技、献艺、献媚。

"獻"从"犬"，本义是狗，在这里代表进献之物。狗是人类最忠实的伙伴，自人类生存伊始，狗便伴随人左右，甲骨文字形有两种，一种左边是鬲，右边是一只狗，意为将对人意义十分重大的狗当作祭品供奉祖先神灵；还有一种字形是一人屈膝蹲下，双手向上高捧牺牲向神灵献祭。因此"献"的本义是表示供奉，用牺牲来祭祀神灵。金文演变为从"犬"，从"鬳"，意为将用于祭祀的熟食盛放在器皿中再供奉给先祖神灵，表达了人们庄重肃穆之情。古时祭祀，肉食不丰美者不敢献；三牲毛色不纯，不肥嫩者不敢献；瓜果蔬菜不当时令，不是头一拨的不敢献，可见其重视程度。此处是说，"献"的本义是指古人用肥大的狗来做祭品供奉神灵享用。

古义中，"献"也指对专作为祭品的狗的专称。"献"多用于人文含义，表示进献神灵之义次之，这也反映了人们从神本文化向人本文化时代的过渡。

献祭神灵和祖先是古代极为神圣庄严的仪式，后世等级森严，尊卑长幼区分得一清二楚，所以下级对上级、晚辈对长辈的进奉也都称为"献"。古代中央王朝除向民众征收赋税，还令地方行政区或附属国定期朝贡，也就是贡献或送礼。古代地方到中央送礼，是执行中央政策的表现，至于到底送些什么，从《周礼·天官·内府》中可见一斑："凡四方之币，献之金玉、齿革、兵器，凡良货贿入焉。""献"后来引申表示毕恭毕敬地呈送或表演，如将士杀敌立功称为献馘、献功；艺人为客人表演称之为献曲、献艺等。

"献"带有尊敬的含义，故而酒宴上主人向宾客举杯庆贺也为"献"，名之为献酬、献酬交错。凡是主人酌宾，请客人喝酒称"献"，宾客回敬主人曰"酢"，主人又自饮以酌宾曰"酬"。此为酒过三巡之礼。《诗·小雅·楚茨》："为宾为客，献酬交错。"宾客满堂，互相谦让敬酒，不仅是出于礼敬，更带有祝福的意味。宾客拜会主人，不会空手而来，都会带有礼物，故而向主人送寿礼也称之为"献"，如献寿、献礼。传说天上仙女中有一个叫麻姑，每当王母做寿时，她都会在绛珠河畔用灵芝酿酒，献给王母，谓之"麻姑献寿"。后世也多以麻姑献寿来比喻年岁久，享寿长。

献礼时客人所献的物品都是大大方方地送上去的，很多主人凭借礼之多寡来衡量客人人情的厚薄，"献"由此引申为显露。同时，因为所献之礼大多很贵重，"献"又引申为具有珍藏价值之物，如文献，即指具保存价值的书籍。旧时主人还会专门准备一处房屋来堆放礼物，可见古代早已把"礼尚往来"搞成了"礼上往来"，没钱送礼，也就被孤立在官场或交际圈外，像陶渊明那样清廉的官员，即使不挂冠封印回家种地，也是很难吃得开的。

布施

别把布施当学问，它只是一种行为。

布 bù

金文　小篆

"布"，形声字，金文从巾，父声。

金文"父"是手执工具的形象，有劳作之意；"巾"为佩巾，甲骨文是织物下垂的样子。"布"的本义为麻布。今体"布"中之"ナ"为"手"，表明布是一种手工制品。古时无棉布，所以"布"专指麻布。

《诗·卫风·氓》："抱布贸丝。"《孟子·滕文公》："许子必织布而后衣乎？"其中的"布"都是指麻布。到后来有了丝绸，丝绸成本很高，属于贵族的消费品，与平民百姓无缘，百姓们穿得起的只有麻布。即使宋元时期棉布盛行，很多普通民众仍以穿葛衣为主，"布衣"因此成为平民的代称。后来纺织品的种类多了，"布"就成为各类纺织品的统称。现在，更多材料的制成品，也都称为"布"，如"苫布"、"塑料布"等。

按古代婚俗，男方向女方求婚要送礼物，叫作"下聘"。聘礼的多少代表着男方的财富和地位，而布匹多少更是重要的衡量指标。布匹又是历代重要的税收实物，老百姓如果不能按规定缴纳布匹，又拿不出钱来，轻则服劳役，重则坐牢。布匹也是日常生活的必需品，衣装、被褥、窗帘、帐子，处处离不了。布行曾是古代十分赚钱的行当。古代女子讲究"三从四德"，四德即妇德、妇言、妇容、妇工，"妇工"即指女红，穿针引线如果学得出类拔萃，出嫁时就可作为重要资本，就像现在的高学历一样备受追捧。

古代中国的纺织技术很有竞争力，一直居于世界领先地位。祖先们织布就像穿衣一样丝毫不敢马虎，各类布匹从原料到颜色、花样、做工，各有学问，五颜六色，种类繁多，难怪在西亚市场十分畅销。

古代钱币也称为"布"。"布币"是东周时期流通的青铜货币，形状像现今的铲，故又称铲币。"布"是"镈"的同声假借字，在古代通用。"布币"是当时农具镈缩小演变而成，初期的布币还保留镈之形状，首空可以纳柄，故又叫"空首布"。以布币造型而定名，有空首尖足大布、平底空首布、平肩空首布、斜肩空首布、异形布、方足布、圆首布、三孔布等。东周列国所用布币各有不同，秦始皇统一中国，废布、刀等币。王莽曾一度仿制布币通货。布币在春秋战国时通货550余年，为祖国兴旺发达作出了贡献。布币钱文有对称之感，从唐代开元通宝到宋朝对钱都体现了布币钱文布局的对称。在新疆、甘肃一带用油布制的钞票叫布钞，曾一度流通。民间门上新年贴的"门神公"中，有的就手展古布图，并在天地头上写着"招财进宝"、"四季发财"等吉祥语。

布匹展开面积很大，所以"布"引申为铺开的意思。《山海经·海内经》："禹鲧是始布土。"《左传·昭公十六年》："敢私布之。"进一步引申为散开、分布。唐代柳宗元《至小丘西小石潭记》："影布石上。"还可引申为布列，如清代邵长蘅《青门剩稿》："千人者布列江岸。"由分散之意引申为布施、施行，如《乐府诗集·长歌行》："阳春布德泽。"又引申为公布、颁布，如"布露"意思是向众人布告披露，"布谕"意思是布告晓喻，"布教"意思是颁布教令。"布"由铺开的意思引申为铺陈，如南朝丘迟《与陈伯之书》："聊布往怀，君其详之。"

施

shī shǐ yí yì

小篆

"施"，形声字，从㫃，也声。

《说文》："㫃，旌旗之游，㫃蹇之貌。""㫃"意为旌旗飞扬的样子，也指旗上的飘带；"也"同"迤"，有曲折、绵延之意。《字汇·乙部》：

"也，与迆同。""施"由"㫃、也"组成，强调旗帜随风飘扬时绵延、飘忽的状态。"施"的本义为旗飘动貌。《说文·㫃部》："施，旗貌。"朱骏声《通训定声》："旖施，柔顺摇曳之貌。""旖施"指柔顺摇曳的样子。行军打仗时，旗帜指示着行动的方向，因此"施"引申表示行为，进一步引申为给予之意。

可将"施"视为从"方"，从"亻"，从"也"。"方"为方法、方式，可代指行为；将"亻"看作"人"；"也"为副词，表示强调。三者相合，表示人做某事时所采取的方式或所付诸的行动，故而"施"有设置、实行、施展等意。"方"为方向。"施"则表示人所指的方向，意寓做事要有正确的方向，有针对性。

"施"读"shī"时，可作动词，也可作名词。"施"作动词，本义是旗帜飘动，由此引申为实行，推行。汉代贾谊《过秦论上》："仁义不施而攻守之势异也。"句中的"仁义不施"就是不推行仁义之政的意思。"施"还引申为施加的意思，如"己所不欲，勿施于人"。"施"还有安置、安放的意思。明代汤显祖《虞初新志·秋声诗自序》："于厅事之东北角，施八尺屏障。"在大厅的东北角上放置八尺屏障。"施"为散布、铺陈。《周易·乾卦》："云行雨施。"施雨就是下雨、布雨的意思。"施"为运用。南朝徐陵《玉台新咏·古诗为焦仲卿妻作》："妾不堪驱使，徒留无所施。""无所施"就是无所用。"施"表示判罪。《左传·昭公十四年》："施生戮死。""施"为教、育。《礼记·学记》："不陵节而施之谓孙。"这个"施"就是教的意思。"施"还表示繁殖之意。《管子·地员》："群木安逐，鸟兽安施。""安施"即安心地繁殖后代。最后，"施"还可表示陈尸示众之意。《论语》："君子不施其亲。"意思是，君子在自己的亲人死后会好好将其安葬，而不会使亲人的尸骨暴露在众人面前。

"施"为施舍、给予。"博施济众"指给予群众恩惠和接济。《论语·雍也》："如有博施于民而能济众，何如。""乐善好施"意思是喜欢做善事，乐于拿财物接济有困难的人。西汉司马迁《史记·乐书二》："闻徵音，使人乐善而好施；闻羽音，使人整齐而好礼。"佛教中特别讲究"施"。据《大智度论》，"三施"指财施、法施、无畏施。财施谓自能持戒，不侵他人财物，又能以己之财施与他人。法施谓既能财施，又能为人说法令其开悟。无畏施谓一切众生皆畏于死，持戒之人无杀害心，令其无畏。《菩萨善戒经》又提到了"四施"。一是笔施，谓见人发心书写经典，当以笔施之，坚固其心，助成善缘。二是墨施，谓见人书写经典，当以墨施之，坚固其心，助成善缘。三是经施，谓刊造经板，或印施与人，劝其读诵，令发菩提之心。四是说法施，谓若有人乐闻正，即当随其根机，方便演说，使之开法领解，修因证果。佛教中"施食"指将饮食布施给他人的意思。施食有许多功德，《佛为首迦长者说业报差别经》载，奉施饮食得十种功德：得命、得色、得力、得安稳无碍辩、得无所畏、无诸懈怠、为众敬仰、众人爱乐、具大福报等。以饿鬼为对象的施食仪式称为"施饿鬼"、"施食会"。

"施"读"shī"时，还可做名词，一表恩惠、仁慈，如"报施"即报恩之意。二指旄羽珥，即旗竿头上缀饰物。《逸周书》："楼烦以星施。"楼烦是个人名，"以星施"就是用星状物品作为装饰的意思。"施"还为姓。

"施"读"yì"，意思是蔓延、延续。《淮南子》："隐处穷巷，声施千里。"高诱注："施，行也。"还可表示变化、改易。《庄子·胠箧》："上悖日月之明，下烁山川之精，中坠四时之施。"其中，"四时之施"就是四时的变化的意思。

施"读"shǐ"，通"弛"，有遗忘、解除之意。《论语·微子》："君子不施其亲，不使大臣怨乎不以。""不施"即不忘记。《前汉音义》："谓之弛刑。"这个"弛"即是解除之意。"施"又可通"侈"，意思是夸耀。《论语·公冶长》："颜渊曰：'愿无伐善，无施劳。'""施劳"就是夸耀功劳的意思。

"施"读"yí"，表示邪曲、太阳西斜、逶迤斜行等意思。

原谅

正直者从不自恕，更不令人恕己。

原 yuán

金文　小篆

"原"，会意字，小篆从厂，从泉。

"厂"象山崖石穴形；"泉"的甲骨文字形像水从山崖泉穴中流出的样子。"泉"在"厂"下为"原"，即为泉水从山崖的石穴中流出。《说文·灥部》："原，水泉本也。从灥出厂下。""灥"古同"泉"。"原"的本义指源头。"原"又由"厂"、"白"、"小"组成。从"白"，示意水源清洁无污染；从"小"，示意涓涓泉水汇成源头。

水的源头是水流的开始处，故"原"有事物的开始、起源、根本、根由之义。《管子·水篇》："地者，万物之本原，诸生之根基也。"大地是万物的起源，是万物的根本。"原"亦可作形容词，指最初的、开始的。"原罪"在基督教义中指亚当和夏娃在伊甸园偷吃禁果而犯下的罪过。"原案"指当事人之间尚未通过法院的衡平法程序的最初起诉书，包括诉讼案及赔偿要求。"原作"指译文、改写本或复制品所依据的原文或原件，也指作品原来的作者。

"原"有原来之义。"原心"指本心、本意；"原价"指原来的价格；"原额"指原来规定的数额。原来的东西都是比较早的，比较纯的，没有经过外界因素影响的，故"原"有未加工之义。"原材料"指未加工和半成品的原料和材料。"原煤"指没有经过筛、洗、选等工序的刚从矿井采出的煤。

"原"作动词有推究之义。"原情定罪"指追究心里的动机来确定有无罪过或罪过轻重。《旧唐书·王珪传》："冈上害人，左道乱政，原情定罪，非杀而何！"原情定罪是我国古代断狱的一种方式，断狱必先弄清案情，得到真情，并据此案情、狱情判断。对那些案情有可原谅之处的人可以宽恕，也可免除他们的罪行，故"原"亦有宽恕、赦免之义。"情有可原"指基于某些特定情由，尚可原谅过错。"原省"指宽恕并免除其罪。"原洗"指赦免洗雪。"原恕"指赦免。

"原"还可指原野。《尔雅》："广平曰原。""如火燎原"指如火在原野燃烧，比喻声势很大，难于阻抑。《尚书·盘庚》："若火之燎于原，不可向迩。""雕虎焦原"指壮士履险。《尸子》："中黄伯曰：余左执太行之獶而右搏雕虎。"又："莒国有石焦原者，广寻，长五十步，临百仞之谿，莒国莫敢近也。有以勇见莒子者，独却行齐踵焉。""原色"指原野的景色。由于黄河中下游地区大部分是平原，并且黄河中下游地处中国的中间地带，故称之为中原。中原是从古至今的重要地带，自古便有"逐鹿中原"、"问鼎中原"、"得中原者得天下"之说。

"十二原"为经穴分类名，指五脏及膏、肓之十二原穴，即肺之原太渊，左右各一；心之原大陵，左右各一；肝之原太冲，左右各一；脾之原太白，左右各一；肾之原太溪，左右各一；膏之原鸠尾；肓之原脖胦。《灵枢·九针十二原》："五脏有疾，当取之十二原。"

谅 【諒】
liàng

小篆

"谅"，繁体为"諒"。形声字，从言，京声。

"谅"从"言"表示与语言、言行有关；"京"为高大、宽广，含有厚重之意。"言""京"为"谅"，可理解为厚重、实在的语言，借此表示内心诚恳真实。《说文·言部》："諒，信也。"本义为诚实、信实。"谅"从言，从京，意为宽厚的胸怀，诚挚的语言，借此表示内心的包涵与宽容。故"谅"为不斤斤计较，不钻牛角尖、不小肚鸡肠，善于宽恕之意，如原谅、谅解。

"谅"指信实、诚信。"谅"是孔子评价人品高低的标准之一。孔子说："君子贞而不谅"，意为君子为了讲大信而忽略一些小节。这里"谅"的意思就是信。"谅"是一种以宽恕之心对待他人过错的一种高尚行为。具有这种品质的人应当是做朋友的首选。"谅"也是孔子所认同的交友原则之一。孔子曰："益者三友，损者三友，友直、友谅、友多闻，益矣；友便辟，友善柔，友便佞，损矣。"正直、信诚、博闻多识的人是有益的朋友，而那些善于逢迎、两面派、华而不实的人则不能交往。"谅"即指的是"诚实"。朱熹《论语集注》："友谅，则进于诚。"意思是朋友诚信，我与之交，必无欺也，是有益于我也。

"谅"还有料想、认为的意思。权德舆《丙寅岁苦贫戏题》："颜渊谅贤人，陋巷能自怡。""谅"即"认为"，表推想、判断。颜渊认为贤人都能身居陋巷而怡然自得，并且身体力行，成为千古楷模。

"谅"从言，表示错误多是言语不慎所致，言多必失。说话办事要谨慎，不要信口开河，不要因为别人的宽宏大量就放纵了自己的言行。不知体悟别人谅解之情的人，是不值得总被原谅的。"谅"从"京"，"京"为高台。"谅"中之高，是思想的高度，品德的高尚。以高尚的态度和行为对待他人的过失，就是原谅、谅解、体谅的意思。

逍遥

心安即逍遥，放下便自在。

逍 xiāo

逍 小篆

"逍"，形声字，从辵，肖声。

"辵"有慢走之意；"肖"为小、细微。"辵""肖"为"逍"，可理解为慢步行走，只需要细微的力气，或是根本不用花力气，意寓闲适自如、随心所欲。《说文新附·辵部》："逍，逍遥，犹翱翔也。""逍"的本义即逍遥，即优游自得的样子。

汉代司马相如《长门赋》："夫何一佳人兮，步逍遥以自虞。"刘良注："逍遥，行貌。"晋代张华《情诗二首》之二："游目四野外，逍遥独延伫。"吕向注："逍遥，缓步貌。"

"逍"又有安闲之意。《玉篇·辵部》："逍，逍遥，清暇也。"《诗·郑风·清人》："二矛重乔，河上乎逍遥。"陆德明释文："逍，本又作消；遥，本又作摇。"《文心雕龙·养气》："逍遥以针劳，谈笑以药劝。"

从古至今，人们都向往逍遥，而庄子在《逍遥游》中向人们讲述了怎么样才能做到逍遥。他指出唯有"无己"的"至人"才能做到逍遥游。他塑造了一个神人的形象，使逍遥游的"至人"具体化。庄子赋予了这个神人最美的外表和最好的品质，她是庄子逍遥理想的完美体现者。

庄子笔下的逍遥游是指无所依赖、绝对自由地遨游永恒的精神世界。但是现实生活中，人们或是为了名利勾心斗角，或是因为没有人生目标和精神支柱而困惑彷徨，或是沉溺于肉体物质的享受，要想达到逍遥的境界几乎不可能。宋代道原《景德传灯录》："除却五欲。疮疣解脱，逍遥自在。"但是要除却五欲，是非常艰难。

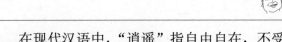
在现代汉语中，"逍遥"指自由自在，不受拘束。"逍遥法外"指犯罪的人没有遭受法律应有的惩罚，仍旧自在无事。"逍遥派"泛指与世无争之人。

遥 【遙】
yáo

"遥"，繁体为"遙"。形声字，从辵，"䍃"省声。

"辵"为行走；"䍃"表示歌谣。"遥"从"辵"，从"䍃"，意为歌声在行走，表示"遥"是歌声传得快且远。"䍃"也指谣言、造谣，谣言通常传播得又快又远。《说文新附·辵部》："遥，逍遥也。又远也。""遥"本义为遥远。"遥"视为从"辵"，从"鹞"（yào）省。鹞生性凶猛，属于鹰科，是鸟类中飞得最高的，号称空中之王。"遥"字取意于鹞的飞行高远。民间把风筝称之为"纸鹞"，足见其用意之深，体现了对高远的向往和对自由精神的向往。《方言》卷六："遥，远也。梁楚曰遥。"是说，遥，也就是远。梁楚之地称远为遥。《左传·昭公二十五年》："鹳鹆（qúyù）之巢，远哉遥遥。"鹳鹆的巢穴，距离真遥远。如晋代陶潜的《荣木》："千里虽遥，孰敢不至？"千里虽然遥远，谁又敢不到呢？《孔雀东南飞（并序）》："怅然遥相望，知是故人来。"满怀惆怅远远地望着，知道是故人来了。"遥遥领先"就是特别迅速、先进、优秀、发达，把对方远远地甩到了后面，与之相对的是"远远落后"，经济、科技、文化、军事、社会发展等，一差就是几十年甚至上百年，这样的竞争永远谈不上公平。公平来自双方实力相当，自己没有强大的实力，就永远得不到公平对待。"遥望"、"遥想"，都是思念亲朋故友，或追忆相聚时刻，或憧憬美好未来时的行为和心态，会让人感到可望而不可及的遗憾，或光阴荏苒，韶华不再的感慨。随着科技的进步，新词层出不穷，如遥测、遥感、遥控等，都是不到达、不接触就能发现问题、找到目标、实现意图的手段。"遥相呼应"则是双方心心相应，声气相通，相互配合，协调行动。又如"路遥知马力，日久见人心"，路途遥远，才知道马的脚力如何；相处时间长了，才能深入了解一个人的内心。

"遥"引申指长。《庄子·秋水》："证曏（xiàng）今故，故遥而不闷，掇而不跂，知时无止。"证今明古，不限于一端，因而遥远的不迷惑，切近的不贪求，知道万物各据时运，没有止期。郭象认为："遥，长也。"唐代李白《南奔书怀》："遥夜何漫漫，空歌白石烂。"又如晋代陶渊明《归去来兮辞》："舟遥遥以轻飏，风飘飘而吹衣。"《楚辞·九辨》："靓杪秋之遥夜兮，心缭悷而有哀。"成语"遥遥无期"则指时间过长，没有期限。

《楚辞·大招》："魂魄归来，无远遥只。"此处"遥"为动词，表示飘荡；"远"为副词，作"遥"的状语。王逸认为："遥，犹漂遥，放流貌也。""遥"从"辵"，辵为疾行，所以"遥"又表示疾行。《方言》卷六："遥，疾行也。南楚之外或曰遥。"《楚辞·九章·抽思》："愿遥起而横奔兮，览民尤以自镇。"本想迅速离开这里，但看到百姓的灾难又留了下来。"遥"由此泛指行，行走。《广韵·宵韵》："遥，行也。"又引申指淫逸，见《方言》卷十："遥，淫也。九嶷荆郊之鄙谓淫曰遥。"郭璞认为："言心遥荡也。"钱绎笺解释说："淫之言淫佚也。通作婬。《说文》：'婬，私逸也。'遥，通作媱。上文云：'江沅之间谓戏为遥。'《广雅》：'媱、宛，婬也。'媱与遥、婬与淫，声义并通。"

"遥"经常表示逍遥，意思是不受拘束。如《说文新附·辵部》："遥，逍遥也。"逍遥自在的生活人人向往，但是，人世间很难有真正的逍遥自在，逍遥自在的去处只有天堂。人首先要生存，衣食住用行的保障，已经让很多人疲惫不堪。求学、求职、求婚，事事求人，早已使人像绷紧了的钢丝一样，没有丝毫松缓的可能，哪里还能做到逍遥自在！

无怨

对过去，要无怨无悔；对未来，要无忧无虑；对现在，要无贪无求。

无 【無】
wú

金文   小篆

"无"，繁体为"無"。会意字，从人，从卌，从灬。

"无"的甲骨文像一个人手持舞具跳舞之形。金文繁化，篆文分为三形：一形另加义符"亡"，用以表示没有；二形另加义符"舛（双足）"，表示舞蹈；三形简化，只留下一个舞人形。隶变后楷书分别写作"無"、"舞"。后将其中"無"作为"无"的繁体。"人"在上，意谓人的头部；"卌"代指围在人腰身折叠的裙带，又形似架在火上的木头；"灬"为火，意为篝火。"無"为腰系草裙，绕火而舞的人形，又表示人在熊熊燃烧的火旁。因此，"無"字来源于上古先民的舞蹈，本义为舞蹈。

简化的"无"从二，从人。"二"是"上"的甲骨文字形，表示上方、上面；"人"为世人、常人、凡人。"无"为人的上面，是空荡荡的天空，表示没有。没有则为否定，意为不、不要，如无非、无妨、无论。

先民围绕篝火边转边舞，将手中的松柏枝条投入火中，烧成灰烬。曲终舞罢，尽兴而手中空空，火熄灭则一切皆无。因此"无"由本义可引申出没有、空的意思。《玉篇》："无，不有也，虚无也。"《左传·宣公二年》："人谁无过，过而能改，善莫大也。"谁能没有错误呢？能够知错就改，那就最好了。其中的"无"即有无之"无"，表示没有的意思。《汉书·高帝纪》："臣少好相人，相人多矣，无如季相。"句中的"无"表示"没有人"，意思是没有什么人能够像季相一样。又如《资治通鉴》："城牢粮足，无可忧也。"城防牢固、粮草充足，没有什么好担心的。"有无"之"无"可做副词，表示不要的意思，相当于"毋"。

《孟子·梁惠王上》："鸡豚狗彘之畜，无失其时，七十者可以食肉矣。"养殖鸡鸭、猪狗等牲畜，不要错过它们繁殖的好时机。这样，若家里有七十岁的老人需要奉养，也能够保证他可以有肉食了。

在表示"没有"时，"无"还用于哲学范畴，指无形、无名、虚无等，或指物质的隐微状态。《老子》："天下万物生于有，有生于无。"老子认为"无"是天下万物的初始源泉，但"无"不是绝对的空。在"无"的这种状态中隐藏着无数的可能性，就好比一张干净的白纸，想在上面写什么，画什么都行，因而由一个"无"可以成就出无数个"有"。世间万物的丰富多彩正是由"无"发展而来的，而"有"也有可能消逝、离散而复归于"无"。

"无"和"有"是相对而言的。人们常常抓着"有"不放，不停地渴望拥有，而惧怕"无"。但是，"无"并不是完全意义上的一无所有，它更是一种蓬勃的、蓄势待发的状态。恰当地处理好"无"，完全可以获得新的"有"，实现"无""有"转化。因此，当一个人走到穷途末路的境地，只要他对自己满怀信心，就有东山再起的希望。

"无"是道家处世和养生思想的精髓。道家讲究"无为而治"。"无为"并不是说什么都不做，而是要顺其自然，不勉强，是一种"船到桥头自然直"的境界。在养生方面，道家代表人物庄子强调神养，从心性修炼入手，来实现保身、全生、养生、尽年的目的。他指明养生在于顺乎自然，不为外物拘束，不为情感左右，最终达到忘掉自己的存在，而使精神彻底解脱出来的"无我"状态。虽然一个人似乎很难达到这样一个绝对"无"的境界，但是抛开一些浮名私利的羁绊，使自己部分地"无"起来，却是应该的，也是可能的，这对于身心健康是大有裨益的。

"无"也是佛家所追求的至高境界，其梵语译为"非存在"。佛家把世间的一切都看成是虚假的幻象，而参透了这一幻象，把世界的本质看成是虚无的，也就达到了"无"的最高境界。所谓"无"，即"不在内，不在外，不在中间，不断不常，亦非中道；无名、无字、无相貌，无我、无他，无生、无灭，无来、无去、无住处，无愚、无智，无缚、无解。"内外、中间、名字、相貌、来去、生灭、自我和他者、智慧和愚笨、束缚和解脱等等，这些都是世间事物的存在状态，也就是幻象的显形。而"无"是不依托这些存在方式的，是超越于"存在"之外的。

怨 yuàn

 小篆

"怨"，形声字，从心，夗声。

小篆"夗"像二人相背之形；"怨"从"心"，表明与心情、心理有关。"夗""心"即背靠背、心相背，意寓心意相互违背，各有所思，各有所想，互不谅解，怨恨在心。"怨"本义为仇恨、怨恨。《说文·心部》："怨，恚也。""夗"又为弯曲之意，"怨"中有"夗"，表示怨恨是一种不好的、扭曲的心态。

"怨"字的本义是怨恨、仇恨，从"心"，也表示这怨恨纠结之深，不容易消除。在《史记·商君列传》中记载了商鞅和赵良的一段对话，赵良把商鞅变法同百里奚相秦做比较，认为百里奚是为秦之百姓着想，所以他死的时候全国举哀；而商鞅的做法是："相秦不以百姓为事，而大筑冀阙，非所以为功也。刑黥太子之师傅，残伤民以骏刑，是积怨畜祸也。"赵良提醒商鞅警惕潜存的危险。引句所谓"积怨畜祸"，就是累积怨恨和祸患的意思。

"怨魄"指杜鹃鸟。相传杜鹃为古蜀帝杜宇怨魂所化，故称。唐代温庭筠《锦城曲》："怨魄未归芳草死，江头学种相思子。""怨魄"又指月亮。明代孙柚《琴心记·长门望月》："偏孤零，愁人怨魄，凄凄相并。""白华之怨"指女子失宠之哀怨。《诗·小雅·白华》序："白华，周人刺幽后也。幽王取申女以为后，故下国化之，以妾为妻，以孽代宗，而王弗能治。""抱关之怨"指职位低微俸禄少的官吏的牢骚。"抱关"指守门人。南朝宋范晔《后汉书·马武传附二十八将传论》："自兹以降，迄于孝武，宰辅五世，莫非公侯。遂使缙绅道塞，贤能蔽壅，朝有世及之私，下多抱关之怨。""痴男怨女"旧指爱恋极深但感情上得不到满足的男女。清代曹雪芹《红楼梦》第五回："厚地高天，堪叹古今情不尽；痴男怨女，可怜风月债难酬。""旷夫怨女"指年龄已大，尚未婚配的男女。"旷夫"指大龄而未娶妻室的男子；"怨女"指大龄而未嫁人的女子。《孟子·梁惠王下》："内无怨女，外无旷夫。""丝恩发怨"形容极细小的恩怨。"丝"、"发"形容细小。《资治通鉴·唐纪·文宗太和九年》："是时李训、郑注连逐三相，威震天下。于是平生丝恩发怨无不报者。""兰怨桂亲"比喻所在的环境或经历不同，因而遭遇也不同。唐代房玄龄《晋书·陆机陆云传论》："是知兰植中途，必无经时之翠；桂生幽壑，终保弥年之丹。非兰怨而桂亲，岂涂害而壑利？而生灭有殊者，隐显之势异也。"

而另一种怨恨，虽然亦是恨，但已经掺杂了更多的无奈。唐代刘商根据汉朝蔡琰之事所作长诗《琴曲歌辞·胡笳十八拍》，其中共有五个怨字，其第九拍："恨凌辱兮恶腥膻，憎胡地兮怨胡天。生得胡儿欲弃捐，及生母子情宛然。"读来可以想象蔡琰心中无可言述的怨恨。"怨"由本义可以引申出责怪、埋怨的意思。

诗词中多有以宫怨、闺怨为题材者。唐代岑参《长门怨》："君王嫌妾妒，闭妾在长门。舞袖垂新宠，愁眉结旧恩。绿钱生履迹，红粉湿啼痕。羞被桃花笑，看春独不言。"所写就是汉武帝陈皇后的悲剧故事，早年刘彻对陈阿娇有"金屋藏娇"之诺，但后来陈皇后却被长期冷落，恨是不敢恨的，只能在无限的埋怨中了此残生。

"怨"从责备还可以引申为"讥讽"。《论语》："诗可以兴，可以观，可以群，可以怨。"论述了诗的四种功用，最后一项就是讥讽时弊。《诗经》中《风》的部分就有许多针砭时政的，比如《硕鼠》篇，就是把贪婪的统治者比喻为伤民的大老鼠。

嫉妒　　嫉妒是自己无能，生气是自己无知。

嫉 jí

小篆

"嫉"，形声字，从女，疾声。

"女"为女子、女人、女性；"疾"的本义是腋下中箭，指体外之伤，为肉眼可见，后泛指疾病，也有痛恨、憎恶、痛苦、忧患之意。"女""疾"为"嫉"，说明"嫉"是女人最容易犯的毛病。《广雅》："嫉，妒也。"本义指因别人比自己好而憎恨，如嫉妒、嫉恨，后引申指憎恨，如嫉恶如仇。"嫉"是因女人而起，既是女人之间的嫉妒，也是男人因女人而嫉。"嫉"不是女人的专利，而是人类的通病。"疾"是外伤，为小病，也有迅速、疾快之意。"嫉"从"疾"表明：小小的外伤可导致内伤、大病，进而无法疗治。"嫉"是一种突发性的，迅速升起的心理反应，其影响大，传染性强，可以由嫉妒迅速转移到嫉恨、仇恨的心理，甚至会做出不理智的行为从而导致无法收拾的后果。此即小"疾"成大"病"，所导致的最终后果就是无药可治。

"嫉"指的是一种心态。看到他人的才德、相貌、财富、地位等比自己强，心理不平衡，由此产生嫉妒。"嫉"中有"疾"，表明嫉妒是一种病态。心理学认为，嫉妒是一个人在个人欲望得不到满足而对造成这种现象的对象所产生的一种不服气、不愉快、怨恨的情绪体验。有人认为"嫉"是一种有自尊的表现，其实不然。自尊能使人奋进，嫉妒可使人毁灭。自尊的人是有理想、有胸怀、懂谦逊、讲宽厚的人。自尊自强的人对于别人的成功和优秀羡慕而不嫉妒，仰慕而不嫉恨。他们善于虚心学习别人的长处，懂得从别人的成功中汲取宝贵的经验，获得前进的动力，看到努力的方向和目标。而有嫉妒心的人则恰恰相反。嫉妒之人在嫉恨心理的驱使下，心灵会逐渐发生扭曲。为了到达心理的平衡，甚至会做出种种丧失理智的事情来。

"嫉贤妒能"是指嫉恨比自己强、比自己好、比自己有才德的人。《三国演义》中为了烘托诸葛亮的才德，把周瑜塑造成一个心胸狭窄、嫉贤妒能的人，最终被诸葛亮活活气死。嫉妒往往伴随着憎恨心理，故"嫉"有憎恨的意思。面对比自己强的人，不能心平气和地承认其成就，而是由心中的嫉妒发展成嫉恨。成语"嫉恶如仇"指痛恨恶人恶事像痛恨仇敌一样。现代心理学认为，嫉妒就是对某方面比自己强的人产生的莫名其妙的怨恨。看到他人在品貌、财富、学识、能力、爱情、事业等方面优于自己，嫉妒便产生了。嫉妒之人容不下别人的优点，看不得他人的成功，甚至采取卑鄙的手段陷害阻挠、拆台造谣，以此来寻求心理的平衡。战国时期，魏国大将庞涓担心同窗孙膑会鹊巢鸠占，便进谗魏王剜掉孙膑膝盖骨，终身致残。秦始皇欣赏韩非，有意重用，李斯生怕韩非功高于己，于是游说秦始皇将韩非毒死于狱中。嫉妒是一种不好的心理状态。嫉妒心重，轻者伤身，重者致病。嫉妒是人性的阴暗面，是心灵的毒瘤。嫉妒害人小而祸己大，嫉妒可鄙更可悲。因此，与其临渊羡鱼，不如退而结网。艾性夫《赠新中郭四翁》说得极好："几人到得白头翁，生老病沉是始终。浊秽腥膻除寿算，悭贪嫉妒转昏蒙。有憎有爱难超世，无愁无情定脱空。幸有天堂地狱路，圣凡迷悟总由公。"

妒 【妬】
dù

小篆

"妒"，异体为"妬"。形声字，从女，户声。

"女"为女子、女性；"户"为单扇门，古代以门为大，户为小。"妒"为户中之女，这里寓意为小户人家的女子没有教养，或是小家子气的女子心胸狭窄，或是足不出户的女子未见世面，由此而产生妒嫉之心。女子恨己不为男身，能够放纵于户外以求得自由；也嫉恨男人在户外放任妄为，从而生嗔恨心。《说文·女部》："妒，妇妒夫也。""妒"最初指妇女妒恨丈夫。

女人容易妒嫉。"女"在"户"外，表示是女人妒嫉男人家外的女人，也意为男人因女人、女色、女姿而生妒心，因女人身在户外，心不系家而生妒心。"妬"从女，从石。"石"为石头、石块，以示妒火中烧的人顽固执着，失去了理智。妒是一种不自信的心态。

据《太平御览》上记载：武阳一女子，因怕自己的容貌在桃花面前逊色，便命人砍去桃树，由此被称为"妒花女"。相传晋代刘伯玉夫人段氏，只因丈夫赞美《洛神赋》中的洛神，说了句"娶妇如此，无憾矣"，便妒性大发，投水自尽。战国时张仪为推行合纵抗秦的主张，带着门客去游说楚国。楚怀王却不屑一顾。时间一长，费用都花得差不多了，张仪去王宫向楚王辞行，楚怀王这才召见他，说了一番客套话，就要把他打发走。张仪道："大王对我等如此厚爱，此恩臣无以为报。只是此去途经燕赵，闻听燕赵多美女，愿为大王寻求几位绝色佳丽，以献大王。"楚怀王马上赏赐他黄金千镒。张仪谢恩回来，门客怨他一事未了又揽一事，莫非真的要干为楚王收罗美女的勾当？张仪笑道："非但不必，还有人自动送钱来。"果然，楚怀王的宠姬郑袖马上召见张仪，也送他一千镒黄金，嘱咐他为楚王选美时照看着点，张仪慨然允诺。还没走出宫门，张仪又被王后召去，也是如此这般。这样一来，张仪共得了三千镒黄金，众门客喜则喜矣，只是如何向这三人交差呢？张仪胸有成竹，带众人去宫中面辞楚王。席间，张仪道："闻悉大王王后与爱妃乃世间少见国色天姿，微臣斗胆，敢请大王请出王后与郑妃，让臣等一睹尊容。"楚怀王心里一高兴，就命王后与郑袖出来。张仪一见，大惊失色，扑翻在地，叩头谢罪，连称臣罪该万死。楚王问其故，张仪战战兢兢道："臣不知王后、郑妃这等绝色，还夸言为大王去燕赵搜求美女，这世间哪还有女子比得上大王身边这两位呢？"楚怀王听他夸赞王后、郑妃，心里非常高兴，说："寡人也认为再也没有人比得上她们俩。"于是厚赏张仪，并送他们出境。张仪正是抓住了这些女子的心理，专门在这个"妒"字上大做文章，所以才能狠狠地发了一笔财。

"妒"而不止，妒的外延就会不断扩大，直至妒功、妒才、妒财、妒能。"妒"是一种被扭曲了的羡慕之情，会让人心不平，气不顺，损性伤情。古人很早就意识到妒忌对身心健康的损害。《太上老君养生诀·养生真诀》："且夫善摄生者，要当先除六害，然后可以保性命，延驻百年。何者是也？一者薄名利，二者禁声色，三者廉货财，四者损滋味，五者除佞妄，六者去妒忌。""妒"包含羡慕、眼红、忿恨、醋心、沮丧等多种情绪，能使大脑功能失调，抗病能力减弱，出现胃痛、恶心、背痛、头痛、郁闷、心悸等现象，重者可导致周期性偏头痛、高血压、冠心病、过敏性结肠炎、早衰等，甚至还会出现偏执型妒忌妄想症，是精神分裂症中的一种。因此，襟怀宽广，心胸开朗，战胜嫉妒，才能成为心康体健之人，养生六害说，值得我们借鉴。

狭小　　宽是一种视野，容是一种胸怀。

狭　【狭陜】
xiá

"狭"，繁体为"狹"，异体为"陜"。形声字，从犬，夹声。

"犬"的本义为狗，古时特指大狗；"夹"指从左右两方相持，从两旁限制。故"犬""夹"为"狹"，既表明狗被夹住，也可表示被大狗从两旁挟持，活动范围窄小。《说文》："狹，陜也。"《广韵·洽韵》："狹，陜狹。""狭"的本义为窄，与"宽"、"广"相对。

异体字"陜"，从"阜"，从"匚"，从"夹"。"阜"为高，"匚"为区域、范围；"夹"在"匚"中，会意被限制在某一范围中。三者合而为"陜"，意为高大之物被夹在一定的区域、范围内出不来或动弹不得，故有狭窄、窄小之意。

《吴子·料敌》："险道狭路，可击。"意思是道路险峻而狭窄，可以出击。《管子·山至数》："国之广狭，壤之肥硗，有数。"东晋陶渊明《桃花源记》："便舍船，从口入，初极狭，才通人。"其中"狭"皆为狭窄的意思。元末明初罗贯中《三国演义》第二十二回："刘岱引一队残军，夺路而走，正撞见张飞，狭路相逢，急难回避，交马只一合，早被张飞生擒过去。""狭路相逢"指在很窄的路上相遇，没有地方可让。后多用来指仇人相见，彼此都不肯轻易放过。汉乐府诗《相逢行》："相逢狭路间，道隘不容车。""狭缝"指窄而长的孔或开口；"狭迫"指窄小局促；"狭邪"也说"狭斜"，指小街曲巷，旧时也指娼妓居住的地方；"狭庐"指狭小简陋的房屋。

"狭"在有些时候还指少。西汉司马迁《史记·滑稽列传》："臣见其所持者狭，而所欲者奢，故笑之。"我见其拿出去的少，而想要回的多，所以才笑。《新唐书·食货志》："田多可以足其人者为宽乡，少者为狭乡。

狭乡授田，减宽乡之半。"《农书》："多虚不如少实，广种不如狭收。""狭韵"指韵书中字数少的韵部。"束广就狭"指把丰富的内容概括为极少的文字。宋代韦居安《梅磵诗话》卷上："荆公旧有诗云：'我名公字偶相同，我屋公墩在眼中。公去我来墩属我，不应墩姓尚随公。'他人欲隐括此意，非累数十言不可，而公以二十八字尽之，真得束广就狭体。"

"狭"由空间的狭引申，还指见识或胸怀不宽广。"狭促"指心胸、见识狭隘。"直性狭中"指性格直爽，但心胸狭隘，不能容人容事。三国魏嵇康《与山巨源绝交书》："足下傍通，多可而少怪，吾直性狭中，多所不堪，偶与足下相知耳。"唐代沈亚之《答冯兄书》："小人狭薄，尚为激然之气，战燎于胸中。""狭学"指浅学寡闻之人；"狭中"指心胸狭窄；"狭窄"本指狭小、宽度小，也指心胸、见识等不宏大宽广；"狭隘"指狭窄，也指气量、见识等狭小。

"狭邪小说"是中国近代小说流派，以妓女生活为题材。早在唐代、明代就有此类小说，近代更多。近代狭邪小说受明清长篇通俗小说的影响，由短篇发展到长篇，作者对妓女的态度和倾向上，是非褒贬，非常鲜明。从文学流派来说，狭邪小说是明末清初才子佳人小说的末流。

小 xiǎo

||| 甲骨文　八 金文　川 小篆

"小"，象形字。

"小"的甲骨文字形像细碎沙粒，表示微小。小篆讹为从"丨"，从"八"，会意字。"丨"位于"八"字中间，"丨"为"一"，是最小的数字；"八"本义是将物分开，为分解、分散之意。"一"已是数之极小，分开则更显微小。因此，"小"字有细微、微小之意，多指事物体积、面积或数量、力量、强度等方面不及一般的或不及比较的对象，与"大"相对。《说文·小部》："小，物之微也。从八，丨见而分之。""小"字亦可视为从"丨",从"人"。"人"由一撇一捺构成。"丨"将"人"的一撇一捺分开,则不成"人"字形。卑鄙无耻之人是小人,因枉为人而为非人,故"小"又表示低微、品质不好,进而含小看、小瞧、轻视之意。

"小"的本义指细碎的尘沙微粒,由此引申,"小"指形体时表示细微;指数量时表示不多。一个字的字义太多难以掌握,所以,古人把"小"字稍变形写作"少",表示数量不多;加义符"氵"写作"沙"表示沙粒。"小"字表义任务大大减轻,专门表示细微。《大戴礼记保傅》:"简闻小诵。"俞樾平议:"小当作'少'。简闻者,闻之简而不详也;少诵者,诵之少而不多也。古字'少'、'小'通用。"

《诗·小雅·楚茨》:"既醉既饱,小大稽首。"郑玄注:"小大犹长幼也。"意思是吃得肚饱饱,喝得醉醺醺,老老少少来叩头。此处"小"指年幼。《书·仲虺之诰》:"好问则裕,自用则小。"谦虚好问就渊博多知,刚愎自用则狭隘无知。此处"小"即狭隘无知。《孟子·万章下》:"不辞小官。"此处"小"即低微。《诗·邶风·柏舟》:"忧心悄悄,愠于群小。""群小"指品质卑鄙下流之人。《世说新语·容止》:"庾长仁与诸弟入吴,欲往亭中宿。诸弟先上,见群小满屋,都无相避意。"庾长仁和几个弟弟进入吴地,想在客舍中住宿。几个弟弟先进去了,看见满屋的平民百姓,完全没有回避的意思。此处的"群小"指地位低微之平民百姓。古时"小"也指妾、小老婆。明代汤显祖《牡丹亭·忆女》:"你可知老相公年来因少男儿,常有娶小之意?"

"小"又有短暂之意,如《庄子·逍遥游》:"朝菌不知晦朔,蟪蛄不知春秋,此小年也。"早晨出生晚上就死去的朝菌不知道有白天黑夜之分,春生夏死的蟪蛄不知道有四季,这就是小年。成玄英疏:"言龄命短促,故谓之小年也。"

"小"还可作谦词,称自己或与己有关的人或事物,如"小人"、"小弟"、"小儿"、"小店"等,《左传·隐公元年》:"小人有母,皆尝小人之食矣,未尝君之羹。""小"又用作爱称,如"小乖乖"、"小宝贝"。"小"用作副词,表示稍微。《孟子·尽心下》:"其为人也小有才。"就是说他稍微有点小才智。

"小"又可活用为动词,如《孟子·尽心上》:"孔子登东山而小鲁,登泰山而小天下。"其中的"小"是"认为……小"的意思。曹丕《典论·论文》:"文人相轻,自古而然。傅毅之于班固,伯仲之间耳,而固小之。"其中的"小"是轻视的意思。唐代李贺《金铜仙人辞汉歌》:"携盘独出月荒凉,渭城已远波声小。"其中的"小"是变小的意思。

"小人"在中国文化中有着特殊的含义。道德范畴的"小人"与"大人"、"君子"相对。君子行为正大光明,表里如一,荣辱不惊,凡事平心而论,事事自谦,而不敢以大人自居。小人行为龌龊,不仁不义,曲腰谄媚,口是心非,贱卑宠扬,阿谀奉承,欺上瞒下,做事张扬,交友凭地位显赫,算计个人得失。有识之士虽然皆鄙视小人,但实际的情况往往是不自觉地将自己与小人相比,与小人争利益,自己也就成了小人。有的人并不是不愿做大人,但是会献媚的小人官运亨通,青云直上,而品行端正的大人常常是怀才不遇,即使是做了官也是仕途坎坷。所以在现实社会中,有很多人在"大人"和"小人"之间摇摆,下决心做"大人"是需要一定的勇气的。

淡然

顿悟不离渐悟，佛法不离心法。

淡 dàn

淡 小篆

"淡"，形声字，从水，炎声。

"淡"从"水"表明与水有关；"炎"为"火"上加"火"，强调炎热、炙热，表示多、浓、重。"炎"旁有"水"，以水降火，以水化热，使热度降低，浓度变小，"淡"为少、薄、轻。《说文·水部》："淡，薄味也。"本义指味淡。"淡"与"咸"相对，表示盐分少，如淡水、淡食；"淡"与"浓"相对，表示含某种成分少，意为浅、薄，如淡酒、淡妆、淡茶、天高云淡。"火"是五行之一，五味属苦，两火相迭，苦上加苦，用"水"降"火"化"苦"，味才不至太浓太厚。"淡"左"水"右"火"，意为水火不容、水火无情，以此表示含有敌意，态度冷漠、不热心，如冷淡、淡泊、淡漠。后引申指营业不旺盛、不红火，如淡季、淡月。

"炎"为炎症，是身体某处出现红、肿、热、痛等症状。炎症一般因体内火盛而引起，所以通常补充一定量的水分可以起到淡化、消炎之功用。无论是自然界中的实火，还是人体内的虚火，有水的润泽，就会变淡。

"淡"也指对事物缺乏兴趣和热情。如现代科技的发展在给人们的生活带来诸多便利的同时，也带来了一些负面影响。最典型的就是人情淡漠、世风浇漓。一些人以自我为中心，对他人漠不关心。也有一些人在经历了巨大痛苦和挫折后，颓废消沉，对一切事情都很冷淡，该激动的不再激动，该喜悦的不再喜悦。

"淡"还指销售不景气。如淡季、淡月。许多消费品都有销售旺季和销售淡季。市场营销中有"旺季取利，淡季取势"的理念。"取利"就是要争取最大销量；"取势"则是要获取制高点，争取长期的战略优势。如何运作才能在淡季的销售中取得有效的突破，是每一个企业殚精竭虑思考的问题。

在养生之道中，"淡"尤为重要。如不要吃过多的动物性食品、烟熏油炸食品等。俗话说"淡多促人寿"。贪食肥甘厚味，过多摄入动物性脂肪，不仅容易生痰化火，引发疔疮、消渴、中风等疾病，而且还会导致高脂血症、脂肪肝、冠心病、糖尿病等疾病发病率的增加。尤其是中老年人更应该控制荤食，多吃富有营养的清淡食品，如豆油、菜油、绿叶蔬菜、水果、粗粮、豆类、乳酪等。当然，素与荤是相对而言的，主张素食，并不是禁食荤食，而是说要多食淡味，荤素结合。饮食清淡还要做到"五味"不要太过，特别是食盐的摄入量。临床经验表明：高血压、动脉硬化的发病与过量摄入食盐有一定的关系。

养生百道，首重养心。养身要"淡"，养心也要"淡"。心静如水、淡泊名利是养生中"调心"的极致。生活力求淡泊质朴、心境保持平和宁静；外不受物欲诱惑，内不为情虑激扰；不戚戚于贫贱，不汲汲于富贵；以道德修养之"水"降名利欲望之"火"，对名誉、利益、地位、物质享受等采取超然的人生态度，从而达到"恬淡虚无"、"物我两忘"的境界。有了这种良好的心境，自然就会心安神畅，悦情悦性，增进健康，延年益寿。一个人只有既注意饮食的清淡，又保持精神的恬淡，才会身心俱健。

然 rán

金文　小篆

"然"，会意兼形声字，从火，肰（rán）声。

"肰"意为狗肉；"火"为物质燃烧时的状态。"肰""火"为"然"，表示狗肉放在火上烧烤。《说文·火部》："然，烧也。""然"的本义为

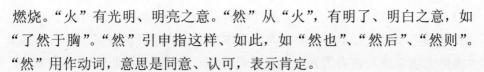

燃烧。"火"有光明、明亮之意。"然"从"火",有明了、明白之意,如"了然于胸"。"然"引申指这样、如此,如"然也"、"然后"、"然则"。"然"用作动词,意思是同意、认可,表示肯定。

"然"的本义是燃烧。"然海"就是古代传说中的油海,其水可燃。康有为《大同书》:"若印度之俗,夫死且当殉之,烈火然柴,投身其上,以为美节。"其中的"然"就是点燃的意思。"然灯会"又作"燃灯会"。在佛塔、佛像、经卷等前燃灯,即可得大功德,故燃灯系一种供养,后成为法会。燃灯会之成为一独立法会或行事始于我国。

心中有迷惑、不解被人点破,于瞬间豁然开朗,就犹如在黑暗的地方突然有火种点燃,于是一切混浊不清皆于光芒所到处变得清晰异常。所以"然"由本义引申为清楚的意思,比如成语"一目了然"就是一眼能看得很清楚。

"然"有认为对、同意的意思。"然纳"指同意采纳;"然疑"指半信半疑,犹豫不决;"然然可可"犹唯唯诺诺,指拿不定主意。认为对的事情或是自己同意的事情大都是自己肯定、认可的事情,故"然"有是、对之意。"不以为然"意思是不认为是对的,表示不同意或否定。苏轼《再乞罢详定役法状》:"右臣先曾奏论前衙一役,只当招募,不当定差,执政不以为然。""不轻然诺"指不随便许诺什么,形容处事谨慎,也形容人守信用。"然赞"指同意。《三国志·蜀书·彭羕传》:"公亦宿虑明定,即相然赞,遂举事焉。"

"然"亦可做代词,相当于如此、这样。《诗·大雅·皇矣》中说:"帝谓文王,无然畔援,无然歆羡,诞先登于岸。"是说上帝告诉周文王,不要如此跋扈轻狂,不要如此贪婪,不要有如此的私欲,应先据高位制四方。"不期然而然"意思是没有想到是这样而竟然是这样。宋代郑樵《与景韦兄投宇文枢密书》:"盖磁石取铁,以气相合,固有不期然而然者。""不知其所以然"意思是不知它究竟如何会这样的,指了解事物的本质或事情的根底。《庄子·秋水》:"今予动吾天机,而不知其所以然。""比比皆然"意思是到处都是,形容多。清代褚人获《隋唐演义》第五十三回:"将无固守之志,兵无敢死之心,人情趋利,比比皆然。"

"然"做连词,表示转折关系,相当于然而、但是。唐代柳宗元《三戒》："甚恐，然往来视之，觉无异能者。"表示让步关系，相当于虽然，如"然是"即虽然。"然"做助词，用作形容词或副词的词尾，表示状态。"庞然大物"指异常有力而又高又大的东西。"欣然"指非常愉快。"傲然挺立"形容坚强而不可动摇。"傲然"指坚强不屈的样子。"浪然"指放荡无拘束状。唐代元结《浪翁观化》序："闻元子亦浪然在山谷，病中能记水石、草木、虫豸之化。""浪然"还有徒然的意思。唐代元稹《献荥阳公诗五十韵》："呼吸宁徒尔，沾濡岂浪然。""然"用作句末语气词，表示比拟，常与"如"、"若"连用，有"……一般"、"像……一样"之意。

"然骨"为经穴名。《针灸甲乙经》卷十二："女子不孕，阴暴出，经水漏，然骨主之。""然骨"又为骨骼部位名，相当于舟状骨部分。《灵枢·脉度》："蹻脉者，少阴之别，起于然骨之后。"

征服

水至清则无鱼，人至谦则无敌。

征 【徵】

zhēng zhǐ

甲骨文　金文

（征）小篆　（徵）小篆

"征"，异体为"徵"。在汉字简化之前，"征"和"徵"的意义并不相同。"征"为会意字，从彳，从正，正声。

"征"的本义为到很远的地方去，即远行，其甲骨文从彳，从口，从止："彳"为行走、道路、长行；"口"为领土、区域，是所要达到的目标；"止"的甲骨文是脚的象形，意为行走。"征"是人朝着一个方向前行，通过跋涉或努力而达到远征的目的，即征服、征伐，读为"zhēng"。"征"中之"正"的本义是平正、不偏斜。"征"为出行、远行，不走弯路。是向着既定目标笔直地前进，这才是正确的方向，这才是正义的道路。《说文·彳部》："征，正行也。"

异体字"徵"表示徭役、租税、征收、征召。"徵"由"彳"、"山"、"一"、"壬"、"攴"组成。"彳"为慢慢行走；"山"为山岳；"一"为数量；"壬"的小篆是人背负重担的象形；"攴"为手执鞭杖督促敲打。"徵"为人背负着山一样的重担慢慢行走，并被人监督役使，是在服徭役。古时候，百姓承担的徭役与租税是他们头上一座沉重的大山，故以"山"喻之；租役无休无止，历代皆有，如长路漫漫，永无休止，故从彳；徭役有督促者，租税有收缴者，均是强制执行的体制，故从攴；朝廷的横征暴敛往往使百姓不胜重负，故以低头如负重担之人的"壬"来体现。"徵"又为五音之一，读为"zhǐ"。

"征"字从造字之始就与人的出行结下了不解之缘。古代人烟稀少，居住群落稀疏，城郭与城郭之间相距遥远，交通工具不发达，多数人出行只能依靠脚力，因此"征"是人们的日常行为。《诗·小雅·小宛》："我日斯迈，而月斯征。"我是天天要远行，你是月月要出征。《诗·召南·小星》："肃肃宵征，夙夜在公。"匆匆忙忙赶夜路，从早到晚忙公务。远行的原因很多，日常的生活往来、他乡游历、贬职放逐都是"征"，而长期在外奔波的人就是征人或征客。李煜《望远行》："黄金台下忽然惊，征人归日二毛生。""二毛"谓头发斑白。长途跋涉往往会尘土满面，于是也就有了以"征尘"比喻远行的说法。

"征"也指征伐、征讨、征战。因国家利益、民族利益受侵扰而南征北战，即因战事而出征。出征的目的是为了讨伐，为了作战，为了戍边。从征、应征之人被称为"征夫"或"征人"，征集兵士则谓之"征兵"。《诗·小雅·六月》："王于出征，以匡王国。"周王亲征顽敌，为的是救助国家。

"征"从彳，表示征服、征伐是一件费时费力的事，要有长远的目光、长久的打算，要深思熟虑，三思而后行，事先要做好周密的计划、充足的准备，不能急于求成、匆忙上路。也说明征途遥远，决非朝夕之功，欲速则不达。"征"从正，说明在出征之前的征兵过程要做好宣传工作，正确引导；从正，也表示征讨、征伐要以正义为目的，要有正确的认知，要用正当的方式，要合乎道义、顺应法则，走正路、行正事。只有这样才能有人同行，有人追随，众人同心，贯彻始终，达到征服的目的。征伐、征讨是为正义而征战，需要正规精良的士兵做前锋，优秀杰出的将帅做引导，用正确的作战策略带领众人走向胜利之路。

"长征"的字面意指远程旅行、漫长的征途。李颀《古意》："男儿事长征，少小幽燕客。"土地革命战争时期，中国工农红军被迫从长江南北各苏区向陕甘苏区进行战略转移，历时两年，史称二万五千里长征。在征途中，红军遭遇恶劣的自然环境威胁，承受着饥寒交迫、病伤折磨的生死考验，并顽强地与围追堵截的敌人进行殊死搏斗。峥嵘岁月，战士们生死相依，患难与共，终于以大无畏的英雄气概完成了战略大转移。

红军长征的胜利结束，为中国革命开创了一个崭新的局面。长征是宣言书，长征是宣传队，长征是播种机。长征为中国革命播下了思想的火种，谱写了英雄的史诗，成为光耀千古的宝贵精神财富。如今，重温长征的艰苦历程已成为教育后人体验革命英雄主义、缅怀革命先烈、弘扬长征精神的重要内容。

服 fú

甲骨文　　　金文　　　小篆

"服"，会意字。

"服"的金文从"人"，从"手"，从"舟"。像人手操舟之形。本义为操持、从事。《说文·舟部》："服，用也。"服，使用。《说文》又有："一曰车右騑，所以舟旋。"另一义说"服"为车右边的骖马，是用来向右边周旋的马。

今体"服"从"月"，从"𠬝"。"月"是"肉"作偏旁时的常见写法，意为身体或身体的某部位；"𠬝"有治理之意。如《说文》："𠬝，治也。"后有顺从、屈服之意。商承祚认为"𠬝"是"服"的本字。"月""𠬝"为"服"，可理解为身体屈从支使、支配，表示从事或服从于某事。"𠬝"又像人低头形。"服"字可以认为是弯腰低头用手服务的动作。"服"既表现了从事之意，也表现了服从、顺从、承受之意。"服"中有"月"，为身体，表示外在；有"𠬝"，为低头，表示内在。"服"强调了不仅身体屈从，内心也顺从，表示心悦诚服。故而"服"也指信服、佩服。

将"服"视为从"月"，从"卩"，从"又"；"月"为月亮、月色，代表夜晚；"卩"为人垂首或曲膝形；"又"的本义与手有关。三者为"服"，描述了沉沉夜色中仍在操劳忙碌的身影。故而，"服"有从事、致力之意，如服侍、服官；也有承受、承担之意，如服劳、服职。

从"服"字后来的诸多引申义来看，"服"的甲骨文从"舟"表明：

"服"靠的不是压迫、强制，而是引导、是顺从。水能载舟，亦能覆舟，倘若不遵循水的运行规律，就会被它所倾覆。

《孟子·公孙丑上》："以力服人者，非心服也。"大意是，凭借武力而使人屈服顺从的，不能令人心服。这里，"服"是使人屈服、使人服从的意思。"服"有信服、听从之意。屈原在《天问》中写道："彼王纣之躬，孰使乱惑？何恶辅弼，谗谄是服？"那个殷商纣王自身，是谁使他狂暴昏乱？为何厌恶忠良辅佐，喜欢听信小人谗谄？《天问》是屈原思想学说的集萃。何谓"天问"？东汉王逸《楚辞章句》："何不言'问天'？天尊不可问，故曰'天问'。"天问就是问天，由于天尊不可问，故曰天问。《天问》一文集中反映了屈原伟大的爱国主义情操。唐朝柳宗元《悼屈原文》："穷与达固不渝兮，夫唯服道以守义。"贫穷与显达本来就不能改变他的气节，他一生只是遵从实行道义。柳宗元在这里大力赞扬屈原的高尚人格，也用到了"服"字，"服"在此为遵从、实行之意。

《论语·为政》："有事，弟子服其劳。""服"在这里为从事、担负。"服劳"即服侍。"弟子"在这里指晚辈、儿女等。这句话的大意是，有了事情，儿女需要替父母去做。

又如词语"服劳"指服侍效劳；"服职"指供职。如今常提到"服务"一词，指为别人提供劳务，分为有偿和无偿两种。现代社会服务行业也被称为第三产业，又称为国民经济发展的浮标。后来也发展到特指某一个时期担当什么角色。如"服丧"，指居丧期间；"服役"，指参军，担当一个军人的角色的时期；"服刑"，指犯人接受改造的时期。把犯人在监狱里接受改造和劳教称为服刑，更具有人性色彩。

"服"后来引申指衣服、服装，为身体的遮蔽物。做动词，又有穿戴、佩带之意。《邹忌讽齐王纳谏》中有"朝服衣冠"句，就是早晨穿好衣服，带好帽子。现代汉语中，仍沿用其义，作为一种泛称，只是在前面再加上修饰限制的字眼以作区分。如制服、校服、队服、孝服等，前面的修饰字表明这些衣服使用的身份或场合。此种用法古已有之，如赵武陵王大胆改革，提倡"胡服骑射"，意既"穿胡人的衣服"。

"服"由使用又引申出吞服的意思，有平服的感觉。如"服药"，即饮用或吞服药物。西晋陈寿《三国志·方伎传》："即作汤二升，先服一升。"又如词语"服鸩"指饮毒酒自杀、"服食"指服用可食之物。也有作思念解的，表示心中有所牵挂、不能平静。《诗经·周南·关雎》："求之不得，寤寐思服。"想要追求又追求不到，我辗转反侧难睡觉。"思"、"服"并作一处，意思互为补充，表达思念的情怀。

"服"在古代也指装刀、箭等武器的袋子，与衣服的意义相近，取"包裹"之义。作通假字，又通"伏"、"鵩"等，现在已不常用。

委屈

一个人的胸怀是无数委屈撑大的，如果一个人不能承受委屈，有委屈就想发泄，只能说明自己还很幼稚，无法驾驭自己。

委

wěi wēi

甲骨文　　　小篆

"委"，会意字，从禾，从女。

"委"的甲骨文从女，从禾。"女"为女人，小篆天性柔顺，"委"从"女"表示与顺从有关；"禾"的金文像垂穗的禾本科农作物，借此表示下垂、弯曲。"女""禾"为"委"，是借女子之柔顺、禾穗之下垂的形象来强调"委"的屈曲之意。《说文·女部》："委，委随也。"本义为曲折，如委婉、委曲、委延、委屈。

因男女先天体质的差别，通常是男人干重活儿、女人做轻活儿。收割农作物时，男人割禾，女人跟随其后捡拾散落的禾穗，"委"为跟随、随从，引申为顺从。"禾"为五谷，是谷类作物的总称，为生活必须。"禾"在"女"上，意为女人要承担家务琐事以外还要撑起一家的生活。而把生活的重担压在女人身上，可谓"委以重任"，"委"则为交付、托付，引申有任、派之意，即委托。"委"由此引申指有意识的推托、推卸，如推委、委过于人。

"禾""女"为"委"，也可理解为温饱与女人在社会与生活中的重要性，首先要生存，然后要传承后代，使人类能够一代代繁衍。"委"中有禾、有女，涵括了人类生存繁衍下去的因素、原因。因此，"委"有末、尾之意，如原委、穷源意委。

"委"后来也用于表示委员或委员会的简称，如编委、体委、市委。"委"从禾，要求委员受委托人委托，要时刻以委托人的利益为先；"委"从女，要求委员顺从民意，考虑大众，把百姓的安危挂在心上。

　　"委"在联绵词"委蛇（yí）"中读作"wēi"，意为敷衍、应付，如虚与委蛇。

　　"委"的本义为禾谷堆积。这层意义在古书中使用的较多，如今已不多见。庄子在《养生主》一篇中，当谈到庖丁使用高超而又熟练的肢解手法使牛哗啦一下解体了的时候，就用了"如土委地"的说法，意思是解体后的牛就像泥土一样堆落在地上。"委"有委托、委派、委任的意思，表示把事情交给别人去办。"委以重任"是说把重要的任务或工作托付给别人去做。因为非常器重某人，把重要的工作交给某人去完成或者让其担任一定的职务，这样的做法就叫做"委派"。怕承担责任或拈轻怕重，则为推委、委卸或委过、委罪。《广雅》："委，弃也。"女人到田地里干农活，就不能顾及家务了，只能暂时放弃。所以"委"还有丢弃、抛弃的意思。"委之于地"就是将其丢弃在地上。

　　一般情况下，不到最后关头，家人是不会让女人下地干活的，故此"委"又可表示末、尾之意。《礼记》："三王之祭川也，皆先河而后海，或源也，或委也，此之谓务本。"在这里的"委"指的就是水的下流。元稹《骠国乐》："教化从来有源委，必将泳海先泳河。"由此，"原委"指的是事情从头到尾的经过；"穷原竟委"说的是深入探求事物的始末。

　　在政治领域，"委"通常是委员、委员会的简称。委员会通常是政党、团体等组织的领导核心，因名称繁复，故常用简称，如体育委员会简称"体委"、经济委员会简称"经委"等。最小的委员会是村民委员会，属村民自治性组织。委员会成员称为"委员"，其中常任委员称"常委"。

屈
qū

金文　　 小篆

　　"屈"，形声字，从尾，出声。
　　"屈"本由"尾"、"出"两部分组成："尾"为尾巴；"出"为除去、去掉或出去。"尾""出"即除去尾巴或尾巴出去。"屈"本义为无尾（见《说文·尾部》："屈，无尾也"），引申为尾巴短，或泛指短。"尾"又代指屁股，"尾""出"的结果是尾巴露出。"屈"字还指身在屋檐下，不得不低头的妥协服从状态，故"屈"又表示低头、降服。

今体"屈"从"尸"，从"出"。"尸"因其甲骨文像人屈膝蹲踞而寓指弯曲；"出"为出现、显示。"尸""出"即显示弯曲之态，会意为弯曲（《玉篇·出部》："屈，曲也"），如屈指、屈膝。"尸"又指代死者受祭的活人，其金文似人垂首坐卧，引申指尸体，意寓麻木、僵硬状；"出"与"入"相对，表示出去，出来。立不正，行不端，出门低头哈腰，必蒙受委屈，"屈"由此引申为弯曲，曲折。"屈"是出于逼迫无奈而弯曲，备受迫害而无处伸冤，就是受到"委屈"、"冤屈"（见《正字通》："凡曲而不伸者皆曰屈。"）"屈膝叩首"是最高的礼节，只施于极特殊、极少数的对象，如子对父、臣对君，如果为了趋炎附势，巴结讨好而行此大礼，就会尊严丧尽，人格全丢，让人感到恶心、厌恶。"屈指可数"则是形容为数极少，难能可贵，特别卓越突出。

自古以来冤屈的官司不少，但也有不少压而不屈的人。《孟子·滕文公下》中有"富贵不能淫，贫贱不能移，威武不能屈。"这句话不知激励了多少人挺直腰板，至死不移其志。中国自古重视节操，头可断，血可流，尊严气节不能丢，所谓"男儿膝下有黄金"。那种对于外来压力的屈服、屈从、屈辱，从来为勇者所不齿。

然而，大丈夫能忍受委屈方可成就大事业。暂时承受委屈，是为了将来的长伸之日，成语"屈一伸万"说的就是这个道理。相传春秋时的武士与人格斗，怒气很盛，人不能挡，唯其妻一呼便能使之罢手。人问其故，乃曰："夫屈一人之下，必能伸万人之上。"韩信当年忍受胯下之辱，身屈而志不屈，成为指挥千军万马的大将军，为汉朝的创建立下了汗马功劳；而功成之后却居功自傲，受不了委屈，结果落得个"敌国破，谋臣亡"的悲惨下场。可见，通晓伸屈之理不失为人生一大智慧。

韩信的悲剧是因为他不懂得"聪明睿智，守之以愚；功被天下，守之以让"的道理。若人在道理上有亏，就叫作"理屈"。"理屈词穷"就是自感理亏而无法辩驳。理屈就应承认错误，承认错误就能化解矛盾，化解矛盾才能和谐如初。

中国是礼仪之邦，说话做事都讲究含蓄。即便是赞扬夸奖别人，也不能过于直接，以避阿谀之嫌。因此中国古代这方面的词语特别丰富，明明自己很好，却偏要贬得很低；明明在恭喜他人好事成真，却轻描淡写，用意都在于表示对他人特别的尊重。"屈"也是表示客套的敬辞，通常是对别人说的。如屈尊、屈就，明说对方降身份做事或任职受了委屈，暗指其身价尊贵，水平极高。说某人"屈尊礼士"，是对尊者不以尊贵自居的赞美；"如蒙屈就，不胜荣幸"则是通过贬抑自己，表示真诚邀请；"屈居"通常是称第二名的说法，表示才能足以位居第一，只是暂且委屈居于人下。这些都是交际场合常用的客套用语。

"屈"作为姓氏，最早是春秋楚王族三姓之一，伟大的爱国诗人屈原就出身于尊贵的屈姓家族，属于名符其实的贵族。"屈突"为复姓，如唐朝的大将军屈突通。

放下

放下心中的杂念，才能得到更多的智慧。

放 fàng

金文　 小篆

"放"，形声字，从攴，方声。

"方"有边、边境之意。《广雅·释诂》："方，表也。"王念孙疏证："四方，犹言四表。""方"有"方国"一词，一般是指夏、商、周时期与中央王朝或中央王国相对而言的各地方的诸侯国家，地理位置较中央显得偏远；甲骨文"攴"是手持鞭杖之形，意为鞭打、惩罚。"方""攴"为"放"，可理解为古代官府把人驱逐到边远蛮荒的地方，故本义为流放、放逐。《说文·放部》："放，逐也。""放"中有"方"，表明去边远的地方；"放"中有"攴"，表明"放"是一种惩罚，"放"后来引申有舍弃、废置之意。

"方"今常用来表示方向。"放"从"方"，表明流放、驱逐是按指定的方向下达命令。无论是放逐还是发放，都有一定的方向。"方"为方法；"攴"是所采取的行动、行为。"放"是按照一定的方法、遵循指定的方向，达到驱逐的目的。

"方"字又表示大地，意寓空间广阔；"攴"代表行为。二者为"放"，表明"放"是放任于大地，挥洒于天空，飘逐于自然的行为。因此，"放"是一种扩大化的行为，表示解脱、得到自由，如解放；表示扩展，如放宽；表示发出，如放光等等。

"放"的本义为流放、驱逐。西汉司马迁《史记·屈原贾生列传》："虽放流，眷顾楚国，系心怀王。"楚怀王听信奸人谗言，把屈原流放到楚国外，屈原虽然遭到流放，但心中仍然眷恋着楚国，记挂着楚怀王。

流放是将罪犯放逐到边远地区的一种刑罚。这种刑罚在我国起源很早，到秦汉时代逐渐形成体制，直到南北朝后期流刑开始进入五刑体制，占据其中降死一等重刑的地位。从远古流放之刑出现，到清末被废除，这种刑罚历经了几千年。流放是中国古代法律制度的重要组成部分，包括流、迁徙、充军和外遣四种刑罚。这几种刑罚是据罪情而定，在流放的地点、时间、服役等几方面均有所不同。尤其对于流放地点的选择更是费尽心机，西北绝域、西南烟瘴和东北苦寒之地以及一些海岛都先后成为流放地。

遭到驱逐、流放的人要放下、免除眼前的一切，故"放"有免除、免去之意。《韩非子·八经》："任事者知不足以治职，则放官收。"上任的官员明知不足以履行自己的管理职责，就免除他的官职。"放"在此意义上有委任、外放（旧指京官调任外地）之义。

流放、驱逐就意味着闲置、不被任用，故"放"有搁置、放下或抛弃、排斥之意。"放之四海而皆准"语出《礼记·祭义》："夫孝……推而放诸东海而准，推而放诸西海而准，推而放诸南海而准，推而放诸北海而准。"古人认为中国四面都有海，四海，指广义的天下。本义是说孝道用到任何地方都可作为准则，后来指真理的普遍性，用在任何地方都适用。《论语》中有："放郑声，远佞人。"春秋时期郑国的音乐比较淫荡，排斥它们应当像疏远小人一样，不然，被它们沾染上，就会引来无穷祸患。"放"于此处为排斥之意。

"放"也有释放之义，是解除禁锢、使之自由。"放生"指把饲养的鸟、鱼、兔等小动物放到它们以前生活的地方，使它们重获自由。它源自《列子·说符》："邯郸之民，以正月之旦献鸠于简子，简子大悦，厚赏之。客问其故，简子曰：'正旦放生，示有恩也。'"后来信佛的人把放生看作是一种善举。

自由诚可贵，但是自由得过了度就成了放纵，故"放"有"放纵、放任"之义。放任自流指听凭其自然发展，不过问，不干预；放荡指不受约束、放恣任性；放肆指无拘无束或肆无忌惮。放歌指尽情纵声歌唱。唐代杜甫《闻官军收河南河北》："白日放歌须纵酒，青春作伴好还乡。"

"放"有发射、放射之义。后也引申为开出、放出。"百花齐放"，即各种颜色的花一起盛开，形容春天万紫千红的繁荣景象；也比喻艺术上不同的形式与风格的自由发展；有时也指不同的事物各有各的好处。"放"也指点燃之义，如"放灯"指元宵节，燃点花灯，让人通夜观览。放有"放债"之义。放款指银行或信用社把钱借给用户而收取利息；放高利贷指以获取高利息为目的而借钱给别人。

下 xià

甲骨文　金文　小篆

"下"，指事字。

"下"与"上"是相对的概念，故其字形亦相对而成。甲骨文、金文均以一长横表示界线，置短横于其下为"下"。小篆"下"字短横演变为竖，指事之意相同。"下"的本义为下面、位置在下。《说文·上部》："下，底也。"

"下"为"一"下有"卜"，"卜"为卜测、推测，是对未知的探求。"下"表示之后的时间或地下的空间，身后之事需要推测，地下之物需要勘探，凡处于下者多为未知，深不可测，故"下"中有"卜"。

《乐府诗集·杂歌谣辞·敕勒歌》："敕勒川，阴山下，天似穹庐，笼盖四野。天苍苍、野茫茫，风吹草低见牛羊。"这是对阴山脚下大草原美景生动而又形象的描绘，这里的"下"就是阴山的底部。西汉司马迁《史记·李将军传》："桃李不言，下自成蹊。"桃树和李树不会说话张扬，可是它们的花果吸引着人们，以至在树下踏出小路来。

"下"又指地，古人把上称为天，下就是地。《楚辞·天问》："上下未形，何由考之？"天与地还没有分开，它们处于混沌无垠的状态，是谁考订而知道它们的呢？"下"由地引申为地表之下。从"下"的字源意义就可看出，上面一长横表示地表，下面的短横指在地表之下。《山海经·西山经》："西南四百里，曰昆仑之丘，是实为帝之下都。""下都"指神话传说中天帝在地上所住的都邑。"下鬼"指地下之鬼，指死者。"下世"指阴间，在阳间之下的一个世界，是人死后所到的地方，人们认为它在地下，故阴间又称地府。

"下"指位置低，与高相对。"下流"指下游，是河流接近出口的部分，引申为众恶所归的地方；又指人的品行不正，卑鄙龌龊，如"下流话"、"下流无耻"。"天高地下"指天的位置很高，地所处的位置很低，形容差距很大，彼此间的力量相差悬殊。宋代王安石《即事十五首》之七："纵横一川水，高下数家村。"

位置低的地方是不得势的，水都往里面灌，人们把丢弃的东西都往里面扔，它是不受人欢迎和尊敬的，故把地位低的人称之为下。下女指侍女，是地位低微的女子。《论语·公冶长》："敏而好学，不耻下问。"聪慧而又勤奋学习，不以向不如自己的人请教为耻。"下"由此引申为低于、少于之义。"下节"指节操低下、志向抱负不高；"下中"指下等中的中等，即第八等；"下考"指科举考试或官吏考绩列为下等。

"下"指等级、质量低的，如"下等"、"下品"、"下策"。"下乘"指下等的马，比喻庸劣的人材。《论衡·实知》："人才有高下，知物由学。""下"指在时间、次序上在后的，如"下册"、"下个月"、"下一个"。北宋王安石《上时政疏》："自秦以下，享国日久者，有晋之武帝，梁之武帝，唐之明皇。"从秦朝以后，享受国家的安宁日子长久的，有晋朝的武帝，南北朝时梁朝的武帝，唐朝的唐明皇。

李白《答王十二寒夜有怀》："《巴人》谁肯和《阳春》，楚地犹来贱奇璞。"《巴人》就是《下里巴人》，"下里"指"乡里"，"巴"是古国名，在今川东一带。《下里巴人》或作《下里》、《巴人》，是战国时代楚国的民间乐曲，宋玉《对楚王问》："客有歌于郢中者，其始曰《下里》、《巴人》，国中属而和者数千人；其为《阳阿》、《薤露》，国中属而和者数百人；其为《阳春》、《白雪》，国中属而和者不过数十人。"宋玉《下里》、《巴人》与《阳阿》、《薤露》以及《阳春》、《白雪》比较，说明高雅的艺术不被世人欣赏，有才华的文人不为当世所重。后世以《下里巴人》与《阳春白雪》对举，泛指通俗的普及的文学艺术。

"下"有攻克之义。"攻下"指占领、夺得，"拿下"指攻夺下来。《三国演义》第六十一回："何不差一军先截川下，断其归路，后尽起东吴之兵，一鼓而下荆襄。"这里的"下"就是攻克之义。胜利的一方是攻下了敌人的堡垒，取得了胜利，而失败的一方就要及时投降，否则会受到更猛烈攻击，故与"攻克"相对。"下"的另外一个意思就是投降。《左传·僖公七年》："国危也，请下齐以救国。"国家处于危险之际了，请向齐国投降以救我们的国家。这里，投降是一种缓兵之计。

"下"作动词，指由高处落往低处，有降落之义。"下半旗"是先将国旗升至杆顶，然后下降到离杆顶约占全杆的三分之一处，是公众表示哀悼的重大礼节。"下车泣罪"语出《说苑·君道》："禹出见罪人，下车而问之。"禹对罪人表示怜悯，后以"下车泣罪"颂扬为政宽厚。"下沉海岸"指因陆地下沉或海面上升，或因陆地上升量小于海面上升量，使海水淹没陆地而形成的海岸。

"下"有去、往之义。因为在地图方位上，上北下南，左西右东。"下"表示去、往多指由西往东，由北往南，由上游往下游。如"东下"、"南下"、"顺流而下"。"下阪走丸"指从山坡上滚下弹丸，比喻顺势无阻，敏捷而无停滞。李白《送孟浩然之广陵》："故人西辞黄鹤楼，烟花三月下扬州。"我与好友孟浩然在黄鹤楼辞别，他在飘着各种花香的三月南下到扬州去。"下"又特指到下层、基层去，多指上层领导或生活条件好的地区的人到下层或生活条件明显不如先前的地方去，如"下乡"、"下厂"。清代吴敬梓《儒林外史》第四十七回："太尊这些时总不见下县来过。"

"下"又指在规定的时间结束工作和学习，如"下班"、"下课"。"下"此义延伸为永久地结束在某个地方的工作，有退出、离开之义。工人由于工厂效益不好而被厂里告知以后不需要来上班了，这是下岗，即从工作岗位上退下来。

"下"又表示属于一定的范围、处所、条件等。"手下人"指处于次要或从属地位的人；"属下"指部下、下属。"下"又可表示时间，指在某个时间或时节，指的是一个时间段。如"眼下"、"时下"、"刻下"。《红楼梦》第七回："趁着他家有年下送鲜的船，交给他带了去了。""下"又可表示时间单位，相当于"点"，如"四下钟"、"三下一刻"。

　　"下"又指动物生产，因为动物把小崽子生下来都是先着地的，一出生就落在了地下，如"鸡下蛋"、"羊儿下羊羔"。

　　"下"可作量词，一是表示动作的次数，如"敲了几下门"、"摇了几下旗"；二是表示器物的容量，如"一口气吃了三下"。

　　"下"作助词，用在动词后，表示动作的完成和结果。《红楼梦》第七回："我送下林妹妹的花儿就回去。"下用在动词后又可表示容纳，如"坐得下"、"放下三张大床"。

满足

理想未必让人羡慕，却使自己充实满足。

满 【滿】
mǎn

小篆

"满"，繁体为"滿"。会意兼形声字。

"满"从"水"表明与水有关；右半部读"mán"，表示平均，意为完满。"满"表示水充盈而溢出。《说文·水部》："满，盈溢也。"本义为充盈、充实，没有空余，如充满、饱满、满足、美满。"满"的右半部分由"廿""两"组成："廿"为数量词，表示"二十"；"两"也同为数量词，表示"二"的意思。所谓"过犹不及"，太过则为满，事物走到顶端的结果则是走下坡路。

"廿"和"两"组合起来，表示了数量上和程度上的充盈和超出。由此，"满"可理解为水过量、很多，或是器皿里水太多，有分流之势。

一个容器里的水装得太多了就会漫溢出来。由此，"满"表示装得太多、太过充实。用作形容词，表示整个、整体之意。风是流动的空气，整个屋里风声呼呼，就好像被风给灌满了似的。所以许浑在《咸阳城东楼》一诗中写下了"山雨欲来风满楼"的名句。刘方平《春怨》："寂寞空庭春欲晚，梨花满地不开门。"梨花盛开时候无人欣赏，凋零时候无人打扫，落满了一地。寂寞的深闺里寂寞的春情也无人慰藉。再如，"满不在意"指全然不放在心上，不当一回事；"满面生花"指一脸笑容；"满脸春色"为满脸春风，比喻满脸充满喜悦的笑容；"满堂"指整个堂上；"满饮"指斟满了再饮，一饮而尽。人们劝酒时就常说"请满饮一杯"。

"满"为饱实、充满，多指能容纳的东西达到了一定的饱和度，达到了某一限度。《史记·日者列传》："日中必移，月满必亏。"在这里，"满"

表示了事物的极限。俗话说：物极必反。当事物达到了一个极限后就会朝相反的方向转变。如"满散"指功德圆满时的散斋、或为祈祷祝寿等事务所开设的道场已经期满结束；"满日"指做工做到规定的年龄期限；"满话"指没有回旋余地的话。秦时，人们用陶土制作存钱罐，汉代也有用竹子制作的，后来叫"扑满"。葛洪《西京杂记》："扑满者，以土为器，以蓄钱具，其有入窍而无出窍，满则扑之。"扑满是用土制作的，用来存放钱币，只进不出，满了之后，再把它打碎。扑满的下场也可以看作是对自满之人的一种警诫。

当"满"用于形容人的某种态度、行为时，则表示自满、满足。古人云："满招损，谦受益。""盛满易为灾，谦冲恒受福。"意思是极度自满的人容易招来灾祸，谦让淡泊的人总是领受福分。晏婴是战国时齐景公的宰相，身长不满六尺（相当现在四尺三寸）。有一天，晏婴出门，他的马夫挥着马鞭，洋洋得意，被他妻子看见了，就责备他说："晏婴身长不满六尺，当了齐国的宰相，而且名闻天下，各国诸侯都知道他，敬仰他。我看他的态度，还是很谦虚，一点也没有自满的意思；你身长八尺，外表比他雄伟得多，只做了他的驾车人，却洋洋得意，所以你只能做些低贱的职务，我实在替你觉得难为情啊！"御者听后态度逐渐转变，处处显得谦虚和蔼，晏婴知道后推荐他当了官。"虚心使人进步，骄傲使人落后。"只有空杯才能倒进茶水，只有虚心才能装进实物。盛满则衰的事实警示人们处世为人要谦虚谨慎。在这个意义上，与"满"相对的是"谦"。所谓"谦谦君子德"，谦虚是君子的德行，自满是蠢材的见识。

"人毁于满。"人之不幸莫过于太容易满足——安于现状，不思进取，裹足不前；然而，人之不幸又莫过于总不满足——对于物质、权力、金钱、地位等永不满足地追求。一个人如果过分迷恋权、钱、物，最终只会丧失原则、丧失人格、丧失幸福。司马光在《训俭示廉》中一针见血地指出："君子多欲则贪慕富贵，枉道速祸；小人多欲则多求妄用，败家丧身。是以居官必贿，居乡必盗。"大意为君子欲望多了就会贪恋荣华富贵，走上邪道而招致祸患；小人欲望多了就会贪得无厌，而导致家破人亡。因此欲望多的人，做官必定贪赃受贿，当百姓就必然沦为盗贼。看来，人还是应当适当节制自己的欲望。正所谓"知足则不辱"。知道满足的人才能够保持人的尊严，才不会遭到人们的唾弃。

足 ^{ZÚ}

甲骨文　　金文　　小篆

"足"，象形字。

甲骨文"足"像人腿脚之形，本义为脚。《说文·足部》："足，人之足也。"今"足"从口，从止。"口"是出口、入口；"止"为"趾"的本字，亦是腿脚之意。千里之行，始于足下。只要抬脚前进，就会有出口，有出路，故"足"为"止"上有"口"。

"口"为进食的器官，也是发声的重要器官。"口"代表了生存的欲望以及更高目标的追求；"止"为脚，意寓前进、向前。"口""止"为"足"，意思是脚不断地向前迈步，不断地进取是为了在基本生存的前提下更大限度地满足一种高品质的生活。因此"足"有充分、够量、使满足等意，如"足够"、"足量"、"满足"等。

成语"千里之行，始于足下"，说的是千里长的路途，都是靠人用脚一步一步地走出来的。人在为学处世中要循序渐进、持之以恒，通过不断的艰苦努力，才能有所收获。脚位于人体的最下端，支撑着人体的重量。人的腿脚灵活，身体才会健康，俗话说："人老先从腿上老。"注重腿脚的锻炼是预防衰老的关键。在武术中，腿脚是最重要的攻击武器，具有隐蔽性强、力量大、攻击距离长等优点。少林七十二绝技中有一种功夫就叫"足射功"。春秋时期，晋文公重耳做公子时受到排挤流亡他国，一些近臣跟随他历尽艰险，等到他回国登基后，封赏了众臣，惟独忘了立有大功的介子推。介子推隐居绵山，晋文公请他出来为官他不应允，于是晋文公通过放火烧山的方法逼迫他出来。谁知介子推宁可抱住大树烧死也不出山。晋文公非常悲伤，用介子推怀抱的大树上的木头做了一双木鞋，穿在脚上，每当想起介子推的时候，就看一下足下，"足下"这个词就由此而来，表示对人的尊称，相当于现代汉语中的"先生"。成语"削足适履"指削脚来适应鞋，比喻不恰当地迁就现有条件。三国魏曹冏《六代论》："百足之虫，至死不僵，以扶之者众也。""百足之虫，死而不僵"形容势家豪族，虽已衰败，但因势力大，基础厚，还不致完全破产。"百足"为虫名，又名马陆或马蚿，有十二环节，切断后仍能蠕动。"濯足濯缨"意思是水清就洗帽带，水浊就洗脚，后比喻人的好坏都是由自己决定的。《孟子·离娄上》："有孺子歌曰：'沧浪之水清兮，可以濯我缨；沧浪之水浊兮，可以濯我足。'孔子曰：'小子听之。清斯濯缨，浊斯濯足矣。自取之也。'""重足而立"意即叠足而立，不敢迈步，形容非常恐惧。西汉贾谊《过秦论》："故使天下之士，倾耳而听，重足而立，阖口而不言。"

　　脚对人体起支撑作用，一些器物如鼎的下面也有起支撑作用的脚，"足"由此引申为支撑器物的脚。《资治通鉴》："如此则荆、吴之势强，鼎足之形成矣。"意思是刘备、孙权的力量也强盛起来了，可以和曹操抗衡。鼎有三个脚，平均承受支撑力。"鼎立"形容三方力量相当，可以分庭抗礼。

　　人的脚要有充足的力量支撑身体，人才能行走，器物的足要有足够的力量支撑，器物才能伫立，"足"由此引申为充实、完备、足够。三国蜀诸葛亮《出师表》："兵甲已足。"军士武器已经非常充足了，具备了攻打曹操的力量。成语"足智多谋"指有足够的智慧和善于谋断的才能，多用于形容古代的谋臣，如诸葛亮、刘伯温、张良等。《庄子》："古之畜天下者，无欲而天下足。"上古时代的贤明君王崇尚大道，虽然无欲无为，但百姓的生活都很富足。这里的"足"是富足的意思。"足"由充足的意思引申，可以表示值得的意思。晋代陶渊明《桃花源记》："不足为外人道也。"意思是不值得向外界的人说，演变为成语是"微不足道"。

　　佛教中"礼足"即以头顶触礼佛足，用以表示身心上之绝对皈依。又作顶礼、接足作礼、头面礼足、稽首礼足、顶礼双足。《摩诃僧祇律》卷三十三："往诣佛所，头面礼足。""目足"是譬智于目，比行于足。《智度论》八十三："譬如热时清凉池，有目有足皆可入。"《法华玄义》："智为行本，因智目起于行足。"佛教中"二足"指福与智。六度之中，般若称为"智足"，施、戒、忍、进、禅等五度，称为"福足"。佛陀圆满福、智二足，为人中之尊，故敬称为两足尊。

"足陌"是古钱币术语。"陌"与"佰"、"百"通。钱币交易中每吊钱十足支付一千文，每百文一枚不短缺，谓之"足佰"。"短陌"意与"足陌"相对，以不足一百之数充作百文行使，俗称"短陌"。"方足布"是指布币的裤足较为平直方正。春秋时期，当尖足布盛行于晋地的时候，郑、卫、宋诸国也开始铸造新币，以方足大布为基础，取长补短，进行改革，铸造的钱币称为方足布。

莫躁　　心平气和能成事，心浮气躁会坏事。

莫　mò mù

𦬅 甲骨文　𦬊 金文　𦭶 小篆

"莫"，会意字。

"莫"字甲骨文的上下都是"艸"，中间是太阳的象形。"莫"字形以太阳隐没于草丛之中，会意傍晚的来临。《说文》："莫，日且冥也。""莫"本义为日落之时。"莫"是"暮"的本字，读作"mù"，后为区分，另造"暮"字。日落十分，夜色降临，很多事情都不能做了，因此"莫"借用来表示否定，表示不、没有、不能的意思，读为"mò"。

"莫"本义指日落时。《诗·齐风·东方未明》："不夙则莫。"《战国策·齐策》："旦莫日进食。"其中"莫"即"暮"，指傍晚日落时。

"莫"最常用的意思是没有、不、不要等，为表示否定的副词。《诗·魏风·硕鼠》："三岁贯汝，莫我肯顾。"养活你这么多年，可你却从来都不肯考虑我的感受。唐代刘禹锡《杨柳枝》之一："请君莫奏前朝曲。"请您不要演奏前一个朝代的曲调。"爱莫能助"意思是虽然心中关切同情，却没有力量帮助。《诗·大雅·烝民》："维仲山甫举之，爱莫助之。""百身莫赎"意思是自身死一百次，也无法把一个人换回来了，表示极沉痛地悼念。《诗·秦风·黄鸟》："如可赎兮，人百其身。""道大莫容"原指孔子之道精深博大，所以天下容纳不了他。后用以正确的道理不为世间所接受。《史记·孔子世家》："夫子之道，至大也，故天下莫能容夫子。""莫须有"原意是也许有吧，后指凭空捏造。"莫之谁何"指没有谁敢对他怎么样。明代归有光《备倭事略》："今倭贼冯陵，所在莫之谁何。"《水浒传》第四十回："前面那好汉莫不是黑旋风？"这里的"莫"表示揣测或反问，现在口语中也有"莫非……"的用法，如"莫非是我想错了"等。

"莫"在古代汉语中用为代词，是没有谁、没有什么（指处所或事物）的意思。《诗·小雅·采薇》："我心伤悲，莫知我哀。"我的心里感到悲伤，却没有人知道我哀愁的原因。《庄子·秋水》："天下之水，莫大于海。"天下再没有比海洋更大的水域了。这两个"莫"字，都是代词。"大莫与京"指大得无法相比。"莫"即没有谁；"京"是大的意思。《左传·庄公二十二年》："八世之后，莫之与京。""哀莫大于心死"指最可悲哀的事，莫过于思想顽钝，麻木不仁。《庄子·田子方》："夫哀莫大于心死，而人死亦次之。"

"莫"可通"漠"，指沙漠。《国语·晋语》："狄之广莫，于晋为都。"作形容词，指广漠。《庄子·逍遥游》："广莫之野。"还有寂静的意思。《管子·小匡》："田莫不见禽而后反。""莫"通"幕"，指幕府。《史记·李将军列传》："莫府省约文书籍事。"通"瘼"，指疾苦、病。《诗·大雅·皇矣》："监观四方，求民之莫。"通"谟"，指谟划。《诗·小雅·巧言》："秩秩大猷，圣人莫之。"通"慕"，指思慕、向往。《论语·里仁》："君子之于天下也，无适也，无莫也。"

躁 zào

"躁"，形声字，从足，喿声。

"足"代表行为动作；"喿"上三"口"，意为众鸟树上鸣啼，"躁"从喿，既表示与语言有关，也强调了鸟鸣声的急促、短脆。"足""喿"为"躁"，意谓言行快疾、快速。《说文·足部》："躁，疾也。""躁"的本义为动作迅速、急疾。

"喿"为群鸟乱噪，会意不能构成和鸣之美，使人烦躁，为噪乱、噪音。"躁"如群鸟集于树上，聒噪不休，跃动不止，烦乱不安，片刻不宁。"躁"中之"足"表明，"躁"是内心的不平静和烦乱在行为上的反映，"躁"指性急、不冷静，如急躁、焦躁、烦躁。

《世说新语·王蓝田忿食鸡子》有这样的记载：王蓝田性子急躁，有一次吃鸡蛋，拿筷子刺它，刺不到，便生气地把鸡蛋摔到地上。那鸡蛋在地上不停地打转，王蓝田用脚去踩，踩不到，便气急败坏地拾起鸡蛋塞进嘴里，咬烂了吐到地上。一般说来，年轻人由于不谙世事，做事往往急于求成，缺乏冷静的思考，因此，心浮气躁更是年轻人的通病。浮躁心乱，无法专心做事，所以"躁"又有"三心二意"之说。荀子在《劝学》中用"蟹六跪而二螯，非蛇鳝之穴不可居也，用心躁也"，来规劝人们学习要专心致志，心无旁骛，不可像蟹一样，浮躁不定。

"躁"因心火而生。心躁者气火盛而身体虚，在脉象上呈现为"脉盛速急"。"躁者，中有热而溺赤。"脉躁的人是体内有热，小便红色，这是温热之症。早在《黄帝内经·素问》中也有类似记载："尺肤热甚，脉盛躁者，病温也。""有病温者，汗出复热，而脉躁疾，不为汗衰，狂言不能食。"这种病症，全身发热，不停出汗，狂言乱语，躁动不安。

"不骄不躁"即不骄傲，不急躁。人做事要有谦虚谨慎、不骄不躁。古人云："满招损，谦受益。"自满自会遭受损失，谦虚自会得到好处，此所谓"戒骄"。因不满所以躁，但不满却不是躁能够解决的。躁心重，思维必然混乱，乱则不通情理，不通情理就不能平心静气地思考问题，解决问题。故为人处事要有清静之心、平静之心，戒骄戒躁。

老子认为"静为躁君"，"静胜躁"是"弱者道之用"的体现。潜移渐进的变化胜过剧烈激进的运动，以缓则渐进，欲速则不达，故"清静为天下正"。静，是养生的基本要求。生命从静中生长，任何动物、植物的成长，都从静中蕴育它的生命。所以老子说："夫物芸芸，各复归其根，归根曰静，是谓复命。""躁则失君"，养生者不可不戒躁。

宁净   淡泊易交友，宁静不结仇。

宁 【寧甯】

níng nìng zhù

（宁）甲骨文　（宁）金文　（宁）小篆

（寧）甲骨文　（寧）金文　（寧）小篆　（甯）小篆

　　"宁"，繁体为"寧"，异体为"甯"。汉字简化前，"宁"与"寧"、"甯"的意义并不相同。"宁"为象形字。

　　"宁"的甲骨文字形像存贮财物的小箱奁，意为贮藏、积聚，读为"zhù"，即《说文·宁部》云："宁，辨积物也。""寧"本作"寍"，会意字，从宀，从心，从皿。"宀"为房屋；"皿"为盛放物件的器皿，这里代指衣食等生活所需物品；"心"为心情、心境、心态、心绪。"寍"从宀，从心，从皿，表示住在屋里有饭吃、有衣穿，有温饱的生活就安心了，意为安宁、平安，读作"níng"。后世假"寧"为"寍"，即"寍"下加"丁"，自此"寧"行而"寍"废。"丁"是"钉"的初字，意为牢靠、稳定；"丁"又为成年人。"寧"字表示：有一个安全舒适的栖身之处，有饱腹之食，有暖身之衣，家中有可靠的成年人，日子过得稳定、牢靠、平安、红火，就会心情愉快，心境和悦，心态平静，心绪安定。异体字"甯"读"nìng"，从宀，从心，从用。"用"的甲骨文意为可据卜兆行事。卜卦所显示的预兆是自己心中所愿，故"甯"字用以表示所愿。"用"又为勤奋、勤勉或用功以精力集中为特征的行为：用心成立的家，也为人之所愿。因此，"甯"字借以表达了"寧"字的宁愿之意。

　　今"宁"为"寧"、"甯"的简化字。"宁"从宀，从丁。家中有大人为平安、安宁。"丁"是稳靠、稳妥，因此，家的稳定称为"宁"。

苏东坡深研佛学，颇有些心得。一次他写了一首偈诗："稽首天中天，毫光照大千。八风吹不动，端坐紫金莲。"其中的"八风"指的是"称"、"毁"、"讥"、"誉"、"利"、"衰"、"苦"、"乐"，这是佛教对可引起人情绪起伏波动的八种境遇的概括。苏东坡自诩自己已经达到了面对毁誉依然宁静而不动心的修行境界，所以写下此诗，并派仆人把写好的诗送到江对岸的好友佛印禅师那里，想听听佛印的评价。佛印只批了两个字："放屁。"苏东坡很生气，亲自过江理论。佛印笑着对他说："你不是'八风吹不动'吗？怎么一个字就把你打过江了？"苏东坡哭笑不得。可见，一个人真要做到内心宁静，不受干扰，是很不容易的。没有烦愁干扰，心则安宁，故"宁"由安定、安宁引申为宁静、平静的意思。"宁静"指平静、安静，清静寡欲，不慕荣利。宁静不仅仅指自然环境，如远离尘嚣的"世外桃源"，更在于心灵的宁静，对虚名浮利的淡漠和轻视，对各种诱惑的排斥和拒绝。宁静、淡泊的目的并不是为人清高，愤世嫉俗，而在于实现远大的志向，在于对国家、对社会作出积极的贡献。

《吕氏春秋·仲冬纪》："君子斋戒，处必崦，身欲宁，去声色，禁嗜欲，安形性。"君子斋戒的时候，必定是处在深邃之地，使自身的欲望静下来，去掉存在心中的声色，禁止欲望，使自己外安身体内安心性。人经常保持安宁、平静的心态，身体就会康宁无恙，所以"宁"还有康健、无疾病的意思。

"宁"又指古代已出嫁女子回家探望父母，也泛指省亲。如"宁亲"指探望父母。《正字通》："宁，女嫁归省父母曰宁。"出嫁的女儿常回家探望父母，才能让父母安心，这是女孝。"宁"由女儿回娘家之意引申为归宁，即返回之意。古代特别注重礼节，父母丧事亲子一般要守孝三年。如遇丧事，在外做事的儿子无论如何一定要告假回家守孝。所以"宁"还有因凶丧之事告假的意思。《汉书·哀帝纪》："前博士弟子父母死，予宁三年。"究其深意，依然有从喧嚣中平静下来，安静地为离开人世的父母守孝的意思。

"宁"在现代汉语中还可用作虚词，读"nìng"。当副词用时有岂、难道之意。《史记·陈涉世家》："王侯将相，宁有种乎？""宁"做连词时有宁可、宁愿之意，表示在权衡两方面的利害得失后，选择其中的一面。

"宁缺勿滥"是说宁可缺少一些，也不能只为求多而不顾质量；"宁为玉碎，不为瓦全"是说宁作玉器被打碎，不作瓦器自保全。比喻宁愿为正义事业而牺牲，也不愿丧失气节，苟且偷生。

净 【净】
jīng

净 小篆

"净"，异体为"净"。形声字，从水，争声。

《说文·水部》："净，鲁北城门池也。"《说文》释"净"字意为鲁国北城门护城河名，因城门名"争"，故池名之为"净"。水性至柔，包容而纯净，"净"从"水"表示与水的性质有关；"争"的字形为两手持物。"水""争"为"净"，意为双手持物用水洗涤，力争使之清洁没有污垢。《广韵·劲韵》："净，无垢也。"本义为没有污垢之意。

简化字"净"中之"仌"为冰，"冰，水为之而寒于水。"水愈洁则冰愈固。"净"者，力求像水一样清洁，意为要像冰一样纯净。"净"为清洁、清静之意：饮食要"净"，起居要"净"，心灵更要"净"。水净可鉴物，心净能明理。心灵的纯净使人脱离尘世的烦扰，心境澄明，了悟真谛。

"净"也是戏剧中的一个角色，俗称花脸。在脸上用各种色彩勾勒图案，用以表现性格气质上粗犷、奇伟、豪迈的人物。这类人物通常音色宽阔洪亮，唱腔粗犷浑厚，动作顿挫鲜明。如在京剧中，廉颇、关羽、张飞、曹操、包拯等即是净扮。

"净"有利于身心平衡，有利于养生修身。从生理上来说，起居要净，饮食要净；从心理上来说，心要净，意要净。"欲心净，须修心。"心净是一种修为，是一种境界。心净淡化了尘世俗物，淡化了人际纷争，淡化了是非得失。佛家讲"六根清净"。"六根"指眼、耳、鼻、舌、身、意。六根所接触的对象便是"六尘"，指众生从外感到内在对现世所存在的外物的感应、感受。"六根清净"是生理和心理上不再随着外境的幻象而转，此为一尘不染之"净"。道家所说的"清净无为"中的"清净"，是耳根的清净，是眼目所及之清净，更是心神的清净。"清净无为"讲的是克制外欲，顺应自然，不加强制，以达到神清心净。

佛经将凡人生活的尘世称为"娑婆世界"。"娑婆"为"堪忍"之意，意思是说凡尘世界秽恶不净，八苦交煎。只有佛家所居净土才是清净庄严、殊妙绝伦的极乐世界。佛教派别中的"净土宗"，即是以阿弥陀佛为信仰对象，以称名念佛为修行手段，以往生西方极乐世界为目的。

净土观念是中国佛教思想中的一个重要组成部分，佛国净土是净土宗的基本思想。净土宗坚信末法时代的来临，认定只有称念"南无阿弥陀佛"，将自己交给慈悲的阿弥陀佛，才是远离五浊恶世的唯一出路。修净土者必须坚信佛国净土实有，一来它是释迦牟尼佛的金口玉言，二来修行者只有深信不疑，才能与阿弥陀佛的悲愿相应，才能往生极乐。

禅宗主张唯心净土，认为"欲得净土，当净其心，随其心净，则佛土净"。(《维摩诘所说经》)土之净秽与否是由众生决定的。"夫行净则众生净，众生净则佛土净。"在禅宗看来，离开众生的极乐世界是不存在的。众生摆脱烦恼，得到解脱，众生的境界提高到菩萨的境界，众生所处的世界也就变成净土了。

后 记

　　古老的汉字，在中华大地上已经延续了四五千年，至今犹保持着旺盛的生命力，而世界上与其同样性质的其他几种古文字都早已消失。作为象形表意文字，汉字在人类文化宝库中可谓硕果仅存。汉字不仅是汉语的书写符号，而且是一种文化信息载体，这是汉字独有的文化特色。经过数千年的沿革和发展，汉字积蓄了极其丰厚的文化底蕴，这是拼音文字所无法比拟的。汉字本身已经成为一种公认的文化系统。书法、碑刻、篆印、诗词、楹联、灯谜，乃至识字、解字、说字、测字等，无不发散着浓厚的传统文化气息。汉字蕴藏了中华民族的价值观念、思维方式、审美情趣、历史渊源、风俗习惯等诸多文化信息。说汉字是中华传统文化的基因，一点也不为过。

　　《土生说字》在融汇前人成果的基础上，引入社会、历史、人文和逻辑理念，对每个字予以独特、新颖和全面的阐述。它上溯字源，下掘新意；纵谈万事万物，直抒人文人生；既具知识性、学术性，又具艺术性、趣味性，即不割断历史，又不脱离现实，可谓熔社会、历史、文化、人生与一炉，创一家之言，兼百家之长。为方便读者更好的了解汉字，从汉字中汲取智慧，今分类出版《土生说字·养生之道》、《土生说字·修身之道》、《土生说字·求学之道》、《土生说字·经商之道》、《土生说字·为官之道》五册，收录养生、修身、求学、经商、为官的关键汉字解析，希望读者能从中得到启迪。

图书在版编目（CIP）数据

土生说字. 修身之道 / 李土生著. -- 北京 ：中央
文献出版社，2014.10
ISBN 978-7-5073-4175-1

Ⅰ．①土… Ⅱ．①李… Ⅲ．①汉字－通俗读物 Ⅳ.
①H12-49

中国版本图书馆CIP数据核字(2014)第239010号

土生说字·修身之道

作　　者：李土生
责任编辑：彭　勇
责任印制：寇　炫　郑　刚

出版发行：中央文献出版社
地　　址：北京西四北大街前毛家湾1号
邮　　编：100017
网　　址：www.zywxpress.com
邮　　箱：zywx5073@126.com
销售热线：010—63097018、66183303
经　　销：新华书店
排　　版：北京宏扬意创图文设计制作中心
印　　刷：北京汇林印务有限公司

710×1000mm　1/16　15印张　230千字
2015年10月第1版　2015年10月第1次印刷

ISBN 978-7-5073-4175-1　定价：25.00元